1990

股市风云三十年

赵迪 蔡晓铭·著

一部中国股市波澜壮阔的创业史

2020

首都经济贸易大学出版社
Capital University of Economics and Business Press
·北京·

图书在版编目（CIP）数据

股市风云三十年 / 赵迪，蔡晓铭著. -- 北京：首都经济贸易大学出版社，2021.11
ISBN 978-7-5638-3274-3

Ⅰ. ①股…　Ⅱ. ①赵… ②蔡…　Ⅲ. ①股票市场—研究—中国　Ⅳ. ①F832.51

中国版本图书馆CIP数据核字（2021）第187536号

股市风云三十年
GUSHI FENGYUN SANSHINIAN
赵　迪　蔡晓铭　著

责任编辑　佟周红　陈　蔷
封面设计　子鹏语衣
出版发行　首都经济贸易大学出版社
地　　址　北京市朝阳区红庙（邮编 100026）
电　　话　（010）65976483　65065761　65071505（传真）
网　　址　http://www.sjmcb.com
E - mail　publish@cueb.edu.cn
经　　销　全国新华书店
照　　排　北京砚祥志远激光照排技术有限公司
印　　刷　唐山玺诚印务有限公司
成品尺寸　170毫米×240毫米　1/16
字　　数　345千字
印　　张　27
版　　次　2021年11月第1版　2021年11月第1次印刷
书　　号　ISBN 978-7-5638-3274-3
定　　价　68.00元

图书印装若有质量问题，本社负责调换

推荐语

《股市风云三十年》反映了中国资本市场30年的曲折发展足迹，生动地描述了开拓者与先行者的艰辛苦楚。通过这本书，读者将全面了解中国资本市场的来龙去脉。

——原《证券法》《信托法》《投资基金法》起草工作小组组长 王连洲

《股市风云三十年》描绘了中国资本市场30年波澜壮阔的发展历程，将一个个真实的人物和历史事件穿插其中，读来故事性强，毫不枯燥，同时将中国资本市场是如何一步步从无到有、从混乱到规范展现在读者面前。

——全国政协委员、南开大学金融学院常务副院长、博士生导师 范小云这是一本中国版的《伟大的博弈》，非常具有可读性。资本的崛起始终与大国的崛起共生，不深入了解中国的股市，不可能真正理解当代中国的政治与经济。这本书以睿智的思想写事，以通俗的文笔写实；包含大量珍贵的资料，不乏风趣流畅的文笔；雅俗共赏，史学同济，是了解和理解中国股市历史和现实的震撼力作。

——中山大学岭南学院教授、博士生导师　王燕鸣

《股市风云三十年》以大事纪的写作手法，描绘了中国股市三十年的发展画卷，它既可以让伴随中国股市成长的亲历者“温故而知新”，也可以让探究中国股市发展史的后来人“鉴以往而知未来”。

——深圳大学中国经济特区研究中心资本市场研究所所长、教授　郭茂佳

中国资本市场的成长史也是一部从混乱走向秩序的历史，在《股市风云三十年》中，我们见证了中国资本市场的曲折与发展，混乱与秩序，尝试与纠偏。在《股市风云三十年》中，我们看到了中国资本市场的希望与未来。

——同创伟业创业投资有限公司董事长　郑伟鹤

《股市风云三十年》见证了资本市场发展的历程，指点了叱咤风云的人物，激扬了开基立业的豪情。这是一部既有高屋建瓴之气，又值得细细品味的好书。

——前摩根士丹利华鑫基金管理有限公司董事长　于华

《股市风云三十年》全面再现了中国股市 30 年的变化轨迹，是投资人了解和总结股市投资的好窗口。

——金信基金管理有限公司总经理　殷克胜

历史是一面镜子，《股市风云三十年》全面生动地记载了中国股市 30 年发展，非常值得一读！

——农银汇理基金管理有限公司总经理　施卫

历史故事，诠释股市变迁；经典名言，浓缩股市精华。

——原方正富邦基金管理有限公司总经理　邹牧

历史滚滚向前，人性亘古未变。资本市场是人性的放大器，也必然成为最佳修炼场。阅读《股市风云三十年》，可以让我们在回顾过去的经历中，去感受未来的影子。

——汇泉基金管理有限公司总经理　梁永强

年轻的中国资本市场仅用 30 年时间即成为世界第二大市场，随着中国企业不断成长，中国资本市场再过 10 年，将有机会问鼎全球！而《股市风云三十年》对了解中国股市 30年历史进程有重要帮助。

——英大证券首席经济学家　李大霄

《股市风云三十年》是一本非常好的资本市场读物，让人不忍释卷。本书以生动的故事入手，重现波澜壮阔的中国证券市场 30 年发展的大事，扣人心弦。相信本书将成为中国资本市场上一部极具分量的作品，值得投资者精读珍藏，在此也特别推荐给拟投身中国资本市场的所有人士。

——诺安基金管理有限公司副总经理、投资总监　杨谷

30年间，中国资本市场取得了举世瞩目的成就，为中国经济的持续发展做出了巨大的贡献。作为行业中人，我深知中国资本市场的发展历程绝非一帆风顺，其间经历了许许多多的挫折与考验。《股市风云三十年》为我们总结过往30年的经验和教训提供了帮助。

——原国海证券总裁助理、私募基金经理人　廖黎辉

中国资本市场已经到了“三十而立”之年，一个以价值投资为主导、机构化的成熟市场正在形成。《股市风云三十年》站在历史的起点，回望成长三十年，温故而知新，为未来带来无限启迪。

——金融界（JRJ.COM）总编辑　巫云峰

二十余年的创业经历让我深深感受到资本市场在实体经济发展中所发挥的重要作用，资本市场也为企业家们提供了施展才能的舞台。我推荐《股市风云三十年》一书，对于我们从企业家的角度了解、认识资本市场有着重要的参考意义。

——桂林莱茵生物科技股份有限公司董事长　秦本军

前言 | 三十而已

十年前的此时，我还是一个刚刚28岁的财经媒体人，竟然自不量力，萌发了写一本记录中国股市二十年发展历程的作品。在诸多师长、前辈和友人的鼓励下，我坚持下来，完成了整部作品的创作，命名为《资本的崛起》。当时计划每年增补一章，将中国股市的故事持续地记录下去。

然而此后，我的职业生涯变化颇多。在大众创业、万众创新的浪潮中选择辞职创业，折腾一番，最终铩羽而归。一年一章的写作计划，也搁置下来。

2019年开始，我从创业的风潮中将自己抽离出来，静心继续自己的写作，记录资本市场及时代的发展。2020年，中国股市也迎来了它的第30个年头。在这样一个重要时点，我觉得还是应该把历史传承下去。于是，和首都经济贸易大学出版社沟通，我决定续写中国股市最近十年的发展故事，并对过往二十年的文字进行修订，用一本新书致敬中国股市30年。

如今，《股市风云三十年》终于完稿，而中国股市也迎来了它30岁的生日。对于人的一生来说，20岁被称为弱冠之年，30岁则被称为而立之年。如果说20岁是一个人从少年进入成年的标志，30岁则是他需要承担起更多社会责任的时刻。对于中国股市也是如此。经过20年的发展，中国股市由新兴市场逐步走向成熟，而到了30岁的生日，中国股票市场的市值规模已经相当可观，市场制度建设日趋完善，中国股市已经具备了一个成熟、发达的股票市场应当具备的全部功能。

相比三十而立，我更愿意用三十而已来形容中国股市。倒不是因为想蹭一部电视剧的热点，是因为，三十而立的意思是已经成熟、稳定，可以开始有所成就了。但中国股市则不止于此。短短三十年，中国股市已经成为全球第二大的股票市场，甚至再过几年，就有可能成为全球最大的金融市场。而它，仅仅三十而已。这种速度和激情令人叹为观止。

展望未来，无限可能。中国股市下一个十年一定会更加精彩。

《股市风云三十年》以时间为主线，描绘出一幅中国股市由初创到成熟的全景图。在创作的过程中，我仿佛融入过去30年不同时期的激情岁月之中。

回眸过去30年的历程，中国股票市场经历了风风雨雨的考验。既有成功者的喜悦，也有失败者的悲戚；既有先行者的艰辛苦楚，也有后来者的锐意变革；既有草根平民缔造的财富神话，也有资本枭雄演绎的起落沉浮。总之，中国股市30年的历史就是一部在中国特色社会主义制度下资本崛起的历史。历史的长河仍然川流不息，历史的脚步必将化作一个个永恒的瞬间。

中国股市30年的历史，是一部从无到有、从小到大的创业史。从沪、深两大证券交易所的成立到创业板、股指期货、科创板的推出，中国股市用30

年的时间，走完了西方成熟市场近百年的发展道路。两代市场参与者艰苦创业的情景让我们难以忘怀。

中国股市30年的历史，是一部追求真理、锐意创新的改革史。改革永远不会一帆风顺，改革的道路上充满荆棘。无论成功或者失败，改革的参与者们都值得尊重与敬佩。

中国股市30年的历史，是一部制度、规则不断完善的监管史。从初创时的蹒跚学步到监管法规的不断完善，中国股市从一个被称作“大赌场”的机构跃升为全球举足轻重的金融市场，制度和监管的力量不可忽视。

这部作品能够问世，我首先要感谢我曾经就职的《股市动态分析》杂志社。作为新中国第一家证券媒体，《股市动态分析》杂志创刊于1990年7月，早于沪、深证券交易所的诞生。杂志社的资料室中保存着1990年以来全部的《股市动态分析》。正是依赖于这些完整而珍贵的史料，我才能够对中国股市的发展历程，尤其是早期的发展脉络做出清晰的梳理。

虽然从2014年辞职离开杂志社到现在已经整整六年了，但那是我生命中最难忘的时光。在杂志社，我结识了我的爱人田磊并与之步入婚姻的殿堂。而在我此后艰难的创业过程中，田磊对我的鼓励与包容让我最终走出了人生低谷。

其次，我要感谢行业中人对这部作品的支持。本书承蒙学术界、证券基金界、财经传媒界的诸多前辈、友人提供的大量帮助，正是他们无私的分享和坦诚的交流让这部作品更加接近真实历史。此外，全书在编写过程中引用了不同时期的媒体报道和相关资料，无法一一列举，在此一并表示感谢。

由于我离开财经媒体和证券业的时间比较长，所以在记录近十年历史的创作中，我要感谢我的好友蔡晓铭，也是本书的共同作者，为创作做了大量的工作。

同时，我要感谢我的老朋友、曾经的财经记者王艳伟和我现在的同事谢舒婷为本书的修正所做的努力。特别感谢我们的朋友张安基对本书的支持。

让我深感遗憾的是，十年前为《资本的崛起》作序的我的恩师，中国著名金融学家、原南开大学经济学院院长马君潞先生在多年前溘然辞世，而本书记录的中国股市早期重要创建者、深交所创始人之一王健先生，中国证监会第三任主席周正庆先生也离开了我们。

在本书完稿之时，中国的经济发展环境正面临着前所未有的复杂局面，中国股票市场也在经历着变革与创新的考验。但我们相信，同过往30年的成长历程一样，充满活力的中国股票市场一定能够经受住各种压力与困难的考验，一个不断强大、崛起的资本市场一定能够在中华民族的伟大复兴进程中发挥越来越重要的作用。

毕竟，中国股市，只有三十而已！

赵迪

2021年6月

目　录

1990

第 1 章 | 荒原拓路

静安证券业务部：中国的“梧桐树”

1989 年的夏天，禹国刚做梦也不会想到，深圳市政府会选择在这个时候筹备深圳证券交易所，并且任命自己为负责人之一。六年前在日本学习证券知识的情景再次呈现在他的脑海里。

那是 1983 年，中国决定选派两名青年到日本学习证券知识。当时在深圳爱华电子公司工作的禹国刚因为平时阅读了大量金融类书籍，一看到通知就产生了跃跃欲试的念头。在正式考试中，题目全部是日文，禹国刚的日语派上了用场，他在短短的时间里全部答完。主持考试的几名领导当即拍板：去日本学习的人就是他了。

就这样，禹国刚和蔡靖华脱颖而出。这一事件立刻在日本掀起了轩然大波。日本各方对于来自社会主义国家的年轻人充满了好奇和猜想。面对闻讯而来的《朝日新闻》记者的采访，禹国刚唯有沉着应对。

《朝日新闻》记者问：“你们是社会主义国家，又不用股票这个东西，派你们两个来干什么？”

禹国刚心想，这个问题很尖锐，弦外之音是什么呢，你既然不用，那么是不是在这里白白浪费金钱、浪费时间；如果你用，社会主义国家办资本市场意味着什么。

禹国刚用日文回答："我们中国有句俗语，'学习不会是白学的'。"

这个记者后面没有往下再问，但禹国刚还是出了一身冷汗，如果记者穷追猛打，真不好回答。禹国刚心想，如果回答说有用，有什么用，那时候国家根本没把这个事情提到议事日程上来，自己敢说有用吗？不敢说。

在禹国刚内心深处，的确不敢有过多奢望。学有所用对当时的禹国刚来说还是个遥远的梦想。果然，回国之后，一位领导对禹国刚说："证券，我们现在还用不上。你从哪里来，就先回到哪里去吧。"就这样，禹国刚又回到了爱华电子公司。

随着改革开放的深入，环境在悄然发生改变。1984 年年底，禹国刚以一篇《股票投资的魅力在于股票交易》的论文，引来有关领导的赏识，随之任命他为中国银行深圳分行调研处副处长。禹国刚时年41岁。

1984 年 7 月，上海市颁布了一个地方性法规——《关于发行股票的暂行规定》。该法规由中国人民银行上海分行制定。当时，飞乐音响打算向社会公开发行部分股票。时任中国工商银行上海分行信托投资公司静安营业部总经理的黄贵显开始打报告，申请代理发行，等待上面审批。

在当时上海的金融界，黄贵显绝对是个人物。老人的童年很苦，父母早逝，他跟着姐姐长大，基本上靠救济读书。1946年，时年18岁的黄贵显经姐夫介绍进入属外商银行的广东银行上海分行当学徒。他十分珍惜这个机会，勤奋好学，半年后就从练习生得到提升，开始负责记账和管库，不久又当上柜组负责人。新中国成立后，黄贵显成为中国人民银行的专职信贷员。20 世纪 80 年代初，为拓宽资金渠道，中国工商银行上海分行成立了信托投资公司，黄贵显担任静安分公司经理。

黄贵显真正见识过茅盾笔下的旧上海证券市场。而当时为了做好飞乐音响的股票发行，黄贵显还请了几位旧上海证券交易所的老经纪人当顾问，他

们都是曾在上海金融圈里翻云覆雨的人物。

当时人们对股票这东西姓“社”姓“资”颇有争议，“大家都去买股票，银行存款外流怎么办？这么高的利息对国家有什么好处？”为保证飞乐音响股票能顺利发行，黄贵显立下军令状：“第一，绝对不复辟旧社会的证券市场；第二，绝不把外国模式如数照搬；第三，不让国家损失，不搞投机倒把。做得好请领导推广，做不好，由我承担责任。”1984年11月，飞乐音响公开发行股票50万元，由中国工商银行上海分行信托投资公司代理发行。

1985年1月，第二只股票延中实业公开发行。

延中股份的发行，引发了上海市民通宵排队争购的火爆场面。但热闹过后，投资者却发现这些股票不能流通。一些股民因为急于用钱，无法将手中股票变现。

当时有人认识黄贵显，冲他怒喊道：“有女总要出嫁，有儿总要结婚，这样不嫁不婚的，难道只好等着老死吗？”

这话让黄贵显很受刺激，他感到自己有责任让股票流通起来。于是，他向中国人民银行打报告要求放开股票交易。一次、两次，报告石沉大海。

直到1986年8月，时任上海市市长的江泽民召开会议，听取了关于股份制的汇报，静安分公司副总经理胡瑞荃到会做了《股票的生命在于流动》的发言，反映了市民“有女要出嫁，有儿要结婚”的呼声。这次会议后，中国人民银行很快就批转了静安分公司的报告，并批准静安分公司更名为静安证券业务部。

1986年9月，中国工商银行上海分行信托投资公司证券业务部开设交易柜台，标志着新中国第一个证券交易部成立。在黄贵显的努力下，新中国开始出现了股票的店头交易。

1986年11月，时任美国证券交易所董事长的约翰·范尔林访华，并赠送给邓小平一枚纽约证券交易所的证章。

在认真听取了范尔林介绍的美国股票市场情况后，邓小平说："我们中国和美国不一样，你们现在非常富有，我们现在还在发展阶段。我们现在要搞的是有中国特色的社会主义，但是我们搞的社会主义并不是说都是公有制，我们也可以有市场经济的成分、民营经济的成分，我们应该虚心地向你们学习，在股票、证券方面你们都是专家，你们比我们懂得多，我们中国也要搞自己的股票市场。"

邓小平提到，中国也发行了股票。范尔林当即提出，能否获赠一张新中国的股票，这让时任中国人民银行行长的陈慕华感到有些焦急。虽然当时一些企业开始了股份制改革，但称得上真正意义的股份制企业寥寥无几。中国人民银行从各地紧急调来股票样张，包括 1984 年北京天桥百货股份有限公司发行的带有固定期限且还本付息的"股票"、1983 年深圳宝安联合投资公司发行的股金证等，但这些所谓的"股票"大都属于早期发行的不规范的票据，不能算作真正意义上的股票，而当时公开向社会发行的股票只有飞乐音响和延中实业。最终，陈慕华选择了飞乐音响。

令众人没有想到的是，范尔林在看到飞乐音响的股票后，提出了一个特殊的要求，将股票正式过户到他本人的名下。范尔林提出这样的要求当然另有深意，他可以名正言顺地看看，还没有证券交易所的中国如何进行股票交易。有关部门经过研究，同意范尔林在静安证券业务部过户。

黄贵显回忆说，范尔林为这张面值 50 元的股票过户是"花了大价钱"的。原来，在上海期间美国的随行人员提出要警车开道，上海方面有些为难，因为按规定国家首脑才能用警车。后来上海警方提出让范尔林私人花 2 000 元租借警车。而 20 多年后，飞乐音响这一"原始股"，通过多年的送配，已经变成 3 000 多股，市值最高时超过 10 万元，远远超过范尔林当年为它“花费”的租车费了。

整个静安证券业务部面积不大，柜台外更是只有十几平方米。当时的中国工作人员显得有些尴尬。范尔林笑道：“纽约证券交易所最早只是在一棵梧桐树下交易的。”

纽约证券交易所的历史可以上溯到1792年。那年5月17日，24个在街头买卖股票的经纪人聚集在华尔街68号前的一棵梧桐树下，开始讨论起有价证券交易的条件和规则。他们讨论的结果就是举世闻名的《梧桐树协议》。于是，这24个在协议上签了字的经纪人组成了一个独立的、享有交易特权的有价证券交易联盟，这就是后来纽约证券交易所的雏形，1792年5月17日这一天也因此成为纽约证券交易所的诞生日。华尔街68号前的那棵梧桐树于1865年6月21日在闪电和雷鸣中被狂风暴雨击倒，然而金融华尔街这一现代金融市场中心的大树却已经根深叶茂，不断发展和壮大。

对于中国资本市场来说，静安证券业务部可以被称为中国的“梧桐树”。

深圳证券交易所：在艰难中创业

1986年以后，股份制改革开始吹响了冲锋号。全国各种类型的股份制企业如雨后春笋般发展起来。深圳市在1986年10月出台了《深圳经济特区国营企业股份化试点暂行规定》，将赛格集团公司、建设集团公司、物资总公司等六家市属大型国有企业作为股份制改革试点单位，市政府向这六家企业派出董事长，实行董事会领导下的总经理负责制。时任深圳市委书记的李灏主张用股份制作为国有企业改革的目标和方向，也极力主张引进现代企业公司制度来改造企业经营管理。刚搞股份制改革的时候，谁也没有想到搞证券股票市场，而在建立股份制公司的一两年后，随着股份制公司的发展，需要筹集大量的资金，融资需求日渐增长，才逐渐提出了建立资本市场的问题。

1988 年 7 月，李灏率团去英国、法国、意大利三国考察，证券市场是考察中的一项。在伦敦，香港新鸿基证券公司组织了一个投资座谈会，李灏代表深圳市政府致辞，欢迎英国金融界来深圳投资。英国一家基金公司经理说，我们不能直接投资你们的工厂企业，只能买你们的股票。他提出的问题对当时的考察团来说很新鲜。当时，深圳发展银行等几家公司的股票还是柜台交易，也有一定的交易量，但仅在柜台交易是不行的。回到香港，李灏就开始考虑深圳证券市场体系建设问题。深圳要利用政策优势，建立资本市场，通过资本市场，让企业筹集到更多的发展资金。而证券交易所对于一个完整的资本市场来说是不可或缺的。

直到 1989 年，深圳市政府决定筹建深圳证券交易所（以下简称深交所）。禹国刚被任命为筹备组负责人之一。在搭档的选择上，禹国刚想到了王健。

我国金融专业教育恢复于 20 世纪 80 年代，而王健于 1984 年毕业于南开大学金融学系，师从著名金融学家王继祖教授，属于本土较早毕业的一批金融学科班硕士。王健毕业后来到深圳，起初在中国人民银行工作，后来跳槽去了中国银行深圳分行。

当时，深圳市拟将深圳特区的六家城市信用社整合成深圳发展银行，在中国银行工作的王健报名参加公开招考，并取得第一名，此后被任命为深圳发展银行首任副行长，并主持具体工作。深圳发展银行一成立，就公开发行了股票。后来，万科、金田、安达、原野等企业也陆续改组为上市公司，发行了股票，在证券部的柜台交易。两年后，深圳发展银行步入正轨，而王健急流勇退，选择离开。

习惯了创业的王健从深圳发展银行离开后，有意加盟招商银行。当时招

商银行也想借鉴深圳发展银行的股份制经验，很有诚意地邀请王健任职。

禹国刚听到这个消息后，立刻找到深圳市当时主管金融的副市长张鸿义，请王健出山，挂帅深交所筹备组。一开始王健并不想去创办交易所，禹国刚几次上门劝说，王健依旧犹豫不定。后来，张鸿义干脆说："你是不是共产党员？"就这样，王健被逼上任了。

当时筹备组的条件很差，连个像样的办公的地方都没有，禹国刚和王健就租了国贸大厦的几间仓库，当作办公室。

筹备工作前后有一年多时间，筹备组主要做了这样一些工作。

第一，草拟了相关的法律法规文件，如《深圳市股票发行与交易暂行规定》《深圳市证券交易所章程》《有价证券上市规划》《证券商受托买卖有价证券规则》，以及集中交易市场口头唱报作业程序、集中市场上报作业程序、交易所营业细则等四十多个规章规定。

第二，结合中国的实际情况，借鉴香港和国外的有关做法，证券交易所（简称证交所）实行会员制，吸收本地和全国各地的券商（不吸收个人会员）为会员，确定105家证券公司作为交易所的会员单位。

第三，加快软硬件建设。选购、安装、调试用来反映交易行情的大屏幕显示器、电脑及电信网络系统。交易所当时选了友谊城和深圳市信托投资大厦，后来因信托大厦面积小了，又搬到深业大厦。同时进行骨干、从业人员培训，先后办了两期培训班，对各证券商进入交易所从事集中交易的上市代表和结算人员进行培训。

1990年春天，王健、禹国刚等人到北京中国人民银行总行汇报。当时中国人民银行监管司司长是金建栋。禹国刚在接受《资本人物》采访时候，亲口讲述了他和金建栋之间的一段精彩对话。

> 禹国刚开门见山道："金司长，我们这个筹备都做得差不多了，你看什么时候能开业。"
>
> 金建栋说："老禹，深圳证券交易所，这个谁敢批给你啊，这个事没人敢给你弄啊，我给你改个名字，叫深圳证券市场，你如果同意，现在我就可以给你批，你回去马上可以运作。"
>
> 禹国刚和金建栋开了个玩笑，说："福田有个菜市场，罗湖有个肉市场，我这边叫深圳证券市场。我这到底是菜市场还是肉市场啊，叫深圳证券市场，跟菜市场和肉市场有什么区别？"
>
> 金建栋道："老禹，你不懂，我给你改这个名字，我马上就能批，回去马上就能运作，你运作起来后，可以更名啊。"

禹国刚想想，金建栋讲得也确实有道理，他是站在总行的角度，怎么也得讲究策略，所以也就接受了。

后来，"深圳证券市场"的名字又被换成"深圳证券交易中心"，最后终于定名为"深圳证券交易所"（以下简称深交所），名称的几经更迭折射出创立时的复杂情形。

在深交所正式成立之前，政府的智库和民间的研究机构已经开始对股票市场理论进行研究。

王师勤，中国社会科学院经济学博士，师从我国著名经济学家于光远。1989 年，正在撰写博士论文的王师勤开始对股市产生兴趣并着手开展研究。博士毕业后，王师勤毅然决然地去综合开发研究院（中国–深圳）工作。1990 年 3 月 5 日，深原野发行新股，广告词为"春种一粒籽，秋收万颗粟"。王师勤感到深圳股票市场已具雏形。同年 5 月中旬，王师勤向综合开发研究院领导提出两点建议：第一，办一份股市分析专刊；第二，院里拨出一些钱

让研究院在深圳股市上运作。不过，两个建议都遭到否决。

1990年5月25日后，只有五只股票的深圳股票市场全面飙升。政府推出涨跌停板制度，而且不断压缩停板的区间，从10%到5%再到1%。为此，王师勤于1990年6月主持撰写了《引导股票投资热潮，发展深圳基础设施》的报告并提交给深圳市人民政府，率先提出企业股份制改造试点与国家产业政策倾斜重点相结合的政策建议，受到主管金融的副市长张鸿义的高度重视。综合开发研究院领导也深受鼓舞，同意了王师勤办股市分析专刊的建议。1990年7月，综合开发研究院创办了新中国第一本证券刊物——《股市动态分析》。

上海证券交易所：得天时、地利与人和

在深交所筹备的同时，上海也在积极筹备证券交易所。

1989年12月2日，上海市市长朱镕基在康平路市委小礼堂召开金融改革会议。会上，朱镕基拍板决定筹建上海证券交易所，并由交通银行董事长李祥瑞、中国人民银行上海分行行长龚浩成和上海体制改革委员会办公室（简称体改办）主任贺镐圣组成三人筹建小组。

时任中国人民银行副行长的刘鸿儒被朱镕基专门请到上海参加了那次会议。刘鸿儒把“联办”介绍给了朱镕基：“北京有拨儿年轻人，就是搞证券交易所的。”朱镕基说：“好啊，把他们请来，我给他们解决户口。”

所谓“联办”，是证券交易所研究设计联合办公室的简称。1988年4月，两个留美学者王波明和高西庆带着《关于促进中国证券市场法制化和规范化的政策建议》从纽约华尔街回到北京，为建立中国证券市场而奔走呼号。

据说，王波明曾这样回顾那段日子："人往往是被预期所驱使，开始想得难点好。我和高西庆约定，如果五年以后干不成，我们就一个去修自行车，一个去卖包子。"

1988 年 9 月 8 日，"金融体制改革和北京证券交易所筹备研讨会"在北京万寿宾馆召开，王波明、高西庆受邀参会。此次会议囊括了中国经济界最有实权的机构，比如中央财经领导小组[①]、计划经济委员会（简称计委）、国家经济体制改革委员会（简称体改委）、中国人民银行、财政部、外经贸部、国务院发展研究中心等，还有数家"中字号"的信托投资公司。会议的发起者之一，是时任中国农村发展信托投资公司总经理的王岐山。参加会议的还有诸多后来中国金融业的风云人物，比如时任中国人民银行副行长的刘鸿儒、外经贸部部长助理周小川。这两个人后来分别成为中国证券监督管理委员会（简称证监会）的首任和第四任主席。此次会议的最大成果，就是会后编写了《关于中国证券市场创办与管理的设想》，中国证券业结构的整体框架就此勾勒出来。

1989 年 1 月 15 日，中国国际信托投资公司、中国农村发展信托投资公司等九家"中字号"公司各出资 50 万元，组建"证券交易所研究设计联合办公室"，即"联办"，成为中国证券市场的民间推动力量。

1990 年 1 月，王波明、高西庆等人开始参与筹建上海证券交易所的工作。之后的两三个月里，他们又跑到深圳参与深交所的筹备。不过，当时的王波明和高西庆作为留学生，其实在海外也难以全面接触整个交易所的运作过程，所以证券交易所早期的制度、规则、交易模式等，并没有成熟的蓝本，完全是摸索出来的。

---

① 中央财经领导小组于 2018 年 3 月更名为中央财经委员会。

1990年4月18日，时任国务院总理的李鹏在上海宣布开发浦东十项新政，其中包括建立上海证券交易所。1990年6月2日，国务院正式批复：考虑到上海市目前已有一定的证券交易量，以及开发浦东之后交易量增加的趋势，同意建立上海证券交易所（简称上交所）。

由李祥瑞、龚浩成、贺镐圣组成的三人筹备小组主要对上交所的成立提出意见和方案，具体事务则由中国人民银行上海分行负责。当时中国人民银行筹备小组人少，而大家又都不懂证券交易所是怎么回事，于是他们写报告提建议：争取1991年一季度正式成立。朱镕基在报告上批道："这个时间太晚了，要在年内成立。"

此后，朱镕基在1990年的五六月访问中国香港、新加坡和美国时，对外承诺上交所将在年底开业。

留给筹备组的时间只有半年多。这让刚成立几个月的筹备小组感到十分紧张。当时，很多人认为这是一次冒险。在这个时候，尉文渊自告奋勇愿意承担筹备任务。

尉文渊15岁从军，1970年在新疆开始长达5年的军旅生活。这段艰苦的岁月磨炼了尉文渊的性格。复员后，他的第一个工作是在电影院里当服务员，负责检票、扫地、搞卫生。上海人都不愿意干服务员，认为这个活儿又脏又累，但在尉文渊看来像天堂一样。电影院的发展空间显然太窄，这个20岁的复员兵很快脱颖而出。后来，尉文渊考上上海财经大学，毕业分配到北京，在审计署工作。当他34岁调回上海时，其所追随的老师、时任中国人民银行上海分行行长的龚浩成进了中国人民银行上海分行。

当时的尉文渊是个刚到中国人民银行上海分行工作时间还不足一年的年轻干部，有着强烈的建功立业的愿望，所以虽然他全无经验，但以激情请战，终被委以重任。在筹建的五个月里，面对千头万绪、纷繁复杂的工作，他承受了巨大的压力。因为除了时间仓促之外，那时的尉文渊其实根本不知道证券交易所应当是什么样子。20 年后，当尉文渊回忆起上交所的筹备时，甚至说脑子里是一片空白，而他对于证券市场的基本概念来自禹国刚和王健写的白皮书。

1990年6月29日，尉文渊正式接手筹备组，担任筹备小组组长。

由于时间紧迫，尉文渊不可能进行非常详细的规划，只能碰到什么解决什么。

交易所当然要有交易的场地，首先是找地点。尉文渊马不停蹄地到苏州河边的仓库、北京东路外滩的铁路售票厅等地选址，结果一无所获。后来，听说浦江饭店有一个很漂亮的大厅，尉文渊立刻前往，到了那里，顿觉眼睛一亮。位于上海黄浦路 15 号的浦江饭店，这栋有着 150 多年历史的欧式建筑虽然已很破旧，但气势还在。最终，它成了上交所最初的所在地。

有了交易的场地，就要选择交易方式了。从禹国刚的白皮书中，尉文渊了解到，国际上证券交易主要有两种模式：口头竞价和电子计算机交易系统。尉文渊认为，现代科技突飞猛进，应当采用计算机交易。尉文渊在从中国人民银行借来的 500 万元筹备金中挤出 100 万元，决定引入计算机交易系统。他并没有完全放弃口头竞价交易方式，还请在美国华尔街工作过的“海归”来帮其设计口头竞价方式。口头竞价搞了一段时间，比划来比划去，找不到感觉。因此，尽管上交所的交易规则中规定的是口头竞价和计算机交易两种方式，其实“宝”全部押在了电子计算机交易上。可以讲，这是一种极大胆的、跨越式的发展，因为当时连最简单、最基础的交易方法都没有掌握，一下子就进入电子交易领域，谁也不敢保证此事能够成功。

就这样，深、沪证券交易所在筹备阶段都将电子化交易系统提到重要位置。而中国证券市场能在短短的十几年走过发达国家上百年的路，电子交易

系统的建立功不可没。

深沪抢先开锣：No.1之争成佳话

其实，深、沪两家证券交易所究竟谁是中国的第一家证券交易所，始终存在争议。站在30年后的时点回眸历史，谁是No.1，谁是No.2，已经不再重要，而老一代创业者们的这番激烈竞争已然成为一段佳话。

对于深、沪交易所争先开业的这段往事，王健生前在参加一次南开大学深圳校友会活动中回忆说："1990年，当时深交所筹备组准备推出计算机交易系统，最初定5月13日开业，后来成了泡影。开业不得不改成试业，又定为8月18日试业。但准备要开的时候，又放出一阵风来，就说不能开了。也不知道具体谁说的，可就是要阻止这个交易所开业。"

当时的王健不过30多岁，多少有些年轻气盛，脾气也很火爆，"不同意的话，拿出不同意的文件给我！"可是，所谓的"有关方面"并没有不同意的文件。

根据王健的回忆，直到1990年11月20日，王健接到北京的电话，是来自"联办"的王波明。王波明说道："老王啊，你想当第一，可中国人民银行已经批了上海证券交易所。你要加把劲啊。"

王健觉得事情有些严重，不甘心认输的他找到深圳市委书记李灏，李灏当即拍板："12月1日开业。"

虽然经历了很多挫折，最终深圳市还是把握住了试验场优先的机会。1990年12月1日，深交所终于开业了，成为改革开放后中国第一家正式运作的证券交易所。

可以想象，深交所从筹建到开业，从无到有，这条路上充满艰辛和坎坷。

1990 年 12 月 1 日，王健和禹国刚敲响了深交所的开市钟，两人满面笑容，并和促成当天唯一一单交易的红马甲合影留念。而就在这张纪念合影的背后，还有一段事关深交所尊严的故事。

此前，有人想阻止深交所开业，中国银行、深圳市国投、深圳特区证券等“老三家”证券部串通好了，要给新生的深交所难堪，让深交所零成交。但这件事情被王健和禹国刚提前知道了。两人不动声色，也没有和“老三家”理论，而是做了有色金属证券部的工作，于是才有了有色金属证券部的这一笔报单，而深交所也避免了开业首日零成交的尴尬。

究竟“老三家”为什么阻挠深交所开业，不管是王健、禹国刚还是“老三家”的当事人都没有告诉我们答案。也许，这将是中国证券市场历史上永远的一个谜。

尉文渊在上海同样不轻松。相比筹建深交所的孤胆英雄式的悲壮，占尽天时、地利、人和的上交所筹建更多的是一种尽职尽责的使命感。

交易大厅的装修布置、交易规则的制定、会员和席位的明确、交易员的培训、交易清算的程序、上市公司的准备等，都在同步进行。具体到交易大厅的色调、交易柜台的位置、显示屏的安装等，尉文渊都是事必躬亲，千头万绪，忙乱不堪。

按照原定的日程，上交所应该在 1990 年 12 月 14 日左右开业。12 月 3 日，朱镕基来视察，交易大厅门外基建工地一片狼藉。下了车，朱镕基脸色铁青，但当他走进大厅时，脸色舒缓了下来，他看到大厅里已经布置就绪。他问尉文渊有什么困难需要解决。尉文渊说装饰包厢的圆拱形玻璃配不到。朱镕基立刻说：“你找耀华皮尔金顿，就说是我朱镕基说的，叫他们马上定做。”

接着，朱镕基转过头意味深长地看了尉文渊一眼，道：“小尉，你敢不

敢大胆管理？”

“敢！”尉文渊坚定地答道。

朱镕基视察过后，地方部门对交易所筹建工作的配合力度更大了。开业前一天晚上，区里的市政、绿化、环卫等部门的施工队伍齐集现场，统一指挥，分批进场施工。一夜之间，浦江饭店门外的环境，就像变魔术一样焕然一新。

由于要等香港行政司邓莲如女士率领的代表团参加开业仪式，上交所的开业推迟到12月19日。

19日一早，尉文渊起床后发现，自己一只脚肿得根本穿不上鞋，只好向人借了一只大号鞋。他穿着一只大一只小的皮鞋，由人背着来到现场，一瘸一拐地在现场做最后的布置，然后倚着墙迎接贵宾。

按照原定程序，上午11点正式开始交易，由上交所的理事长李祥瑞授权尉文渊鸣锣开市。11点整，兴奋的来宾们还在议论着、参观着，一直未能全部进入仪式现场，而显示屏已经开始显示交易数据。情急之下，尉文渊敲响了上交所的第一声开市锣声。

午宴上，尉文渊没吃几口饭。送走来宾后，他就一头倒在了床上。此时他高烧已达40℃，当晚被送进医院。他在医院待了一个月，才被允许出院。有人问他开市第一天的感觉。他说：“没有感觉。第一天是怎么交易、怎么收市的我都不知道。”

就这样，在1990年的最后一个月，新中国的两家证券交易所几乎以赛跑的方式先后成立了。回眸历史，或许当时组建证券交易所的条件并不成熟。然而，正是在这样一批创业者的全力推进下，才为中国证券市场翻开新的一页。这种“荒原拓路”的精神将被永远载入中国证券市场的史册。

1991

第 2 章 | 初步蹒跚

黑市交易：引发深圳股市危局

深交所之所以能抢在上交所之前成立，拍板的李灏书记并非为了逞一时之勇，而是对当时深圳黑市交易猖獗的担忧。禹国刚的一句话令李灏几天都在深思。

“深圳证券市场混乱到目前这个程度，就是因为没有证券交易所。如果有了证券交易所，就能把股市70%~80%的黑市交易干掉。如果再不成立交易所的话，局面将不可收拾，北京那边还要找我们算账！”

当时，深圳证券市场黑市交易现象十分普遍，场外黑市交易金额数倍甚至数十倍于场内交易金额。包括黎东明在内一些早期参与股市场外交易的民间人士都参与过黑市交易。黎东明十多年后在接受《资本人物》栏目采访回忆这段经历的时候，曾这样描述道：“当时大家以高于市场30%~50%的价格成交，之后就坐在地上数钞票，那时候治安很好……”

客观地说，黑市交易是计划经济向市场经济过渡的产物，是缺乏规范制度约束的市场行为，是监管缺失的必然结果。

1990年5月开始，深圳市场五只股票成交量开始迅速放大，股价快速上涨。李灏书记在一次会议中指出：“企业股份制工作要开展得稳妥一点，不宜过快、过急，面铺得过大会造成失控，重要的国有企业必须由国家控股，对证券交易工作要健全法规。”李灏书记的讲话实际上为深圳市后续出台取缔黑市交易的一系列政策埋下了伏笔。

5月28日，深圳市政府发布《关于加速证券市场管理、取缔场外非法交易通告》，提出证券交易必须在证券中介机构进行，登记过户必须采取股票持有者与本人身份相符的做法。股票买卖要填写委托书，受托买卖原则为价格第一优先、时间第二优先；登记过户不得超过七天，并规定涨跌幅限制均为10%。

两天后，中国人民银行深圳分行做出规定，凡与本人证件不符的股票持有者，限两个月内办理过户手续。

6月7日，深圳市再次发布《关于调整深圳市股票交易收费的通知》，委托买卖股票，双方各征收5‰的手续费。6月18日，中国人民银行深圳分行再次规定，委托买卖价不得高于或低于上一个交易日的5%。

一系列政策的出台表明了深圳市打击黑市交易、稳定证券市场的决心。然而，二级市场价格的火爆局面并没有发生变化。6月26日，中国人民银行深圳分行再次做出新的限价决定，委托价涨幅不得超过前一交易日的1%，降幅不得超过前一交易日的5%。

在如此短的时间频繁调整涨跌停板的做法在此后20年的中国股市几乎再没有出现过，同时，涨跌停板不一致的现象也在此后市场中较少出现。由此可见当时的市场已经到了何等疯狂的地步，这让时任中国人民银行深圳分行行长的王喜义倍感压力。

在深圳举行的一次“深圳股市与深化企业改革座谈会”上，与会人员表达了对股市“过热”现象的忧虑。虽然中国人民银行深圳分行把涨幅压低到每天不得超过1%，但没有改变市场上涨的趋势。股市仍以每天1%的价格上涨。万科、金田、安达、原野等股票甚至都有100%以上的涨幅。

1990年7月1日，深圳市政府规定对股权转让、股票派息征税，股息分红超过一年期银行存款利率部分缴纳10%的个人收入调节税，卖出股票应缴纳6‰的印花税。这是中国股市自诞生以来管理层首次采用印花税的手段来调节股票走势。

此后30年，印花税也一直是管理层用来调节股市冷热的重要手段之一，而且往往能起到立竿见影的效果。

政策出台后，深圳市场五只股票的股价均出现小幅下跌，但很快止跌回稳。正在这个时候，市场开始有传闻称深圳市政府可能进一步加大打击黑市的力度。市场成交量开始放大，但上涨趋势并没有发生变化。

11月，国务院召集财政部、国家计委、中国人民银行、国家税务总局等部门举行联席会议，打击黑市交易被列入会议议程。也正是在这个会议之后，深圳市再次使出重拳。

敏感的投资者发现，在1990年11月15日出版的《深圳特区报》上刊登股票行情的下方出现了一行文字，“政府忠告市民：股票投资风险自担，入市抉择务必慎重”。

时至今日，各大证券公司和财经媒体都会在风险提示中写有“股市有风险，入市需谨慎”的词句，其来源正是1990年深圳市政府在《深圳特区报》上的这一忠告。

11月20日，深圳市证券市场领导小组决定，将股票日涨幅再次降低至0.5%，而跌幅仍为5%。同时，不仅卖出方需要缴纳印花税，买入方也需要缴纳6‰的印花税。也就是说，印花税变成了双边征收。

这一政策的出台已经将管理层的意图表达得再清晰不过了——股市只许跌不许涨！

次日，深圳市工商行政管理局发布公告——《坚决打击证券市场场外非法交易》。

在中国证券市场历史上绝无仅有的密集利空政策打压之下，深圳股市终于低下了高昂的头。

资料显示，深圳股市在 1990 年 11 月 21 日达到高点后开始调头向下，12 月 21 日，开始加速下跌，市场真正由牛转熊。

12 月初，综合开发研究院（中国-深圳）的王师勤向市政府提交报告：深圳股市大跌即将来临，应做好相关准备。

伴随着股市的下跌，成交量开始迅速萎缩，至 12 月 26 日达到阶段性的低点，日成交总额仅有 33 万元。

根据当时《股市动态分析》杂志的统计，从 11 月 21 日股市开始波动至 12 月 29 日，深圳市场的五只股票均出现显著下跌：深发展下跌 17.5%，万科下跌 27.8%，金田下跌 27.3%，安达下跌 35.8%，原野下跌 5.2%。五只股票平均下跌 22.72%，平均市盈率下降 13.73%，股票总市值减少 10.4 亿元。

对于习惯了股价上涨的股民来说，这种下跌无异于晴空霹雳。有股民感叹："平安夜不平安，圣诞节不快乐，恐怕元旦也不会愉快！"

从管理层的角度来说，虽然希望股市非理性的上涨能够终结，但这种无量下跌的局面显然也是他们不愿意看到的。

12 月 30 日，时任深圳市副市长的张鸿义尽管在深圳证券界元旦联谊晚会上表示，市场运作逐渐步入正轨，明年深圳股市会有一个令人满意的局面，但在场的人心中的顾虑并没有因此消除。

1991 年新年开市后，为了止住颓势、降低波动，重新塑造市场信心，管理层将跌幅改为 0.5%，使之与涨停幅度相当。然而，大势已去的深圳股市并没有止住下跌的步伐。整个下跌一直持续到 1991 年 9 月。在这个过程中，各方人士对深圳股市的危局进行了充分的反思，而这些反思对于中国股市的健

康发展无疑是有积极意义的。

1991 年 1 月，中国综合开发研究院（中国–深圳）副研究员殷克胜在《股市动态分析》杂志上撰写《当前股市波动的分析与对策》一文，提出放开股价、取消印花税、明确上市公司利润分配方案等措施以稳定投资者信心。事实上，殷克胜提出的三项对策，尤其是后两项对策在此后中国股市的数次牛熊轮回中被管理层广泛运用于调控市场。

1991 年 2 月，褚玉龙在《股市动态分析》杂志上撰写《关于新股配售和设立平准基金的两点设想》，提出优先配售和设立平准基金两项措施来扭转股市颓势。这是中国资本市场自诞生以来首次出现设立平准基金的政策建议。此后的十多年间，每当市场濒临崩溃的时刻，关于设立平准基金的建议便会在市场中广为流传。

同时在这一期的《股市动态分析》杂志上，深交所上市部的郑伟鹤发表《证券管理的政府目标》一文，大胆提出证券管理的目标不在于安抚、满足股民的情绪，也不在于顺应政策的要求，而是在于创造一个高效率的资金流动市场，以带动资源的合理分配以及企业管理的高水平发展。

王师勤面对股市的暴涨暴跌，也进行了深入的思考。他以“车布正”为笔名在杂志上发表了一系列的文章。至于“车布正”的由来，其实是“测不准”的谐音，王师勤以此自嘲，可见当时的股市已令市场参与者备感煎熬。

到 1991 年 9 月，股市已经持续下跌了整整 10 个月。王师勤统计了深圳市场五只股票的跌幅，深发展下跌 72%，万科下跌 71%，金田下跌 66%，安达下跌 79%，原野下跌 63%，平均下跌 70%。他同时计算了这五只股票的市盈率，大多数市盈率为 10 多倍。王师勤认为，在这样的价格上买入股票，长期投资是划算的。

于是，在 9 月 8 日出版的《股市动态分析》杂志上，王师勤再次以笔名

“车布正”发表了《克服贪婪恐惧心理、树立长线投资观念》一文，这篇文章也是中国股市中较早地系统阐述价值投资和长期投资理念的文章。很多人认为价值投资理念由 2003 年以公募基金为代表的机构投资者最初倡导。其实，这种观点是有失偏颇的。早在 1991 年，王师勤已经开始倡导价值投资理念，只不过当时市场的参与者更热衷于追涨杀跌的短线搏杀。

此后的一个月，深圳股市开始走出低谷，逐步回升。当然，股市的企稳并非基本面的原因，而是相关部门的救市举措发挥了作用，但不管如何，价值的显现为市场构筑底部提供了坚实的基础。

这些早期参与中国股市命运探讨的股市前辈，大都在此后成为市场中的风云人物。殷克胜 1993 年开始在深圳证管办工作，接着担任了深圳鹏华基金管理公司副总经理，2010 年，出任金鹰基金总经理。至于郑伟鹤，1993 年成为全国首批证券律师，此后在广东信达律师事务所担任过合伙人律师，并于 2000 年创建了深圳市同创伟业投资有限公司，从一名律师转型成为一名私募股权投资基金经理人。而王师勤则在 1992 年创建了国内第一家专业性的证券投资咨询公司，开启了我国证券咨询业的历史篇章，并担任过深交所理事、深圳证券商协会副会长。

救市会议：各方煞费苦心

始于 1990 年年末的深圳股灾，是新中国证券市场自诞生以来的第一次股灾。客观地说，不论是当时的管理层还是市场的参与者对此都缺乏经验和准备。1991 年 4 月，王健和禹国刚开始反复研究海外成熟的证券市场在出现股灾时的应对策略，究竟应该救市还是不救市。最终，两人的意见统一：一定要救市。

当时的背景是，中国还没有统一的证券监管部门，沪深两市证券交易所基本由当地政府和中国人民银行分行管理。而上海股市当时并未受到深圳股市暴跌的影响，反而不断走高。这也是历史上沪深两市唯一在大势走向上背离的一段时期。

1991年夏秋间，王师勤提出稳定深圳股市的救市方案。

1991年7月10日，深交所召开第一次救市会议，到场的还有主要企业的老总。王健和禹国刚提出救市的想法，但没有得到广泛响应。一些企业老总反对救市，认为股价应该由市场决定。乍一听，当然是有道理的，但如果考虑当时的背景环境，则绝非这般简单。禹国刚一针见血道："深圳市场是个刚刚十个月的婴儿，没有免疫力，也不具备自身的康复能力，必须用特效药！"

面对冷眼旁观抑或幸灾乐祸的企业家，一贯直脾气的王健怒火中烧，与那些反对救市的人争论起来，加之心力交瘁，他的心脏病突然发作，一下子昏倒在救市会议上。会场上的人顿时大惊失色，王健也马上被送到医院抢救。经过十余天的抢救，王健终于摆脱了死神。在此期间，李灏书记和张鸿义副市长多次到医院看望王健。每个人心中都感到沉重的压力，但冥冥之中，又感到一丝希望。

毕竟，作为深交所元老的王健战胜了死神，似乎预示着深圳股市也将战胜任何困难，继续向前迈进。

心系深圳股市前途的王健更没有丝毫懈怠，刚刚脱离生命危险的他不顾医生的劝阻多次溜出医院，到交易所巡视，和禹国刚探讨如何救市。

禹国刚同样心情焦虑，他一边安慰病重的王健，一边找市领导要政策。深圳市政府则希望由企业出资组成救市资金来阻止市场下跌。无奈深圳本土企业主们对股市毫无信心，更不要说出钱救市了。1991年8月，深圳市政府组织了多次救市会议，都无果而终。直到 9 月 2 日的第五次救市会议，深圳市市长郑良玉亲自出马，说道："李灏同志让我和大家讲几句，大家不要太短视，要有长远的眼光，希望我们深圳也能出几个李嘉诚这样的企业家。"

作为当时深圳市场龙头上市公司的深发展当然会有些尴尬。时任深发展副董事长的谢强激动地问："回购自己的股票行不行？如果可以的话，我能买多少？"

坦率地说，当时的股票市场还相当不成熟，增持、回购之类的措施还都属于比较模糊的范畴，否则人们一定会寻找到比直接入市干预更为精妙的救市举措。然而，历史终究是历史，不可能让 30 年后的人为 30 年前的先行者出谋划策。况且当时情形紧急，已不容全盘谋划更为稳妥的方案。

最终，深发展、深圳国投等几家企业决定共同出资 2 亿元，组成"调节基金"来履行救市责任。

1991 年 9 月 7 日，"调节基金"资金到位，由禹国刚、金明和病床上的王健共同指挥使用。

临危坐镇：2 亿资金力拨千斤

对于禹国刚来说，考验刚刚开始。虽然如愿争取到市政府的支持和 2 亿元的救市资金，但面对总市值 50 亿元的深圳证券市场，他并没有百分之百的胜算。而整个救市计划就落在禹国刚、金明和王健的头上，成也此三人，败也此三人。

十多年后，禹国刚回忆起这段不同寻常的救市经历时，依然唏嘘不已。

"成了好说，一壶的水都能煮开，深圳股市起来了，老百姓高兴，政府高兴，我们高兴，四面八方都高兴。败了，我们这几个操作的，怎么去跟市政府交代？两个亿的钱付之东流，这个风险是很大的……”2004年，早已退出深交所一线管理的禹国刚在接受《资本人物》栏目采访时如此说道。

尽管心中忐忑，但毕竟2亿元资金在手，禹国刚还是有些底气的。在他看来，胜算至少是一半对一半。

在研究海外市场救市操作时，禹国刚发现，指标股会在市场中起到风向标的作用。只要指标股启动或者止跌，那么整个市场的信心就会得到恢复。2亿元资金面对50亿元的市场，必须集中火力瞄准指标股，才能起到四两拨千斤的作用。于是，禹国刚将目光放在了深发展上面。

“我们只需要看好深圳发展银行，抓住龙头，以龙头带动龙身龙尾，别的根本不用去看，就看深圳发展银行一开市是往上还是往下，开市以后稳没稳住，收市是往上还是往下，抓住这个就足够了。”在讨论中，禹国刚制定了这样的策略。

当时，深发展股价在13元多的位置上徘徊，而交易所的报价是一个价位5分钱，拉了几个价位以后，有的散户开始惜售，卖盘纷纷回撤。其实这种现象是比较正常的，但在禹国刚看来，这种行为是在和自己对着来，企图把“调节基金”的钱朝外套，以更高的价格把手中的股票卖给“调节基金”，使他们的损失减小。

也许有人会问，股价轻松地上涨难道不好吗？“调节基金”希望的不正是如此吗？

其实，事情并非这样简单。如果不能在低位掌握相当数量的筹码，而急于拉升股价，会导致“调节基金”在高位接下散户的筹码，资金消耗殆尽后便无力继续护盘，导致救市失败。只有在低位接下散户抛盘，并吸引真正的长线投资者入场，市场才有可能展开具备一定周期的上涨行情。坦率地说，这与中国证券市场早期的“坐庄”是类似的。其实，禹国刚的身份也类似于

“庄家”。但必须强调的是，这样的“庄家”，在当时的历史环境中是有利于市场稳定健康发展的“善庄”。

禹国刚心想，你不卖我就不拉了。于是，少量买入深发展股票的几天后，禹国刚停止了进一步的拉升。并且，他通过当时的媒体舆论放出口风：“河堤决口了，没办法了。”这个风放给他们的意思就是说，你要这样跟我作对，我就不救这个股市了，就叫它往下跌，最后倒霉的是你，聪明的就不要跟我作对了。

当时，在深圳市场中，另一股颇有影响的力量是民间投资人自发组建的“股市沙龙”。当时，在黎东明的倡导下，一些早期参与股市场外交易的民间人士在深圳市福田区园岭新村一带组建了“股市沙龙”。黎东明和阮华等早期投资者正是当时“股市沙龙”最具影响力的领导者。有人说，第一个“股市沙龙”的最成功之处，不在于这里走出了多少百万富翁、千万富翁，而在于这里诞生了新中国第一代股评家。

禹国刚也通过一些民间和半官方人士，将这种信号传递给“股市沙龙”。但黎东明对于救市能否成功仍持怀疑态度，因此更多的是一种观望。就这样，整个市场随着深发展的盘整又震荡了20余个交易日。

在这些天中，禹国刚要么不行动，要行动就买入深发展。但他并不追涨，而是一看到深发展有下跌迹象，便斥资买入。有“调节基金”的护盘，基本上封杀了深发展的下跌空间。到 9 月的最后几个交易日，局面开始变得越来越有利于禹国刚。

到 9 月份的最后一个交易日，深发展已经涨到 14.95 元，由 13.75 元到 14.95 元，虽然只有一元多钱，却是来之不易的，是禹国刚凭着 2 亿元做后盾慢慢地往上做的。“连阴”雨下了二十几天，基本上可以看出，未来不会再连续阴跌下去了，天就要晴了。

果然，深发展的回升激发了市场信心，尤其是“股市沙龙”中一班人的信心。在国庆节期间“股市沙龙”的讨论中，黎东明认为市场底部已经出现，应该积极买入。

在“股市沙龙”的影响下，股民在国庆节后纷纷入市，深证综指快速上涨。10月18日，黎东明在《股市动态分析》杂志上撰写《令人叹为观止的大转折》一文，形容这段涨势：“越涨越买，越买就越涨。越涨就越不肯卖，越不肯卖就促使股价越涨。于是乎，一场斗傻的运动开始了。冷静的理智者一败涂地，懊丧、失落感油然而生；大胆从低谷中吸货者、跟进追涨者手舞足蹈，喜形于色；‘空手道’者像饿虎下山，饥不择食。委托买入单像雪片似的飞进证券商的手里……”这应是对当时深圳股市盛况最好的描述。

作为中国股市第一代股评家的代表，黎东明始终认为股评家并不是一个贬义词。事实上，在中国股市早期证券公司都没有建立研究所的时候，正是第一代股评家凭借自身的勤奋与努力，启迪了中国股市的第一代投资者。因此，对于第一代股评家，我们也应当客观看待，恢复他们应有的地位。当时以及此后的数年间，黎东明、阮华、余嘉元、古思平、野岛、安妮等第一代股评家在股票市场中的影响力和地位是远远超过此后30年任何一位证券分析师的。1992年出版的《南风窗》把《股市动态分析》的黎东明、《深圳特区报》的余嘉元以及《深圳商报》的古思平并称为“股市三剑客”，可见黎东明等人在当时的影响力。

到1991年11月14日，深证综合指数最高涨到136.94点，距离最低46.65点，涨幅高达近200%。

在中国股市的历史上，这场由交易所领导亲自操盘干预股市的行为是前无古人的，恐怕也不会有来者。现在看来，交易所出面拉升股价的做法是令人难以理解的，方式方法都值得商榷，但在令人丧失信心的市场面前，只有政府出面才能力挽狂澜，别无选择。所幸的是，结果如人所愿。

更重要的是，深圳市场的成功救市也给此后如何在市场失灵下进行政府干预提供了经验。在此后的十多年间，每当市场出现失灵的时候，管理层都会用各种方式进行调控，其做法大都在当时的深圳救市中使用过，例如出台利好政策，调节扩容节奏，调整税率、费率，类似平准基金干预等。而禹国刚在救市中采用的抓“龙头股”的做法，后来也被广泛使用。

1992

第3章 | 南方定调

南方谈话：续写春天的故事

“1992年，又是一个春天，有一位老人，在中国的南海边写下诗篇……”

脍炙人口的《春天的故事》讲述的正是邓小平1992年南方视察对于中国改革开放进程的历史意义。

在经历了1989~1991年东欧剧变、苏联解体等国际格局变化后，国内“左”的思想抬头，姓“资”姓“社”的问题在一些人的头脑中挥之不去，反和平演变的呼声也很高，说什么“资本主义从南方一个城市向北方蔓延”等，甚至出现了否定改革开放的声音。而这些人口中的“南方一个城市”，当然指的就是深圳。

1992年1月17日，农历辛未年腊月十三，87岁的邓小平穿着厚厚的大衣，围着一条灰色围巾，向送行的人挥了挥手，和子女们以及随行工作人员一起踏上了南下专列。

1月18日至2月23日，邓小平视察武昌、深圳、珠海、上海等地，多次发表重要讲话。而这些重要讲话，深刻影响了正处在十字路口的中国。

李灏回忆这段往事的时候，曾对媒体说：“邓小平1984年来过深圳，我是1985年调到深圳的。我年年请他，他都没来。邓小平虽然8年没来深圳，但他一直关注着深圳的发展。1992 年我们还没来得及邀请，小平同志自己就主动提出要到深圳看看，这次完全是他自己要来的。虽然对我们来说是一个惊喜，但事实上，这里面大的背景就是他非常关心这里的发展，深圳成功不成功，关系到中国特色社会主义成功不成功。尤其是在东欧剧变的情况下，我们压力很大……”

当时，中央对证券市场有不同看法，对股市的异议很多，尤其是深圳股票市场，是在李灏等人的坚持下“抢生”出来的。即使在当时的李灏看来，他对股市的前途也没有什么把握。

1 月 19 日，邓小平一行到达深圳。时任《深圳特区报》副总编辑的陈锡添在他的轰动全国的文章《东方风来满眼春》中，用一句话描述那天的深圳：“一月的鹏城，春意荡漾。”人们后来提到这一事件，也都说这是“春天的故事”。

上午 8 点，时任广东省委书记的谢非便率领属下官员站在火车站站台上，足足等了一个小时，才看到他们盼望的列车缓缓驶来。车厢门开了，激动不已的人们看到邓小平出现在门前，立即报以热烈掌声。一辆中型丰田面包车载着邓小平和他的家人前往桂园。

考虑到邓小平长时间乘火车比较劳累，需要先休息，上午没有安排活动。安顿好后，李灏来到邓小平的秘书王瑞林同志的房间，与他商量下午的行程。邓小平的夫人卓琳也来了。还没聊多久，就听外面说邓小平出来了，李灏赶紧跑出去。

邓小平看见李灏，说道：“到了深圳，坐不住啊，想到处去看看。”

于是，李灏等人赶紧调整日程，安排上午参观市容、新建的火车站和皇岗口岸。

在参观深圳市的过程中，李灏向邓小平汇报了深圳的经济发展情况，并

说深圳这些年之所以发展很快，主要得益于对外开放，从国外引进资金、技术和管理经验；进行土地有偿使用、发展股份制、建立证券市场，以及公务员制度和廉政建设等许多改革和做法，也借鉴了香港及国外的经验。

谈到证券市场时，邓小平语重心长地说："也有不少人担心股票市场是资本主义，所以让你们深圳和上海先搞试验。看来，你们的试验说明社会主义是可以搞股票市场的，证明资本主义能用的东西，也可以为社会主义所用。证券、股市，这些东西究竟好不好，有没有危险，是不是资本主义独有的东西，社会主义能不能用？允许看，但要坚决地试。看对了，搞一两年对了，放开；错了，纠正，关了就是了。关，也可以快关，也可以慢关，也可以留一点尾巴。"

"允许看，但要坚决地试！"在李灏看来，小平同志的这几个字掷地有声，让每个证券市场的创业者都深受鼓舞。

1月20日，是邓小平到达深圳的第二天。上午，李灏等人陪同他来到深圳国贸大厦。国贸大厦共有53层，楼高160米，是当时国内第一高楼。深圳的建设者在建设国贸大厦时，创造了3天一层楼的纪录，成为"深圳速度"的象征，从而令这座大厦闻名遐迩。

邓小平登上国贸大厦第53层的旋转餐厅，俯瞰深圳市区全貌，然后坐下来休息、品茶。趁这个机会，李灏展开事先准备好的深圳总体规划图，比较系统地向邓小平汇报深圳的规划、建设和发展状况。李灏在汇报中谈到这些年接待了不少国家首脑级外宾，特别是新加坡总理李光耀几次来过深圳，并发表过不少意见。概括起来是三句话：第一句是中国不能没有深圳，因为它是中国改革开放的试验场；第二句是深圳进行的改革如果成功，说明邓小平先生提出的建设有中国特色的社会主义路子走得通；第三句话讲廉政建设，他说他当了多年新加坡总理，培养了不少百万富翁，但他自己不能做百万富翁。这实际上表明了一个领导者应具备的政治素质和道德修养。

邓小平当即接过话题说道，广东 20 年赶上亚洲“四小龙”，不仅经济要上去，廉政建设、社会秩序、社会风气也要搞好，两个文明建设都要超过它们，这才是有中国特色的社会主义。新加坡的社会秩序算是好的，他们管得严，我们应当借鉴他们的经验，而且要比他们管得更好。

1 月 23 日是邓小平在深圳视察的最后一天。在蛇口港码头，邓小平和李灏等人握手道别后，迈步向码头走去。这时，出现了一个意想不到的情景。小平同志走了几步后突然转过身又向李灏走来，响亮地说道：“你们要搞快一点。”这个镜头后来在电视中曾多次出现。

“你们要搞快一点”是小平同志离开深圳前留给李灏的最后一句话。

然而，就在邓小平南方视察后的半年，深圳证券市场就因新股发行引发了“8·10”风波。这场风波再次将李灏推上风口浪尖……

“8·10”风波：引出证券监管问题

也许是受到邓小平南方谈话的鼓舞，深圳股市开始加速上涨。李灏想到小平同志“你们要搞快一点”的叮嘱，也希望股市能够继续壮大。毕竟，仅有几只股票上市的深交所还仅仅是一个交易所的雏形而已。

于是，随着股市的转暖，深圳开始酝酿发行新股。新股上市方案从 1992 年 3 月开始酝酿，也通过报纸征求意见，最后在 7 个备选方案中，“面向全国发行，让普通百姓也受益”这个老方案得到袭用。

在探讨发行方案时，中国人民银行深圳分行行长王喜义对沿用凭身份证发行的方案有不同的意见。王喜义敏锐地察觉到，沿用老方案实际上将会迁就一些走后门、搞关系的权力部门，引发寻租行为，使市场的公平性受到影

响。于是，王喜义以个人名义给李灏写信，提出了他所担忧的问题。

李灏看后批给了张鸿义和任克雷阅。但也许太希望深圳股市能够迅速壮大，在发行方案上，最终没有进行深入的探讨和斟酌便按照既定的方式运作了，这在一定程度上为后面的“8·10”风波埋下了隐患。多年之后，李灏谈起这件事情，坦诚地说：“在这个事件上，我应该承担犯了官僚主义错误的责任。”

《亲历改革开放：广州改革开放30年口述史》对于这段往事有着详细的记录。事实上，在“8·10”风波的2个月前，就有许多人得到了即将发行新股的消息，并且知道买抽签表需要凭个人身份证。这就在深圳之外引发了一场身份证租借大战。有些职业炒家开始从各地尤其是内地农村大量收购身份证。有的邮局收到装有多达700张身份证的包裹，还有一部分人当上了身份证租借专业户，借用一张收几十元。据当时有关部门估计，大约有320万张居民身份证“飞”到深圳。

各地股民按以往的经验估计，这次深圳发行的新股上市后价格至少可翻10倍。于是，从7月下旬开始，各地股民便纷纷南下深圳。在抽签表发售的前几天，广州至深圳的火车票炒到400元一张，超过正常价格的10倍，汽车票甚至炒到上千元一张。据估计，外地来深圳的股民至少有70万人，深圳市的大小酒店、旅馆、招待所全部爆满，许多人露宿街头。深圳、东莞周围的许多工厂都停工了，工人被老板拉到各销售点通宵排队。

8月6日晚，深圳电视台在新闻节目中播出发放抽签表的通知。发放时间为当月的9日至10日两天。

8月7日，《深圳商报》头版刊登了中国人民银行深圳分行、深圳市公安局、深圳市工商行政管理局、深圳市监察局联合发布的《1992年新股认购抽签表公告》(以下简称《公告》)。《公告》共17条。其中第一条规定：“发售新股认购表 500 万张，一次性抽出 50 万张有效中签表，中签率约为 10%（实际中签率按回收的抽签表的总数计算）。每张中签表可以认购本次发行公司的股票 1 000 股。”第六条规定：“每一身份证限购新股抽签表一张。为减少排队人数，每一排队者最多可持有 10 张身份证买表。”第五条规定：“每张抽签表收费 100 元。”第十四条规定：“今年除发行股票外，还将发行可转换股票的债券。”“为此，新股认购抽签表下联，不论中签与否，一律由购买者保留，以便凭以参与将发行的可转换股票债券的抽签，并据以交款认购。”在巨大利益的诱使下，上百万人在 303 个销售点排队认购。

8 月 8 日，由于多个售表点的排队队伍发生争吵、打斗，深圳市政府成立了专门的指挥部，以加强组织协调和维护秩序。

8 月 9 日清晨，在已投入 8 000 警力仍难以维持各销售点秩序的情况下，深圳市政府又抽调 1 200 名武警上岗协助维持秩序。7 点半，认购表运达各网点。8 点整，认购表在市监察局和工商局工作人员监督下拆封、发售。有些网点人群拥挤，秩序混乱，出现多起打斗现象，直到 12 点才发售认购表。在这个过程中，各医院陆续接收了被打伤、挤伤和中暑的人员。当晚 7 点 35 分，深圳电视台宣布，90% 的网点抽签表售完。原定两天销售的一天就售完了。由于发售组织工作存在失误，一些网点发生内部舞弊行为。有的发售点数千人排队，但只有 30 多人买到抽签表；有的发售点刚刚宣布卖完抽签表，就有一些“黄牛”手握几十张、上百张的抽签表，以每张 700 ~ 1 000 元的价格兜售。舞弊现象严重，广大股民极度愤怒，开始上街闹事。

8 月 10 日下午 5 点，中国人民银行深圳市分行发布通告，宣布原定 10 日下午 6 点的截止收表时间，推迟到 11 日 11 点。这一通告犹如一颗火种，一下子就点燃了群众的怒火。他们推测银行推迟收表截止时间，是为了给那些舞弊者、拥有大量认购表的人创造方便，使他们有充足的时间高价卖出从后门

弄来的认购表。于是，投诉、上访蜂拥而来。据有关方面统计，市长专线接到群众投诉400多个，市公安局接到投诉93个，有5批群众上访。

10日傍晚，股民开始聚集、围观，聚集的人群沿着深南中路向市政府方向游行。沿途游行队伍迅速扩充，各销售网点的股民知道后又一批批赶来。晚上8点左右，情况恶化，数万人围在市政府周围，阻塞了深南中路，造成交通中断。随着事态进一步发展，少数人开始使用暴力——砸汽车，攻击执勤干警。

李灏在多年后回忆这场风波时称："8月10日那天晚上，市里正好请来深圳视察工作的陈慕华副委员长吃饭，我和郑良玉作陪。其间不断有人来嘀嘀咕咕，饭没吃完郑良玉就被叫走了。吃完饭，别人告诉我说出事了，股民上街游行了。我一听，急忙赶回市政府，来不及去办公室，刚到一楼传达室，就与在那里的郑良玉、张鸿义、李海东、李定几个市领导一起商量怎么办。当时游行队伍很快就到了市政府，信号弹都打起来了，他们群情激动，高喊打倒腐败、惩治走后门，甚至砸车烧车，打伤公安武警人员，秩序相当混乱。"

可以看出，当时的情况万分紧急，万一处理不当会酿成重大政治事件。

在众人束手无策之时，李灏提议把计划在第二年发行的500万股票额度提前到1992年发行。

"股民都是冲着股票来的，不能满足他们的要求，即使没有出现舞弊行为，他们也不满意。"李灏说道。

有人说这个办法不行。把1993年的额度挪用到1992年，等于是寅吃卯粮，况且，没有中央方面的批准。至少需要请示一下。

千钧一发，分秒必争啊！哪里还有时间去层层请示！李灏拍板："事不宜迟，就这样定了，全部责任压在我一个人身上，撤职、法办我一人承担！"

10 日晚上 9 点 40 分，解决方案以市政府《公告》形式拿到广播车去广播，同时市政府派出机关人员在人群集中地点宣传《公告》。《公告》的五条主要内容是：你们游行示威、冲击机关是不对的；要保持秩序；我们一定惩治腐败；市里决定增发 500 万张抽签表，将明年的额度提前发行；明天还在原来的地点卖。后两条最关键，结果，游行队伍呼啦一下散去了，都去排队点排队了。

晚上 11 点，市里召开局级以上干部紧急会议。会议上，李灏说："这次事件不仅是一个敏感的经济问题、利益问题，更重要的是它会使民众不满、积怨沸腾，酿成政治风波，成为社会问题。特区发展市场经济，发展股票市场，就要十分注意在管理尚未完善、措施不健全的情形下，抓好我们自己的队伍建设。个别党政干部、管理人员受利益诱惑，在这次售卖抽签表中营私舞弊，把抽签表在内部分给有关系的人，使在外面排队几天几夜、日晒雨淋的群众没能买到。走后门，影响很坏，一定要查，要严肃处理。市里还要求所有的机关干部第二天都到销售点去，落实《公告》的五点要求，如果再发生舞弊行为，追究领导责任。"

一切部署完毕，已是 8 月 11 日凌晨 2 点左右。这时候，时任国务院总理的李鹏亲自打来电话向李灏询问情况，而在李鹏的来电之前，罗干、丁关根等领导已经分别向李灏询问过情况。

李灏向李鹏汇报，说自己动用了明年股票发行额度，加印发行 500 万份抽签表，明天一早在原销售点发售，股民都去排队了，事情已经平息。李灏说自己处在一种除了这个办法外神仙也挽救不了的局面，挨什么处分都认。李鹏说："你在第一线，你了解情况，就按你的意见办。"

李鹏总理在关键时刻的支持让李灏非常感动。回到家中，已经是凌晨 4 点多。就这样，李灏度过了恐怕是他一生中最为惊心动魄的一天。

事后，中央对“8·10”风波发了通报：深圳市副市长张鸿义负直接领导责任，市长郑良玉负主要领导责任，市委书记李灏负领导责任。

“8·10”风波成了深圳股市当年最大的利空消息，早先普遍认为新股抽签表发售势必带动人气的乐观估计被现实击得粉碎。股灾过后，行情显示屏上尽是卖盘，股价下跌，又一轮熊市降临了。

刘鸿儒履新：证监会诞生

“8·10”风波表明，股票市场是一个高风险的市场，哪怕一个技术性的问题，如果处理不当，都可能引发社会问题，甚至带来政治风险。

“8·10”风波的出现，震动了各有关部门。中共中央和国务院领导也感到问题的紧迫性，意识到成立一个专门监管机构的必要性和重要性，于是采取特殊的办法，加快了建立统一监管机构的步伐。

1992年8月8日至12日，也就是深圳“8·10”风波发生的同时，国务院召开了部分省市负责人参加的股票市场试点工作座谈会。这次会议主要解决了两个问题：一是如何规范股份制和股票市场，慎重推进改革的问题；二是沪深两市以外的企业到沪、深交易所上市的问题。因为在以前，只准许沪深两市的企业在当地交易所上市。当时很多省市领导风趣地说：“上海、深圳两市能吃肉，我们能吃点骨头也行！”到会议结束的时候，国务院领导针对加快建立集中统一的证券监管机构进程做出指示。

对于谁来出任证监会主席，时任国务院副总理的朱镕基想到了刘鸿儒。

刘鸿儒生于1930年，1953年从中国人民大学毕业后，回到吉林大学，担任经济系副主任，教授金融方面的课程。但在教学过程中，刘鸿儒却深感自身知识不足，于是萌发了继续求学的念头。1954年，刘鸿儒顺利地考取了留苏研究生，在经过一年的俄语准备之后，于1955年踏上莫斯科之旅。

1957 年，刘鸿儒在莫斯科大学经济系做研究生，见到了毛泽东。1957 年 11 月 17 日，毛泽东率代表团到莫斯科同苏联领导人谈判后，就来到莫斯科大学礼堂与中国的留学生代表见面。毛主席对以刘鸿儒为代表的研究生说了那段著名的话："世界是你们的，也是我们的，但是归根结底是你们的。你们青年人朝气蓬勃，好像早晨八九点钟的太阳，希望寄托在你们身上，青年人应具备两点，一是朝气蓬勃，二是谦虚谨慎。"当时像刘鸿儒这些留学生都是二十多岁，听了毛泽东的讲话心情非常激动，给刘鸿儒印象最深的是"朝气蓬勃""谦虚谨慎"，这也成为当时很多在场留学生中一生的座右铭。

1959 年，刘鸿儒在苏联莫斯科大学经济专业获得副博士学位。回国后在中国人民银行工作。1980 ~ 1989 年，刘鸿儒还担任了 8 年多的中国人民银行副行长。而在担任证监会副主席之前，刘鸿儒担任国家经济体制改革委员会副主任。这样的经历，从政治上理解，他似乎已经准备退居二线。

刘鸿儒在接受《资本人物》采访中，回忆了朱镕基找他谈话，希望他出山，担任证监会首任主席时候的一番对话。

刘鸿儒说："这是火山口上的工作，不好做也干不长。"

朱镕基说："责任不要你承担，我来承担。"

刘鸿儒心里想什么就说什么："你是国务院副总理，哪有出了事情让副总理出来承担的，当然我来承担。"

既然要干，就要做好思想准备，勇于承担风险和各种想象不到的后果。对这样具有挑战性、开拓性和历史性的工作，刘鸿儒毅然答应了。

刘鸿儒同意出任证监会主席，另一个重要原因在于他的金融改革理想。从 1980 年起，刘鸿儒便在中国人民银行担任副行长，分管金融体制改革的设计和推进。在 20 世纪 80 年代，银行改革工作已做出眉目来了，但是在 20 世

纪90年代开始推进的金融市场和资本市场改革并没有完成。

1992年10月12日，国务院办公厅下发《关于成立国务院证券委员会的通知》(简称《通知》)。《通知》的主要内容是：国务院证券委员会主任由国务院副总理朱镕基兼任，副主任为刘鸿儒（兼任）、周道炯，由13个部委和最高检察院的部门负责人担任委员。同时国务院决定成立中国证券监督管理委员会（以下简称证监会），受国务院证券委员会的指导、监督检查和归口管理，刘鸿儒任证监会主席。

在证监会的第一次职工大会上，刘鸿儒开门见山讲了两句话。

第一句是：做我们这个工作，要有充分的思想准备，股市下跌快了，下面有意见，怕被套牢；股市上涨快了，上面有意见，怕影响社会安定；不涨也不跌，上下都有意见，人家会说你办的不像市场，因此永远是会有意见的。

第二句是：我们是第一代拓荒人，没有现成的经验可参考。我们的任务就是开荒、修路、铺轨道，基础打好了，后来人就可以稳稳当当地开快车了。这是我们应有的思想准备，也是光荣的职责。换句话说，我们挨骂是肯定的，挨了骂但给后人打下了好的基础，提供了好的条件，开出一条好路来，也是我们的幸福，这是值得的。

刘鸿儒执掌证监会的几年，恰恰应验了这两句话。

1993

第4章 | 并购潮涌

一次北伐：深宝安举牌延中实业

资本市场的一个重要功能就是实现资本的优化配置，资本的逐利性会促使资金从效率低的企业流向效率高的企业。而当资本市场资金量影响到企业股权结构稳定性的时候，就产生了并购行为。

股票姓“资”姓“社”争论的余音，在1993年仍没有完全消失，就是在这样的背景下，“宝延风波”打响了资本战争的第一枪。交战双方，一个来自迅速崛起的开放特区深圳，另一方被动挨打的则来自开发开放浦东一年多的上海。

1990~1992年的3年间，沪深股票市场走势虽然大起大落、波澜壮阔，但整体看成交量不高，也没有出现过股东“举牌”的并购行为。直到1993年秋天，沪深证券市场才第一次出现真正意义上的并购之举，这就是后来被称为“宝延风波”的深宝安举牌延中实业。

1993年9月14日，延中实业先抑后扬，以2.23%的涨幅结束了近一个月的调整。此后，延中实业连续收出11根阳线，至9月28日收盘，已上涨至12.24元，11天累计涨幅36.3%。其中最引人注目的是，9月24日、9月27日和9月28日三天换手率分别高达18.53%、15.06%和13.10%，远远超出此前的换手率水平。

隐隐约约间，已然透出一股杀气。

9 月 29 日，延中实业终于中止了 11 连阳，收出一根小阴线，同时成交量也有所萎缩。就在市场认为延中实业将归于平静的时候，9 月 30 日，延中实业突然拔地而起，以迅雷不及掩耳之势连续突破 13 元、14 元和 15 元整数关口。上午 11 点 15 分，证交所电脑屏幕上打出中国宝安集团股份有限公司（简称宝安集团或宝安）持有延中实业 5%以上股票的公告，延中实业被停牌。

这一日，延中实业最高涨至 19.99 元，收盘至 15.68 元，全天上涨 30.12%，全天换手率 35.40%。

消息传到上海昌平路的上海延中实业有限公司（简称延中实业或延中）总部，犹如晴天霹雳，一时间大家六神无主，因为从来没有出现过类似的事情。无论对延中实业的管理层还是员工而言，收购事出突然，谁也没料到“我们的企业”一夜之间会落入他人之手。

在此之前，早有几件不经意的历史事件为此埋下深刻伏笔。

1986 年 9 月 26 日，延中股票在中国工商银行上海信托投资公司静安分公司挂牌上柜交易，该股票成为第一批可流通股票。1990 年上交所成立后，延中股票全部上市流通，成为第一批全流通股票。1992 年 2 月，“延中实业”股票成为率先取消涨停板制度试行放开股价的公司股票之一。

正是基于如此历史前提，也基于延中股权结构的分散与业务结构的相关性，宝安觊觎延中实业已经不是一朝一夕。宝安成立于 1983 年，1991 年 6 月 25 日流通股票“深宝安”在深交所挂牌上市，公司主营房地产、工业及进出口贸易。浸染在国内经济开放程度最高的深圳，宝安春风得意，开创了中国资本市场的多个第一：组建第一家股份制企业，发行第一张可转换债券，发行第一张中长期认股权证，开办第一家财务顾问公司。

1992年年末，宝安集团开始寻觅收购对象。由于延中实业股权分散以致几乎没有控股股东，从实际操作和收购成本上都相对容易。而延中实业以“延中路”这个街道名称出现，竟然给宝安造成一个近乎荒唐的错觉：以为“延中路”上的企业都归延中实业，如此推算，延中实业应该资产不少，即使拆了做房地产也有利可图。然而，很多企业其实与延中实业全无关联。

1993年9月13日，宝安旗下的宝安上海、宝安华东保健品公司和深圳龙岗宝灵电子灯饰公司在二级市场上悄悄收购延中实业的股票。9月29日，上述3家公司已经分别持有延中实业4.56%、4.52%和1.657%的股份，合计持有10.7%的股份。

原来，看似平静的小阳K线背后，早已暗藏杀机。

9月30日，宝安继续增持延中实业的股票，持股比例达到15.98%。至此宝安才发布举牌公告宣称持有延中5%以上的股票。可见，宝安在一切准备就绪的情况下，向延中实业公开宣战。

其中，宝安的收购有一个瑕疵。按照规定，持有上市公司股权超过5%就叫“举牌”，需要公告，但宝安直到持有15%的延中股权才进行公告，这也成为后来延中反击中唯一的筹码。

当时，还没有国庆长假，交易所仅仅在10月1日至10月3日休假3天，也就是说，留给延中实业思考和应对的时间，只有3天。

国庆节的3天假期，对延中实业总经理秦国梁可谓度日如年。

客观地说，当时的秦国梁是一个称职的企业老总，但并不是一个合格的上市公司老总，因为他对并购行为缺乏基本的认知。

当时秦国梁的第一反应是：“都是共产党的企业，搞这种东西干什么！”

秦国梁默默地对着办公桌，懊悔不已：为什么自己在学习《股票发行与交易管理暂行条例》时，竟会把第4章——“上市公司的收购”给“跳”过去了呢。

经过突击“补课”之后，秦国梁决定全力保住延中实业不被易帜。

当时董事会想了很多办法，甚至包括西方反收购中采用的“毒丸计划”。但秦国梁不忍心，更不敢。在他看来，搞“毒丸”，先要人为损害延中的资产价值，虽然我们是集体企业，可也是国家的企业，谁有这个胆量搞“毒丸”啊。

延中实业一度找到施罗德集团（在香港称为宝源投资管理（香港）公司）做顾问，希望实行反收购。

宝安总经理陈政立也赶到上海开发布会，对外宣布宝安收购延中是善意的，目的是要做延中的第一大股东，进入董事会，参与延中的经营管理。

宝安与延中剑拔弩张，火药味很浓。

10月4日、5日，复牌后的延中实业走势平稳。

10月5日，宝安放出话来：“我们想做延中的第一大股东。”

10月6日，延中实业在上海延安饭店召开发布会，指出宝安举牌后非法继续购入股票，要求证监会调查，并宣布聘请施罗德集团和香港生源公司做反收购顾问。这一天，宝安和延中高层首次接触，延中董事长称合作的前提是要弄清楚宝安的股东身份是否合法。

10月6日、7日，宝安及旗下公司再度增持延中实业，短短两日上涨111.68%，股价最高涨至42.2元。截至10月22日，宝安已经持有延中19.8%的股票。

对于宝安的步步紧逼，延中实业的反击显得软弱无力。原先设想的反收购之路走得非常艰难，收购资金就是一大问题，几家兄弟公司的资助只是杯水车薪。于是，延中实业抓住宝安在收购过程中信息披露不及时的小辫子，将宝安的违规操作紧急上报国务院证券委员会，希望能得到支持。

与此同时，关于“宝延风波”，财经媒体展开激烈的争论。

10月5日，《上海证券报》邀请专家、学者座谈，认为这是内地股市首例收购个案，意义非同小可。

10月10日出版的《股市动态分析》则连续刊发了四篇关于宝安举牌延中的评论文章——署名南厦的《惊心动魄话延中》、署名曾氏的《延中风波的另一面——论公股的控股地位》以及应健中的《成也延中、败也延中——宝安公司收购延中的思考》、杨赤忠的《收购问题探讨》等，均对“宝延风波”进行了深入分析。

10月中旬，延中实业向上海法院提起诉讼，控告宝安违规持有延中股票。与此同时，证监会介入调查和协调。

最后，在证监会的协调下，宝延风波才得以平息。1993年10月23日，证监会在北京宣布：肯定宝安购入延中股票是市场行为，持股有效，但对宝安信息披露不及时处以100万元罚款。至此，宝安得以顺利进入延中。

可以说，证监会对于宝安的处罚，基本只是象征性的。对于证券市场第一次出现并购行为，各方虽然有些担忧，但担忧的同时流露出一种淡淡的兴奋。或许，这意味着证券市场的重要功能将会成为现实。

1993年的“宝延风波”中，宝安集团通过二级市场购买延中股票达19.8%，成为公司第一大股东。由此开辟了中国证券市场收购与兼并的先河，成为中国证券市场上首例通过二级市场收购达到成功控制一家上市公司的案例。

宝安收购完成后，秦国梁继续担任延中实业的总经理。而“宝延风波”在此后几年内使延中在证券市场上大量获利，支撑了公司几年来大部分的盈利，而且直接触发了延中三年后控制爱使股份的行动。可以说，这也是宝安入主延中后，延中所做成的一笔获利最丰的买卖，而这一次的秦国梁变成了收购方的主角。“宝延风波”让秦国梁从一个对并购缺乏认识的老企业家成为日后的并购专家，也算是因祸得福。

据秦国梁回忆，宝安后来在延中上赚了好几个亿，1998 年宝安因为在其他方面的资金链出现了问题，被迫卖掉延中股票救急，此后，宝安、延中才正式“分手”。

十多年后，早已淡出市场的秦国梁在一次采访中回忆起这段经历时，依然唏嘘不已：“当时，‘宝延风波’对证券市场起到了一次启蒙作用，实际上是给中国老百姓上了资本市场的第一课，知道股票是可以挣钱的，知道收购兼并是股市永恒的主题，上了第一课，而且是极其生动的一课。如果当时管理层处理的话，宝安就进不来了。我理解可能证监会认为大方向正确，稍微有一点违规，处罚了一下。但不管怎么说，它开创了中国资本市场收购兼并的第一例，也给我上了收购兼并的第一课。至于收购爱使，正是‘宝延风波’的教训给了我启发……”

二次北伐：深万科举牌申华实业

“宝延风波”的平定不过寥寥数日，证券市场再起波澜。

1993 年 11 月 10 日中午，深万科集团（简称万科）对外发布公告，称该公司及附属的上海万科房产等通过上海证券交易所购入上海申华实业股份有限公司（简称申华实业或申华）控股 135 万股，占其在外发行的 2 700 万股普通股的 5%。下午开盘后，申华股价一路飙升，最高冲至 70.99 元，但至收盘，已经回落到45.8元。申华全天换手率81.17%。

万科北伐申华，并购风潮狼烟再起。

对于万科突如其来的进入，市场顿时感到有些意外。难道是看到了宝安

成功入主延中实业后，万科便匆忙出手并购申华吗？

其实，引发万科举牌申华实业的原因的确是“宝延风波”，但主角却是申华实业掌门人瞿建国。

1990 年 12 月 19 日，申华控股在上海证券交易所挂牌交易。这是上海的又一只“三无概念股”，没有国家股、法人股、外资股，全部股份都是流通股，更特殊的是，申华没有绝对控股股东。

3 年后，这种特殊的股权结构让瞿建国感到不安，尤其是在延中实业被宝安成功收购之后，他的不安演变成焦虑。

这时候，瞿建国已经意识到，申华和延中实业还不完全一样，申华都是由小股东组成的，等于一盘散沙。如果被其他公司收购，要是这个收购公司素质好一点，可能是很幸运的；如果素质差一点，对于申华来说，可能意味着灭顶之灾。

为了避免被恶意收购，瞿建国找到了万科，希望万科能够入驻申华实业。于是，申华实业的第一个收购者亮相了。

1993 年 11 月 14 日，申华、万科高层会面后召开新闻发布会，王石和瞿建国共同出席。瞿建国表示欢迎万科加入，并邀请万科两名高层加入申华董事会。与“宝延风波”不同，“申万”的联姻显得非常平静。

当时的万科掌门人王石还不像如今这样风光。在 1993 年的深圳证券市场中，万科的影响力远不如深发展、深宝安，甚至和原野、金田相比，优势也不算很大。王石说：“万科的目的是参股经营，对于已经持有的申华股票，不会考虑卖出。”王石表示万科不会改组申华董事会，其本人也愿意作为瞿建国的助手，为发展申华作贡献。

如此，万科成为继宝安之后第二家到上海参股上市公司的深圳企业。万科此举也带动了上海“三无概念股”的全线上涨，成为 1993 年年末上海证券市场的一道奇特景观。

正如瞿建国所预料的那样，申华以其“三无概念”以及在上海优异的地理位置，时刻吸引着资本贪婪的目光。继万科参股后，申华继续上演并购之争。

1994 年 3 月 31 日，《中国证券报》在第 4 版上刊登万科 4 家A股股东授权万科B股股东之一君安证券所作的《改革倡议——告万科企业股份有限公司全体股东书》，其中对万科参股申华大加指责。王石虽对此并不认同，但其实在 1993 年年末万科就已经开始减持申华的股票，持股比例已经降为 2.92%。在后来的两年中，万科继续减持，直至 1995 年从申华十大股东名单中退出。

此后，君安证券、广州三新开始争夺申华的控制权。

三次北伐：深天极举牌飞乐音响

1993 年的并购风潮中，“宝延风波”与“申万联姻”无疑是当时的热点。除此之外，深圳天极收购上海飞乐音响股权，则显得平静很多。

12 月 22 日，深圳天极光电技术实业股份有限公司（简称深圳天极）发布公告，称已拥有 5.2%的上海飞乐音响股份有限公司（简称飞乐音响）的股份。当日，飞乐音响最高上涨至 46 元，收盘于 38.99 元，全天上涨 3.70%，全天换手率为 35.38%。从这样一组数据来看，深圳天极举牌飞乐音响引发的跟风效应，已经大不如前。

深圳天极表示，参股飞乐音响，是对公司资源配置的补充，希望由此打开上海及华东市场。飞乐音响总经理则表示，这是正常的市场行为。投资者的选择很正常。

飞乐股份作为飞乐音响的大股东，则表示不会放弃大股东地位。

与前两次深圳公司的“北伐”不同，深圳天极并非上市公司。因此，这也成为中国内地首例非上市公司充当收购方的举牌事件。

不过，此后深圳天极并没有后续的动作，飞乐音响的控制权也牢牢掌握在飞乐股份的手上，没有发生变化，深圳企业的第三次“北伐”最终在默默无闻中收场了……

1993 年的三场并购，或成或败，有一个共同的特点，全部都是深圳的上市公司“北上”并购上海的上市公司。深圳企业的“三次北伐”开创了中国上市公司收购与反收购的先河，也带给我们无尽的思考。

1994 年，君安证券“逼宫”万科董事会，最终演变为一场股东与董事会的较量，王石再度成为其中的主角。同样在 1994 年的另一件“举牌”事件则是辽宁国发（集团）股份有限公司（简称辽国发）举牌爱使股份。

1994 年开始，并购重组活动开始加快，但是并购的规模小。资产重组的主要动机是买壳或保壳，重组方和被重组方多为国有企业，形式以股权划拨为主，目标企业通常陷入财务困境，重组后往往发展后劲不足。可以说，早期的并购市场发展处于较低水平，法律制度和市场规则不完善，监管滞后。股民们也开始对此类并购题材习以为常，见怪不怪了。

1997 年以后，并购重组成为一股浪潮快速兴起。但这一阶段，资产重组常常被滥用，“财务报表式重组”十分常见。2002 ~ 2005 年是中国上市公司控制权市场的规范发展阶段，逐步建立较为完整的并购法律法规体系以及相配套的规则，促进市场逐步走向成熟。

回归理性："苏三山"闹剧收场

1993年，深圳企业三次"北伐"的同时，还曾出现过一段小插曲。

1993年11月6日，海南《特区证券报》在头版头条刊登《北海正大置业有限公司给本报编辑部的信》，称"截至11月5日下午3点30分，北海正大置业公司已经持有250.33万股的苏三山股票，占该公司流通股的5.006%"。

消息一出，引起苏三山股价的巨幅上涨和震荡，11月8日星期一涨幅为39.88%。当日收市，深交所即发表了苏三山被收购是谣言的公告。

次日，证监会新闻发言人发表谈话称：所谓的广西"北海正大置业有限公司"收购江苏昆山三山实业股份有限公司5%股票一事，经初步查证无此事，有关情况正做进一步调查，《特区证券报》应当承担由此引起的法律责任。深交所声明，"收购苏三山"不排除属于欺诈行为的可能性。随即，苏三山股价大幅下跌17.54%。

11月10日，广西北海市工商局经查后获悉，当地并无"北海正大置业有限公司"。显然，这是一场骗局。

11月14日出版的《股市动态分析》上，以特稿的形式发表了署名高原的《"苏三山"逐浪纪实》一文，指出"目前我国证券监管法规严重滞后于证券市场的发展及其需要。尽管目前已有不少法规，但尚缺乏统一、可操作性强的证券法规。统一、可操作性强的证券法规的出台，已经是众望所期、刻不容缓"。

查处幕后黑手的过程也颇有戏剧性。

11月21日，证监会一行6人风尘仆仆地赶到株洲市政法委员会，介绍了"苏三山"事件的前前后后，并提供给他们调查到的初步结果。据分析，发往《特区证券报》的"北海正大"收购"苏三山"的传真件系8641型传真机发出，而此传真机在全国仅有4台，其中株洲就有1台。当日中午，调查组

赶到市邮电局，在邮电局的支持下，查明了“8641”确系株洲邮电系统过时的传真机，为株洲县所有。他们又马不停蹄地赶到株洲县，查明11月5日，有人用该传真机向外发过传真。

11月24日，骗局的始作俑者被依法逮捕，此人是湖南省某县物资局的干部李定兴。1993年上半年挪用公款买入苏三山股票后被套，眼见解套无望，并且挪用公款的事情败露。偏偏此时出了“宝延风波”，此人脑子也活，于是编造出这样一个虚假收购案。

原来，11月2日，李定兴在北海市从一个个体摊上刻了一枚“正大置业公司”公章后，便回到株洲。11月3日，李定兴拟就了正大置业公司收购“苏三山”股票的稿件。11月5日，李定兴神秘地出现在株洲县邮电局。他通过关系启用了已经废弃很久的“8641”传真机，将传真件发往《深圳特区报》和海南《特区证券报》。半小时后，他又冒称正大置业公司总经理向两报打电话询问是否收到传真件。11月8日星期一，李定兴忐忑不安地走进株洲某证券交易营业部。上午10点，“苏三山”股票开始上涨。李定兴急忙抛出9 500股，牟利29 450元。

“苏三山”事件是中国证券市场中第一个证券欺诈案例，其产生与当时的并购热潮有着密切的关系。

此外，由于当时证券媒体不发达，市场中仅有《股市动态分析》、《上海证券报》、《证券市场周刊》以及当年创刊的《证券时报》等少数专业类的证券报刊（诸如《特区证券报》之类自然不在此列），投资者获取信息的渠道极其匮乏，也助长了欺诈行为的发生。即便是当时的媒体，也未能完全发挥出应有的作用。

“苏三山”事件后，《特区证券报》也受到相应处罚。

自此，资本市场中的种种并购，也开始从喧嚣中回归理性。

1994

第 5 章 | 背水一战

步入熊途：沪深股市运势维艰

回眸 1992 年的股市，一浪高过一浪，投资者早已将风险置之脑后，管理层也在不断加大新股发行力度。这对于当时股票市场的规模和参与度来说，无疑是不能承受之重。事实上，这种压力在 1993 年开始就已经逐步显现出来，上证指数在 1993 年 2 月 16 日创下 1 559 点的高位后，便一路下行，市场步入熊市。

事实上，这轮熊市是有宏观经济大背景的。1993 年的中国经济，通胀率直线上升，有关部门出台了一系列举措大力收缩银根。1993 年上半年，国内生产资料价格指数上涨超过40%，房地产市场、金融市场都极度亢奋。

1993年6月，国务院副总理朱镕基兼任中国人民银行（简称央行）行长，治理整顿及紧缩政策陆续出台。

7月5日，朱镕基表示，要进一步整顿金融秩序，严肃金融纪律，推进金融改革和强化宏观调控，政府限期收回乱拆乱借的资金。

7 月 10 日，中国人民银行宣布提高存贷款利率，并对三年以上定期储蓄实行保值。这对于当时的股市而言无疑是雪上加霜。资金开始从股市撤离，股票需求锐减。

与此同时，海南等地的房地产泡沫破灭，火热的楼市突然降温。

在朱镕基兼任央行行长之前，央行的另一个政策也对股票市场造成了一定的打击。

1993 年 5 月 19 日，央行发出紧急通知，要求省级分行立即停止不规范发行投资基金与信托受益券的做法。

这里插一句，我国的基金行业始于 20 世纪 90 年代初。1992 年经央行批准，成立了我国第一个乡镇企业投资基金——淄博乡镇企业投资基金。这也是我国第一只比较规范的证券投资基金。同年 10 月 8 日，国内首家正式批准成立的基金管理公司——深圳投资基金管理公司成立。到 1993 年，各地大大小小的基金约有 70 家左右，面值达 40 亿元人民币。已经设立的基金纷纷进入二级市场并始流通。这一时期是我国基金发展的初期阶段。

随着央行《暂停省级分行设计不规范基金》通知的发布，此后我国早期的投资基金基本上处于停滞状态。

但在这个时候，证券部门的管理层并没有意识到问题的严重性，反而加速发行新股。而且，在熊市初期，市场信心并没有完全丧失，加之 1993 年的并购风潮，曾经引起上海本地股、“三无概念股”的几波反弹。截至 1993 年年末，上证指数收盘于 834 点，全年低点出现在 12 月 20 日的 750 点。由于在当年，市场曾经 3 次下探至 800 点以下，但随后都出现反弹，因此当时的市场人士普遍认为，750 点是市场的“铁底”。

在这一过程中，市场竟然还出现了惊心动魄的“申能保卫战”。

就在 12 月 20 日暴跌当天，“申能保卫战”打响。不管股指如何下跌，抛盘如何汹涌，申能股份（简称申能）始终坚守 8.18 元不破。

在那段时间，申能在 8.18 元位置上每天都是 99 999 手的巨大买单挂着。作为上海市场的指标股，申能的坚挺引起了普通股民的关注。一时间，申能被看作多方主力的马其诺防线。有不少散户都参与了申能的买进，因为当时

的买盘确实巨大，买进的价格只要是8.19元就随时成交，很多人感觉非常幸福，因为终于站在了主力大哥的肩膀上。

究竟是谁在护盘申能，坊间流传着不同的说法。比较可信的一种是上海本地的某些机构对于管理层出台重大良好的政策存在强烈预期，于是构筑起了一道铜墙铁壁。

进入1994年之后，市场依旧下跌不止，一步步逼近750点的底部，而深证综指更是创出了新低。

1994年1月19日，上海证券管理部门宣布，将有2.5亿股新股上市。这一利空消息将多头最后的希望击得粉碎。

申能在8.18元的买单完全消失，股价一泻千里，最终当天申能以7.7元收盘。“申能保卫战”宣告失败。

股票市场的低迷不但引起股民的不满和抱怨，也令部分市场参与者和研究人士发出批评的声音。

1992年完成博士后研究，从美国迈阿密大学回国的孙满博士在1994年1月16日出版的《股市动态分析》杂志上发表了《中国股市之怪现状》一文，痛陈中国股市的七大怪现状：一是缺乏基础研究；二是主次颠倒，投资者地位低下；三是鼓励投机；四是有法不依，出尔反尔；五是粉饰太平；六是不同股而同权；七是内幕交易大行其道。

在这种背景下，管理层有些坐不住了。1994年2月22日，深交所发布公告：自即日起暂停新股上市，何时恢复将视市场发展情况而定。

原本以为暂停新股发行能够止住市场的颓势，结果反弹仅仅持续了短短3天。2月25日开始，市场便重新下跌。

等到3月14日，证监会主席刘鸿儒在上交所第四次会议上宣布“四不”救市政策：55亿股新股上半年不上市；当年不征收股票转让所得税；公股、个人股年内不并轨；上市公司不得乱配股。

“四不”救市政策带来了短暂的反弹，但同样仅仅持续了 3 天。因为治标不治本的救市政策根本解决不了问题。“55 亿股新股上半年不上市”，那就是说下半年还要上市了？“当年不征收股票转让所得税”，下一年是不是还要征收？“公股、个人股年内不并轨”，今年不并轨，以后会不会并轨？“上市公司不得乱配股”，怎样叫乱配股，上市公司自然不会承认自己的配股是乱配股。

事实上，即便出台这样的“四不”救市政策，与刘鸿儒的内心想法也是不一致的。在他看来，监管部门是不应该管股价的。

十多年后，刘鸿儒在一次采访中回顾了这段经历：“股市跌到 300 多点的时候，上海市委正式写报告给中央，中央转给我们，要求采取措施，得救啊。按道理讲政府管这个干什么啊，市场有跌有涨。政府监管部门应该创造一个良好的公开、公正、公平的交易环境。价格高低不应该管，这是基本的常识。但是在特殊历史条件下政府为什么要管呢？怕社会不安定。因为当时投资者不习惯跌，只习惯涨。”

这是刘鸿儒对于当时那段熊市的回顾。在刘鸿儒看来，政府主管部门不应该管价格。发行价不应该管，二级市场价格也不应该管。但是不能放手不管，不是直接管价格，而是创造良好的投资环境、交易环境，使大家有信心进入这个市场。

君安发难：“愚人节”收万科

虽然市场低迷，但由于新股发行速度较快，国内早期的证券业反而得到了爆发式的发展。证券业版图初具雏形：上海滩以申银、万国两家券商为代表，深圳特区则以君安证券为代表。

张国庆，1956年生，湖北人，器宇轩昂、仪表堂堂，行事为人一派军人作风。20世纪70年代从部队复员之后，进入中国人民银行湖北分行，80年代以办公室副主任的身份，从中国人民银行湖北分行调任至深圳分行担任证券管理处处长，1992年8月，“8·10”风波后，张国庆出山创办君安证券并担任总经理。

据新华网后来的报道，君安证券（简称君安）设立之初，由包括军队企业在内的5家国有企业投资，注册资本仅5 000万元。其中老股东合能集团是君安股东中唯一有军方背景的公司。

短短的两年间，君安证券得到快速的发展。1993年年底，因发行“君安再受益证券”而一度引起媒体关注。

万科董事长王石在自传《道路与梦想》中曾透露一个细节：君安曾经帮助万科的一个股东出售过一部分的法人股。法人股的销售在当时是明文禁止的，必须经最高证券管理机构批准才可能“例外执行”。张国庆竟能搞定，可见法眼通天，他因此收了50%的手续费。这笔1.1亿元的股权买卖，君安赚走了5 500万元。

1994年，君安证券因“君万风波”再度成为当年证券市场中的焦点。其中的主角正是张国庆和万科的掌门人王石。

1994年3月30日，君安证券召开新闻发布会，君安一方张国庆、万科一方王石等悉数到场。

会议开始后，君安证券一方代表称深圳新一代（简称新一代）、海南证券、俊山投资、创意投资合计占万科股权的10.73%；授权君安公司告万科公司全体股东书，并宣读意在改组万科董事会和产业结构的《改革倡议书》。

倡议书提出了四个问题：第一，万科实施以房地产为主业的总体发展战略是如何进行产业结构调整的？第二，万科大众化城市住宅的主导思想是否得到贯彻和实施？第三，万科房地产业务 1993 年的利润预测是否成功实现？第四，万科参股申华究竟利弊如何？

基于上述问题，君安证券建议对万科的产业结构和管理机制进行改革，包括三个方面：第一，收缩工业、贸易和股权投资业务，全力发展和充实房地产业务，重点发展大众化城市住宅开发和写字楼等房地产业务；第二，改组董事会，将向董事会推荐 8 ~ 10 名董事候选人；第三，在董事会内部设立负责项目投资审批的专门委员会。

倡议书宣读完毕后，会议气氛顿时紧张，媒体目光落在万科一方的人员身上。

时任万科董事会秘书的郁亮当众宣布新一代公司声明：新一代不参加君安证券此次行动。同时，万科在新闻会上针对君安公司提出的“改革倡议”发表看法。

3 月 31 日，万科A、B股停牌一日。董事长王石提醒投资者入市要谨慎，不要误以为是收购。

4 月 1 日，新一代公司召开新闻发布会称：在君安公司发布《改革倡议书》之前，该公司已撤销了对君安公司的委托授权，君安证券的做法属侵权行为。继新一代之后，海南证券也撤销了对君安的委托授权。

事情越闹越大。在之后的几天内，张国庆与王石各展其能，隔空交战，媒体一时沸腾，而股票却硬是被停牌了整整 4 天。王石还查出君安高层在暗中建“老鼠仓”，总计购买了 2 000 万元的万科股票，想通过炒作套利，这一发现让君安发难的正当性受到质疑。

最后，在证监会和深交所的调解下，“君万之争”告一段落。

坊间的一个说法是，张国庆见大势已去，向证监会南下代表承诺：“既

然是你们发话了，就是拿一盘臭狗屎让我吃，我也把它咽下去。”

另一个说法是，当时王石的一个表妹在君安工作，一个月之后被君安解聘，成了替罪羊。

如今，对于当时的细节和内幕，已无确切说法。更多的资料是来自王石撰写的《道路与梦想》一书。

早期证券市场人士野岛在1994年4月3日出版的《股市动态分析》杂志中发表的《愚人节：收万科》一文中有着另一种记载：“事态向前，万科事件中机构当事人也许都能获益，从各自的角度赢得世人的称颂，海内外知名度大增。君安虎威、万科硬石将留载1994年大事记，传媒界由此大获爆料，投资者亦得身手机会。但是若事态控制得不好，万科、君安形象都可能受损，广大股民亦未必能得到益处。恰逢政策飘忽、深市不稳之时，合谋败露又可能导致不良的后果，成为股民泄愤的把柄和股市向坏的导火索。如果不幸被言中，我们只好怪罪于‘愚人节’了。”

在野岛先生看来，君安证券是在与万科合谋演一场大戏。事实究竟是否如此？我们已经无从考证。但野岛所称的“恰逢政策飘忽、深市不稳之时，合谋败露又可能导致不良的后果，成为股民泄愤的把柄和股市向坏的导火索”却不幸成为事实。4月后，股市继续下跌不停。

政策救市：构筑325点“铁底”

1994年7月29日，上证指数跌至325点。在各方压力之下，刘鸿儒不得不接受了救市的要求。事实上，对于当时脆弱的股市而言，救市是必需的。

7月30日，星期六。各主要媒体均在头版显著位置刊登了新华社北京通稿：《证监会与国务院有关部门就稳定和发展股市做出决策》。决策有三条：

第一，1994年年内暂停新股发行与上市；第二，严格控制上市公司配股规模；第三，采取措施扩大入市资金范围。

这三大决策被称为三大利好，相比较之前的“四不政策”，更加明确，更有力度。加之股指已经跌至低位，以市盈率衡量，股票已经具备投资价值。这一次，市场终于买账了。

8月1日，星期一，股票市场跳空高开，一路飙升。上证指数上涨33.46%，创下1992年5月放开股价之后的涨幅之最。

8月4日，《上海证券报》又刊发文章进一步阐述了第三条决策的含义：“在扩大入市资金方面要研究采取的一系列措施中，第一条是发展我国的投资共同基金，培育机构投资者；第二条是试办中外合资的基金管理公司，逐步吸引外国基金投入国内A股市场，证监会已组织力量做更进一步的研究，目前进展顺利；第三条是有选择地对资信和管理好的证券机构进行融资，证监会已着手邀请有关方面人士探讨、研究向券商融资的具体办法。”

终于，长达17个月（1993年2月~1994年7月）的熊市宣告结束。这是证监会成立以来市场出现的第一个熊市，也是早期股民经历的时间最久的一次下跌。

在8月7日出版的《股市动态分析》杂志上，王师勤用这样的语言记录：“深沪股市经过了历时3年的大牛市，自去年2月以来又经历了1年零5个月的熊市，调整深度可与台湾股市1990年之后的股市调整幅度相比。这次政策加速了底部的到来，走出了巨大突破的行情。从深沪两市的成交额和气势来看，将会孕育很大的行情，当然这样的大行情需要政府的政策具有一贯性，才能保持股市的健康发展。”

此后，股指继续高歌猛进，直到9月13日，涨至1 053点，反弹才暂告一个段落。短短的32个交易日，市场累计涨幅超过200%。

在这一轮的上涨行情中，浦东概念股成为领头羊。最初的浦东概念股主要指“二桥一嘴”，即浦东金桥、外高桥、陆家嘴，后来加上东方明珠，成为上海股市的“四大天王”，浦东概念股的崛起较先前“三无概念股”的炒作更进一步，是中国内地股市出现的真正意义上的板块概念。

不过，政策引发的反弹具有较强的爆发力，但持续性却极为短暂。9月13日市场见顶后便一路下行，且成交量迅速萎缩，市场再度陷入低迷。至1994年年末，上证指数已经回落至648点。

尽管如此，上证指数的325点却成为中国股市此后十年的最低点位。也正是从这次救市开始，新股扩容及资金扩容成为管理层调控中国股市的一把双刃剑，并屡被效仿，至今如此。

除了救市政策本身并没有改变宏观经济大环境外，股市低迷另一个很重要的原因在于大量资金流向了比股票市场更加年轻的期货市场，尤其是国债期货市场。

申银、万国：携手称雄上海滩

浦东概念股能够领涨这一轮反弹行情，应当说和上海本地券商的推波助澜有着重要的联系。经过几年的打拼，申银、万国两大券商已经占据了上海证券业的绝大部分版图，而万国掌门人管金生、申银掌门人阚治东更是与上交所创始人尉文渊并称为“上海滩证券三猛人”。

阚治东，1952年生于上海，1979年进入中国人民银行上海分行工作，后至中国工商银行上海分行宝山区支行。1987～1988年受团中央选派赴日本进修现代金融证券业务，1988年回国后担任中国工商银行上海分行信托投资公司副总经理，当时阚治东只有30多岁。从信托投资公司起步，阚治东与他的同事们一起，靠异地国库券经营起家，一点一滴地做大了证券部的家业，阚治东本人也赢得了上级领导的信任。到 1990 年中国工商银行上海分行决定组建申银证券公司时，阚治东便成了总经理的不二人选。1990 年，阚治东开始担任申银证券公司总裁。

申银证券公司从中国工商银行上海信托投资公司走出来，成为中国工商银行全资附属的证券公司。初期注册资本仅有 3 000 万元，后经一再申请，资本金增加到6 000万元人民币，其中含500万美元。

1992 年 12 月 22 日，上海申银证券公司经中国人民银行批准，正式改制为股份有限公司，这也是经中国人民银行正式批准的全国第一家股份制证券公司。改制后的申银证券公司注册资本提高至 6 亿元，其中 28%的股份由 50 家大型企业入股，包括金山石化总厂、中国纺织机械有限公司、上海第一百货商店股份有限公司、上海氯碱化工总厂及中国海洋石油总公司等。

此时，申银证券公司领导班子力量已进一步加强，除了阚治东、黄贵显、胡瑞荃外，增加了姜国芳、缪恒生和李明山三人。

阚治东在 2009 年出版的自传《荣辱二十年：我的股市人生》中回忆："姜国芳、缪恒生、李明山的到来，使申银证券班子的内部管理能力和外部业务拓展能力大大加强。姜国芳主管的公司营业网点建设从市内、邻近省份到全国各主要城市全面展开，他主抓的公司经纪业务成为公司业务收入的主要来源。缪恒生主管公司财会工作，使公司急剧膨胀的财会工作有条不紊地展开，他主抓的公司投资银行业务继续保持业内领先地位。李明山筹建的浦东分公司，业务网点、经纪业务、投行业务、自营业务等在一两年间快速发展，其规模和水平超过国内当时很多省市级的证券公司。"

相对于尉文渊的特立独行和管金生的刚愎自用，阚治东虽然名为"猛人"，实则谨慎许多。据坊间传言，阚治东指导申银证券公司做股票，要求

拉两毛钱就罢手，因此得了个“阚两毛”的绰号。

当时，申银证券做得最漂亮的一件事情，就是争取到中国第一张真正意义上面向全国发行的股票青岛啤酒的承销资格。阚治东是其中的关键人物。

管金生，1947 年 5 月 19 日出生于江西省清江县一个贫苦的农民家庭。1965 年，他考进上海外国语学院，1982 年在上海外国语学院获得法国文学硕士学位。因找不到对口的工作，他从公安机关的翻译岗位，改行进入上海国际信托投资公司工作。他先后任经理助理、副经理，并被选送到比利时布鲁塞尔自由大学深造，获得法学、工商管理双硕士学位。

20 世纪 80 年代后期，邓小平视察上海，提出了把上海外滩建成“东方华尔街”的构思。管金生热血沸腾，他一夜不眠，奋笔疾书，下笔万言，阐述创建中国证券市场的重要性，并请愿做第一个吃螃蟹的人。他的建议得到接纳，并被批准打造“试点”。1988 年 2 月，他负责筹建了上海第一家证券公司——万国证券公司（简称万国）。

据《法制日报》后来的报道，万国从 3 500 万元起家，业绩骄人：1990 年交易量达 19.7 亿元，1991 年交易量是 46.1 亿元，1992 年达到 89.9 亿元全年利润达 7 000 万元，在当时拥有 270 家会员的上交所，万国占 16.7%的交易额，稳坐头把交椅。在一级市场的承销业务中，万国占全国 60%的市场份额。

到 1992 年的时候，万国已成为一家具有世界影响力的公司。万国成立不到两个月，就作为中国第一家证券公司在国际证券界亮相，在由 20 多个国际证券公司组成的、对意大利国民劳动银行新加坡分行在伦敦发行欧洲日元证券的承销团中，日本野村证券任总干事，万国任副总干事。1992 年年底，万国在香港与李嘉诚合作，一举收购香港上市公司大众国际，这是内地证券公司首次收购海外企业并成为控股人。据《21 世纪经济报道》后来的报道，在管金生掌印期间，万国证券一级市场承销业务占全国总份额的 60%，二级市场经纪业务占到全国总份额的 40%。美国、英国的权威机构评定万国为中国第一大证券公司。万国脱颖而出，让管金生声名鹊起。他曾应美国CNN广播电视公司的邀请，作为中国“金融界第一人”在该公司直播中心用英语向全球介绍上海的证券市场。

有人评价，管金生是国内第一个对证券有真正认识的金融家，他的很多思想可以说是超越时代的。在万国发展的初期，管金生四处演讲，走遍全国各地，把银行、政府各个部门都拉出来，进行免费的培训，做了大量市场培育工作。

管金生认为要想与国际大券商并肩，必须更多地雇用那些聪明的、能够将市场视为一门“严谨的科学”的交易员。为此，他在大学里面进行大量的演讲，邀请美林、高盛等国际投行人士给交易员们讲课。当时，其他证券公司雇用的员工大多为中专毕业生。据《股市动态分析》刊发的《证券教父沉浮录》一文记载，在万国的中层以上团队中，来自复旦大学、上海交通大学等的大学生占到 90%以上。这些人通晓财经知识，并有一定的英文水平，能够很好地学习国际投资理念。

正是这样一个金融家，在 1995 年遭遇到人生中的“滑铁卢”，问题恰恰出在他最重视的聪明、能够将市场视为一门“严谨的科学”的交易员身上。

1995 第6章 | 国债风波

狭路相逢：万国对战中经开

我国国债期货的推出始自1992年。国债期货是非常好的金融期货品种。国债由政府发行，保证还本付息，风险小，被称为“金边债券”，具有成本更低、流动性更强、可信度更高等特点。在国债二级市场上做多做空，做的只是国债利率与市场利率的差额，上下波动的幅度很小，这正是国债期货有美国财政部作为强有力的支持者的原因。当时我国国债发行难，靠行政性摊派。1992年发行的国库券在一年多后，二级市场的价格最高时只有80多元，连面值都不到。中国的管理者到美国考察了一圈，发现西方成熟金融市场中的国债期货这个宝贝不错，也比较容易控制，于是奉行“拿来主义”，将其引入国内。

1992年12月28日，我国国债期货交易首先出现于上交所。之所以率先落户上交所，这和总经理尉文渊积极奉行改革、敢为天下先的精神是分不开的。不过，当时的尉文渊无论如何也不会想到，他因此埋下了一枚炸弹，致使自己日后的命运发生了改变。

1993年10月25日，上交所国债期货交易向社会公众开放，随后，北京商品交易所在期货交易所中推出国债期货交易。

1993年以后，随着股票市场逐步走低，国债期货市场日趋活跃。尤其是在 1994 年股票市场陷入低迷的时候，大量投机资金进入期货市场。因为期货市场采取的是保证金交易，具有杠杆效应，所以对于投机者来说无疑是极具诱惑力的勇敢者游戏。

1994 年 10 月以后，中国人民银行提高 3 年期以上储蓄存款利率和恢复存款保值贴补，对国库券利率也同样保值贴补，"保值贴补率"的不确定性为炒作国债期货提供了空间，大量机构投资者由股市转入债市，国债期货市场行情火爆。根据证监会数据统计，1994 年全国国债期货市场总成交量达 2.8 万亿元，占上海证券市场全部证券成交额的 74.6%。1994 ~ 1995 年春节前，全国开设国债期货的交易场所陡然增至 14 家。这种态势一直延续到 1995 年，与全国股票市场的低迷形成鲜明对照。

如果不是"327"国债期货出现问题，可能国债期货市场这种"蓬勃向好"的局面还会持续下去。

"327"是国债期货合约的代号，对应的标的物是 1992 年发行 1995 年 6 月到期兑付的 3 年期国库券，该券发行总量是 240 亿元人民币。

"327"国债应该在 1995 年 6 月到期，按 9.5%的票面利率加"保值补贴率"计算，每 100 元债券到期应兑付 132 元。与当时的银行存款利息和通胀率相比，"327"国债的回报率太低了。于是当时有市场传闻，财政部可能要提高"327"国债的利率，到期时会以 148 元的面值兑付。但万国总经理管金生并不认同这样的看法。当时，国家正在收紧银根，高层正狠抓宏观调控。管金生认为，在这样的关键时刻，财政部不会再从国库里额外掏出 16 亿元来补贴"327"国债。于是管金生率领万国证券做空，同时做空的机构还有辽国发等。相对于空方，多方则以当时财政部直属的"中经开"为首，以及中经开在江浙一带营业部的大户。双方都投入巨资参加这场争斗。

然而，管金生千算万算，却少算了最重要的一环，就是他的对手"中

经开”。

1988年4月，由财政部和中国人民银行批准成立了中国农业开发信托投资公司。这家小规模的信托公司以接受财政部农业周转金委托管理起家，之后接受全部财政周转金和农综办资金的委托管理。1992年1月，中国农业开发信托投资公司羽翼渐丰，改名为中国经济开发信托投资公司，简称“中经开”，其业务扩大至信贷、证券、实业投资等自营业务。

当时，其中一位代表中经开出战的操盘手正是后来成为“涌金系”掌门人的魏东。1967年出生的魏东是中央财经大学86级经管系的本科毕业生，1990年，魏东进入中国经济开发信托投资公司。

有人说魏东是一位金融天才，事实的确如此。魏东当时不过只是二十多岁的毛头小子，却已经身担重任。除了与生俱来的天赋和专业的教育背景外，出身名门也是魏东成功的关键因素之一。

魏东的父亲魏振雄，1957年毕业于莫斯科财政学院会计专业，1971年以前在财政部从事会计制度设计工作，1971年到高等财经院校系统任教，后为中央财经大学教授，在中国财经界具备一定的威望和较广的人脉。

据坊间传言，魏东的父亲魏振雄教授在大战前一天就在财政部开会，了解到关于提高“保值贴补率”的信息。而这一信息直接导致了空方另一领军人物——辽国发董事长高岭的“空翻多”。当然，这一传言随着2008年魏东以自杀的方式辞别人世后，便再也无从验证。

历史的事实是，1995年2月23日，财政部公开发布提高“327”国债利率的公告，100元面值的“327”国债将按148.50元兑付，这对管金生而言，简直是晴天霹雳。

九年后的2004年，早已淡出上交所的尉文渊在一次采访中，对于当年的贴息政策依旧耿耿于怀：“这个事情这么多年我从来没跟人申辩过。我很公平地讲，以实事求是、科学负责的态度总结这件事情，应当说是多方面原因导致的。直接导火索以及深层次的原因是贴息政策的问题，不是这个政策不会引发这个事情。这个政策到今天我也不理解。五年前公布的，说年利率多少，现在告诉你，给你提高几个百分点。今天谁会干这个事情？所以我到今天也不理解为什么会这么做……"

二十多年后的今天，我们能够理解尉文渊的悲愤。"327"国债的最后贴息率为 12.98%，这一数字让全球关注中国国债的经济学家大跌眼镜。美联储的贴息，如果有增加的话，也仅仅是 0.25%而已，而"327"国债贴息率却由 1994 年的 8%一下子提高到 13%，整整 5 个百分点啊！为了这个巨额贴息，财政部在通货膨胀已经被逐步抑制的前提下，多支出了约 16 亿元。

提高"327"国债利率的传言得到证实后，意味着 100 元面值的"327"国债将按 148.50 元兑付。

据说，辽国发董事长高岭早就听说"保值贴补率"要继续提高，只是他一直不敢相信，正在那几天，他才刚刚又调集 3 亿元资金，准备继续大举做空与多方决一死战，许多空方同盟军都戏称高岭调来了 3 亿元"军饷"。最后一天晚上，当他确知"保值贴补率"最终提高到 12.98%时，于是当晚他买通了许多别的单位席位上的"红马甲"，在第二天早上立即将其 50 万口空单平仓，同时追加"买入"50 万口反手做多。

2 月 23 日上午一开盘，中经开公司率领的多方，借利好掩杀过来。"327"国债期货一路上涨。这时候，与万国联手做空的辽国发倒戈，改做多头。由于高岭的"叛变"，"327"国债期货在 1 分钟内竟上涨了 2 元，10 分钟后共涨了 3.77 元。

当时万国持仓高达 200 万口，"327"国债期货每上涨 1 元，万国证券就要赔进十几亿元。空头军团纷纷倒戈爆仓，不断推升价格，下午交易时段，

价格已经攻至151.98元的高位。如果收盘按照这个价格清算，万国证券无疑将血本无归。

此时此刻，管金生唯有拼死一搏。他不顾万国已经没有钱继续开仓的事实，在下午4点22分疯狂开仓做空，先以50万口合约把价位从151.30元打压到150元，然后进一步连续用空单打压至148元，最后收盘时以一个730万口合约的巨大卖单将价位砸至147.40元。

临近收盘时候的巨量卖单，震惊了多头军团，也震惊了整个证券市场。注定，这一历史时刻将被永远记录在中国证券发展的历史之中。

悲情万国："327"事件及其结果

"327"事件发生前夕，上交所总经理尉文渊正在国外出差，原计划2月28日回国的行程提前到2月22日，恰好是出事的前一天。看来，尉文渊注定要面对"327"事件的残局。冥冥之中，似乎是命运的安排。

2月23日上午，上交所交易部经理慌慌张张地跑来和尉文渊说市场出了些问题。

"什么问题？"尉文渊开始并没有意识到问题的严重性。

交易部经理说一家公司卖出了一笔200万口的"327"国债期货。

尉文渊马上警觉起来。因为当时上交所有持仓限量，最大持仓量一家公司最多40万口。

"他一家公司怎么可以卖那么多？你马上给我查！"

交易部经理早已查清楚了，告诉尉文渊说是无锡国泰，跟辽国发他们是一起的。

尉文渊一听觉得有异常，马上通知开会，召集各公司的负责人10点半到交易所开会，准备讨论怎么控制局面。

在此期间，管金生告诉尉文渊万国也存在超额持仓的事情，尉文渊一听便急了，忙叫管金生平息此事。但直到这个时候，尉文渊还不知道万国借用其他席位持有的空头头寸已经达到天量。

当时交易所的地位与现在不同，属于地方政府管辖。虽然名义上尉文渊是管金生的监管者，但是在当时上海滩金融界，管金生的出道远远早于尉文渊，年龄也长于尉文渊。尉文渊尊称管金生“老管”，管金生则毫不客气地称尉文渊“小尉”。

但这一次，小尉没有给老管面子。管金生要求其提供放宽保证金等帮助，尉文渊没有答应，只同意在国债回购方面给予考虑。

尽管中午时分，形势已经十分危急。但由于管金生的瞒报，尉文渊并没有意识到局面已经到了不可收拾的地步。会议结束后，他认为局面已经得到控制。

下午，刚刚接手证监会期货部主任一职的耿亮和副主任姚刚到上交所拜访。耿亮说国债期货管理办法修改完了准备发布，尉文渊听了心情自然很好，谈完一些工作后他主动提出陪两人下去看看。当时，在交易闭市时有一个小时国债交易的专场。

进场后，尉文渊刚刚讲了没几句，就发现在场的工作人员神情都很奇怪。尉文渊嗅出一丝异样的味道。他抬头一看屏幕，各个国债期货合约都是向上的大涨突破性行情，只有“327”国债期货价格大幅下跌，再一看，怎么成交量变得这么大！

尉文渊的第一反应是电脑出问题了，第二反应就是一定出大事了。

当晚，上交所紧急讨论如何处理“327”事件。

对于那个夜晚的讨论，尉文渊多年后在接受记者采访时曾回忆说：“讨论来讨论去最后能怎么办？那么大的仓量已经形成了交易结果，如果按照这个结算，会有一大片公司倒闭。客户保证金没了，交易所清算系统也垮了，不能这么干。这个事情，在那个时候已经不是通常意义上的交易业务问题，说白了是政治问题，是社会问题。”

也有人建议尉文渊说事情太大了，交易所做不了主，不如找找证监会。

那晚，尉文渊也曾与证监会通过电话，向证监会报告询问怎么处理，当时证监会李剑阁副主席就说你们自己管吧。

尉文渊慨叹自己平时打打拼拼惯了，从来不受束缚，不太愿意让证监会管，自作主张。我们现在出事了推给人家，就显得自己太没水平、太没品位了。那就只有自己担起来，自己处理，没有理由推给别人，推给别人也没用，何况也推不出去。

据说，在那个晚上，尉文渊和管金生吵了很久。至于他们究竟吵了些什么，或许将会成为一个永远的谜。

晚上 11 点，尉文渊下定决心，做出了最后 8 分钟交易无效的决定，并在事后组织协议平仓。“327” 2 月 23 日的收盘价定为 151.30 元。据《证券导报》报道，据此估算，“327” 空头团体亏损达 26 亿元，如再加上其他合约，空方亏损总额将达到50亿元。而上海万国 1994 年的净利润只有 5 亿元。这意味着中经开及其在江浙一带证券营业部的私人客户都大赚而特赚，把万国证券和所有空头的几十亿元资金全部瓜分。“327 事件” 造就了江浙一带一大批富豪！

据说，中经开主管国债期货的副总裁戴学民 1995 年年底在北京遭到不明身份的人刺杀，伤及肝部，戴学民既未报案，也未住院，到医院草草包扎后，当天即乘航班离开北京，此后再未露面……

十多年后，当往事尘埃落定的时候，有人说：“1993 年出台的国债期货交易办法明确规定了允许卖方（也就是万国）在保证金制度下进行卖空，而没有规定卖空的限额（事实上交易所有 40 万口的规定）。因此，有关媒体指出的‘管金生卖掉了 1/3 个国民生产总值’的指责是非常可笑的。管金生先生凭借他独到的金融运作水平，在对自己不利的行情下，运用技巧性操作扭亏为盈，可以算是不违背法律的一次漂亮的投机案例。但这精彩的一仗，却被毫无根据地定义为违规操作，理从何来？当时的政策规定，当日做空，次日必须补回，然而，次日的开盘时间还没到，这一笔交易就被紧急叫停了。如果中经开拿不出钱来就早被平仓了，次日的万国想怎么补就怎么补。”

这种说法当然来自管金生的同情者，但历史是无法改变的。对于管金生的亲密战友尉文渊来说，做出这样的决定也是痛苦的，也绝非他的本意。从当年的管理者角度来看，万国和中经开的行为都是错误的，只不过中经开当时逃过了惩罚，仅让万国单独受罚，这是不公平的。至于管金生，由于他的行为让一批人的命运随之改变，但对他个人而言，又是个悲剧。“327 事件”是个非常复杂的事情，现在却变成了单纯由于管金生的赌博失误而让市场崩溃问题……

3 月 26 日，《股市动态分析》杂志发表了肖元的文章《且看如何处理“327 事件”》，明确提出观点：“万国证券在国债期市蓄意违规，虽然巨额亏损，应该受到严肃处理，但另一方面，与万国公司相对应做多的某机构，利用信息优势，明目张胆进行内幕交易，也同样应该受到严肃的追究……它关系着人民对政府的信任，关系着投资者对中国证券市场前途的信任，如果对“327 事件”采取包庇宽容的态度，一方面有放虎归山之嫌，另一方面也难以平民愤，难以服民心。”

这是当时财经媒体对于“327 事件”报道中最严厉的措辞，但即便如此，当时的财经媒体也大都不敢点名“中经开”。

“327 事件”震动了高层，3 月 31 日，周道炯被任命为证监会（简称证监会）主席，接替刘鸿儒。

虽然并没有官方说法，但刘鸿儒卸任证监会主席不能说和“327 事件”没有直接的关系。

周道炯，1933 年生。与刘鸿儒不同，他只有大专学历。出任证监会主席时，周道炯已经 62 岁，曾任中国建设银行行长、中国投资银行董事长。他于1995年4月上任，5月就宣布关闭国债期货市场。

从周道炯开始，证监会的监管职能日益显著。在此期间，中国的银行利率开始下调，股市行情日益火爆，以至周道炯的工作之一就是出台措施给股市降温。

5 月 17 日，证监会宣布，鉴于中国当时不具备开展国债期货交易的基本条件，发出《关于暂停全国范围内国债期货交易试点的紧急通知》，开市仅 2 年零 6 个月的国债期货无奈地画上了句号。中国第一个金融期货品种宣告夭折。

1995年9月20日，监察部[①]、证监会等部门都公布了对“327事件”的调查结果和处理决定，决定说：“这次事件是一起在国债期货市场发展过快、交易所监管不严和风险控制滞后的情况下，由上海万国证券公司、辽宁国发（集团）公司引起的国债期货风波。”1996 年 4 月，万国不得不与它当年最强劲的竞争对手申银证券公司合并。1997 年 1 月，管金生被上海市高级人民法院判处有期徒刑17年。

这其中，自然不会提到中经开。

2003年，已到花甲之年的管金生保外就医，在家中休养。

---

① 2018 年 3 月，监察部并入国家监察委员会。

1995 年 9 月，尉文渊离开上交所，担下了对“327 事件”监管不严之责。他在中国金融界最精彩的演出以刚猛雄姿闪亮登场，而最后的谢幕，却是怅然落寞的告别身影，空余满座的声声叹息。尉文渊在离开上交所之前曾说自己是中国证券市场的一块铺路石，他做到了，相对于管金生来说，尉文渊确实是幸运的。

在职期间，尉文渊为官清廉、刚正不阿。据说，在对尉文渊进行离任审计的时候，除了一笔款项是尉文渊不在上海期间，其母亲重病抢救时上交所垫付的1万元医药费外，再无任何疑问。

当时，组织上的说法是最多两年，尉文渊还是要回去的。但两年之后，尉文渊突然发现回不去了，用他的话说：“交易所那种舞台、那种挑战在体制内根本找不到，是绝对没有的。我到机关一看，一份报纸、一杯茶。我发现我回不去了，回不去了……”

后来，尉文渊下海经商，几年以后，有了自己的贸易公司，自己的工厂……

至此，“上海滩证券三猛人”中的两位——尉文渊和管金生都已谢幕，舞台上只剩下阚治东一人。

“长虹事件”：中经开再惹是非

1995 年 5 月 18 日，在证监会宣布暂停国债期货交易的第二天，沪深股市大幅跳空高开飙升。当日，上涨指数涨幅高达 30.99%。此后两个交易日继续上攻，5 月 22 日上证指数最高涨至926点。

然而短暂的兴奋还没有过去，一盆冷水就浇上股民心头。5 月 23 日沪深股市出现戏剧性场面，当日上证指数跳空低开 106 点，以当日最低点 750 点

报收，下挫147点，跌幅16.39%。与此同时，深市亦大幅跳水。

由国债期货暂停而引发的“5·18”股市井喷注定只是一个瞬间。

股指一路下行，至6月底，眼看就要回补5月18日的跳空缺口。

7月1日，中国人民银行决定从即日起，将再贷款、流动资金贷款和固定资产贷款的年利率分别提高0.24、1.08和0.54个百分点。这是1995年以来中国人民银行第二次提高贷款利率。

7月3日，星期一，受消息影响，两市再次出现大幅下跌。但从7月4日起，指数悄然走稳，不再创出新低。

到了7月中旬，以上海石化为代表的大盘股开始发力，至7月24日，上海石化已经从7月3日最低的1.90元最高涨至2.54元，成为当时市场中的亮点。

上证指数的反弹在8月14日和9月12日分别达到788和795两个高点后便宣告结束，此后股指再次下行。

上海石化、马钢股份等大盘股的走势却远远强过同期大盘。上海石化在9月19日最高涨至3.42元。而另一只大盘股马钢股份则由7月4日的最低1.69元上涨至10月26日的最高2.78元。

有人说，1995年的大盘股革命是市场投资理念大解放的结果。

也许原本在7月熊市就可以结束，然而8月的“长虹事件”放缓了熊市结束的步伐，这一次的主角，竟然又是中经开。

1995年7月24日，四川长虹电器股份有限公司（简称长虹）公告了配股说明书：以总股本向全体股东按10：2.5的比例配股，配股价7.35元。由于法人股股东长虹机器厂等放弃配股，公众股股东还可以按10：7.41的比例受让法人股转让的配股权。

长虹当时配股的主承销商为中经开。配股采取余额包销制，未被认购的配股和转配股部分均由承销商负责包销。配股说明书明确告知投资公众：社会公众股部分于 8 月 14 日上市流通。根据国家有关政策，在国务院就国家股、法人股的流通问题未作规定以前，社会公众受让的法人股转配部分暂不上市。

在长虹实施配股的第二天，即 8 月 15 日，公司发布分红派息公告，确定按配股后的股本（包括转配股部分）每10股送红股7股，派发现金红利1元。正是这个分红派息公告，使中经开有了运作的空间。

8 月 16 日，受到送配股利好刺激，长虹股价自 14.80 元上涨至 17.69 元，涨幅近 20%，为当日个股涨幅之最，成交金额 4.2 亿元，创 1995 年长虹成交金额之最。8 月 18 日，长虹股价更涨至 18.73 元，3 日之内带动萎靡不振的上证指数从751点冲高至769点，这也是1995年上证指数的最高点。

8 月 21 日，长虹送股除权上市的第一天，股价在稍微涨升后迅即跳水，当天报收9.92元，下跌7.85%，成交3 564万股。按正常的流通股推算，当日的换手率高达28%。次日，长虹股价再跌2.87%，成交1 400万股。正当人们对如此巨量的长虹股票汹涌沽出、股价大幅跳水不明就里之时，有投资者不经意间发现长虹的转配红股居然可以参与交易。市场顿时哗然。

8 月 23 日，《中国证券报》在头版刊登了 12 位股民联合署名题为《长虹转配红股上市是怎么回事》的读者来信。当天，上交所公告长虹股票停牌半天。24 日，《中国证券报》披露，证监会正式介入调查此事，长虹股票连续停牌。25 日，证监会对长虹转配红股上市事件做出裁决，认定此事违反有关规定，将上交所的作为定性为“工作失误”。同日，上交所发出通知，根据有关部门要求，在证监会连续调查核实长虹事件有关情况期间，其股票连续停牌。如此，长虹股票从8月23日下午开始一直停牌了两个多月，直到11月6日证监会做出处理决定后才于11月9日复牌。

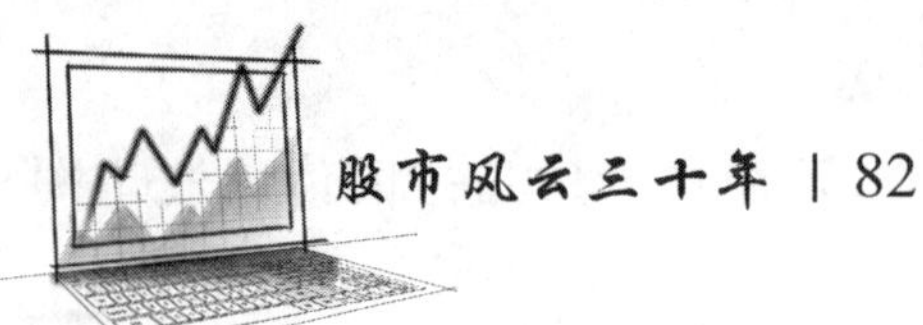

11月6日证监会对“长虹事件”做出处理决定：对上交所予以通报批评，对中经开和上财证券给予经济处罚，责成长虹公司整顿内部证券事务，并确定长虹股票在处理决定公布3天后复牌。

原来长虹转配红股违规上市的原因在于，先有本应提供技术保证的上交所偷偷打开“后门”，继有中经开等“捷足先登”、抢先开溜。交易所开后门，主承销挖逃路，在其他投资人尚不明就里纷纷放弃转配之时，1 000 多万元的“馅饼”大部分落到了中经开的嘴里，一切操办得如此默契。

为维持市场公平，证监会只得“将错就错”，对其他投资者持有的转配红股也允许流通，是为国内证券市场头一遭。然而，流通的权利有了，股价却已是明日黄花。11 月 9 日复牌后，放出来的投资者，所能成交的价格不足9元。到1995年年底，长虹股票的价格竟一路下跌到7.59元，市盈率竟然不到3倍。按照证监会的处罚办法，中经开不过被没收了 2 000 多万元的违规收入，但成千上万长虹股东损失了几亿元乃至十几亿元的合法收益。

随着长虹违规对股市人气的重大影响，上证指数也一路下跌，直到1996年年初跌至512点后，熊市才真正走向终结。

1996

第7章 | 沪深争雄

沪深争雄：由来已久的竞合

其实，沪深证券市场争雄局面由来已久。在1990年两个交易所初成立的时候，王健和禹国刚先斩后奏，顶着巨大的压力，抢先在1990年12月1日试营业，早于上交所18天。对于禹国刚而言，这甚至成为他一生中最值得自豪的事情。

禹国刚喜欢做一个比喻，他说："在中国，想生小孩是要有出生证的，如果拿这个做比喻，那就是上交所先拿到出生证。1990年，中央也同意批给深圳，只是深圳比上海晚拿了几天出生证。但是要讲小孩谁先呱呱坠地，那是深交所。深交所是1990年12月1日开始试营业，上交所是1990年12月19日，深圳比上海早18天。要给深交所补这个户口，也只能从1990年12月1日算起，不能是其他的日子。"

此后，深圳证券市场的发展并不顺利，尤其是"8·10"风波后，一度陷入低潮。1994年以后，深圳股市的发展远远落后于上海。沪强深弱的格局开始出现。两个市场不仅是走势出现明显差距，在市场的活跃度、券商的规模和实力等方面，深圳也开始落后于上海。可以说，上海证券市场挟天时、地利与人和，令深圳股市相形见绌。有关比较两个市场、两个交易所的文章与评论屡见于传媒之中。

当时，王健已经因病淡出深交所。作为深交所总经理的夏斌和副总经理禹国刚，当然不满意这样的局面。这样的局面不仅是由历史原因造成的，而且与当时证监会重上海、轻深圳的指导思想有直接关系。

禹国刚更是直言不讳："只要证监会严格执法，沪、深两个证券市场在较公平的条件下竞争，深圳证券市场便会走出自己有特色的路子，成为亚太地区一流的市场。"

1994年11月，深交所约请《股市动态分析》杂志记者高原专访总经理夏斌和副总经理禹国刚，标题就是《公平竞争、再振雄风》。

禹国刚在采访中说："在目前市场情况和深圳自身条件下，深交所决心不变，将充分利用深圳得天独厚的地理优势和历史契机，向邻近交易所学习，坚持走规范化、高技术化、国际化的路线。中国证券市场的出路在于依法监管、规范化运作和按市场规律运作，进而走向国际市场。但首先还是要搞好国内市场，在此基础上才能逐渐实现国际化。"

两大交易所在激烈竞争的过程中，都想到利用传媒扩大影响力。上交所办了《上海证券报》，深交所办了《证券时报》，作为各自的宣传阵地。这两家报纸加上新华社的《中国证券报》、"联办"的《证券市场周刊》和深圳综合开发研究院的《股市动态分析》，构成了当时中国证券市场最主要的媒体阵营，在相当长的一段时间被称为证券市场的"三报两刊"。从五家媒体的地域分布来看，《中国证券报》和《证券市场周刊》在北京，《上海证券报》在上海，《股市动态分析》和《证券时报》在深圳。

由于地处深圳的缘故，加之王师勤担任深交所理事，《股市动态分析》杂志也未能免俗，介入沪深争雄的讨论中，而且不由自主地站在了深圳市场的一边。

在专访过夏斌和禹国刚后，《股市动态分析》杂志又连续三期以"本刊

特稿”的形式发表《两大市场、公平竞争》系列专题文章。

第一篇文章名为《异地股在两大股市中的不同遭遇》，指出异地股在两个市场均有被歧视之嫌，但上海市场的歧视程度更甚于深圳；第二篇文章题为《竞争与统一：深沪两大股市关系的主旋律》，指出两大交易所应当本着精诚合作的原则，在重大决策与举措上取得协调一致；第三篇文章题为《证交所应该办报纸吗》，提出证交所办报纸容易导致内幕交易和信息垄断，《证券时报》与《上海证券报》应当分别与深交所和上交所脱钩。

日后的历史虽然实现了当年《股市动态分析》杂志的呼吁，《证券时报》归入人民日报社，《上海证券报》归入新华通讯社，但其市场影响力却逐渐上升。三大证券报毫无疑问地获得了信息披露资格，《证券市场周刊》凭借“联办”与证监会的渊源，自然也分得一杯羹，而《股市动态分析》杂志最终没有得到信息披露资格。

尽管禹国刚豪情满怀，但草根出身的他将太多的精力放在了实实在在的工作上。客观地讲，作为交易所的一线领导，仅仅靠亲力亲为是不够的。显然，做事果敢、充满激情的禹国刚缺少的是“政治智慧”。

类似的话，王健在多年后的一次非正式场合也讲过，他说：“我不是一个成功者，我只享受创业的过程，从来没有享受过创业的成果。总结几十年在深圳的经历，我只能说我的‘政治智商’是很差的……”

1995 年，时任深圳市副市长的武捷思在不同场合提出要搞活深圳证券市场，并准备推出一系列规范、发展和活跃证券市场的措施。引起武捷思触动的，是《股市动态分析》在 6 月 11 日以“本刊特稿”形式发表的《深圳，只有一个深交所！——强烈呼吁深圳市政府领导和证券主管部门正视深圳证券市场的问题》一文，这篇文章一改往日宽和的文风，全文言辞激烈、笔锋犀利。文章署名佳圳，毫无疑问是一个笔名，透出作者对深圳市场的期待。

文章指出，深圳证券市场地位的改变，已经离人们的期望越来越远，深圳证券市场的管理体系已经显露出相当多的弊端，却仍未得到有效解决。

坦率地讲，这篇文章的很多观点还有待商榷，但其引起了深圳市领导对深交所和深圳股市更多的担忧。毕竟，当时交易所的管辖权还在地方政府手中。

在问计深圳证券业以及证券研究界之时，《股市动态分析》杂志撰写并发表了《深圳证券市场的问题研究及解决思路》一文，提出了减免投资者费用、改革深圳登记制度和登记公司、扶持一两个全国性龙头券商、扶持上市公司、理顺管理体制加强领导班子、开设指数期货、设立证券市场和发展基金会等多项措施。这些措施，有些未能实现，有些在逐步实现。但深圳市政府不断加深的介入为1996年沪深争雄达到白热化状态埋下了伏笔。

1995 年 10 月 21 日，深交所调整领导班子。庄心一出任总经理，张育军、黄铁军和戴文华任副总经理，而原总经理夏斌、副总经理禹国刚都没有继续留任。

深交所两位创始人之一、时年 51 岁的禹国刚终于退出了深交所管理的一线，与刘鸿儒、尉文渊等第一代证券市场开山元老一起走下了开山创业的舞台。

禹国刚离开深交所领导岗位后，历时 4 年写成一本 52 万字的《深市物语》。

从1988年参与翻译海外证券法规开始，到1990 ~ 1995年5年间任职深交所副总，禹国刚不仅亲历了改革开放后中国证券市场从无到有的全部过程，而且是第一线的实务推动者。在主持深交所工作的时间里，为了做到公平、公正和公开，禹国刚对深交所员工声明："谁炒股票，我炒谁。"他以身作则，自己不炒股票，也不让家人炒股。

回忆往事，禹国刚感慨万千。在2004年的一次采访中，禹国刚坦言："我心里很明白，我是穷家小子一个，上大学也是靠人民助学金，根本没有想到三十大几了，还从黄土高坡杀到华南。到深圳也没有想到有机会学习证券，学习证券回来这几年开始还是没有用，后来能用了，一块来建深圳资本市场，还当了专家小组组长。最后又和王健一块亲手把深交所弄起来，还是深交所的主要创始人之一、第一任的副总经理，已经足矣。谁还能有这么好的福气、这么好的运气、这么好的机遇啊……"

自弹自唱：深发展炒作深发展

1996年1月19日，上证指数最低探至512点后开始反弹，深证综指则在1月23日运行至105点后开始反弹。沪深股市步入新一轮牛市。

3月5日证监会发出通知严厉打击操纵期货市场和期货欺诈行为，该通知使期货市场的资金涌进股市。4月1日，中国人民银行发布公告称，今起不再办理新的保值储蓄业务。

这一轮牛市与宏观经济逐步转好以及市场估值水平过低有直接关系。加之当时上海、深圳两个城市的地方政府把股指表现与金融中心的地位联系得十分紧密，仿佛谁涨得多谁就是金融中心一般，这一现象更推动了股市的上涨。

由于1997年香港即将回归，因此紧邻香港的深圳股市就具备了"香港回归题材"。深圳股市的活跃程度开始超过上海。这一度被认为深圳市场管理层一年多来开展扎实和建设性工作的成果。

上海当然不甘落后。上海市政府开始大张旗鼓地干预股市，首先推出的龙头股是上海石化。半年的时间，上海石化已经从年初的低点2.24元涨至5.4

元，最高涨幅超过140%。

如此凌厉的涨势与深市龙头深发展相比，还是相形见绌。同样是不到半年的时间，深发展由年初的5.9元涨至19.48元，涨幅超过230%。1997年5月27日除权至9.26元之后，继续展开新一轮的强势上涨。

深发展的上涨并非完全是靠优良的业绩和高送配方案推动的。其间，有着操纵的影子，而操纵的主角正是当时担任深圳发展银行（简称深发展）行长的贺云。

贺云，1951年出生，1984年起先后任湖北省经济工作处处长、中国工商银行湖北分行国际业务部总经理、中国人民银行深圳特区分行金管处与人事处处长以及深圳发展银行行长、党委书记和常务董事。

1996年3月至1997年4月，深发展先后动用311亿元资金直接炒作本公司股票，非法获利9 034万元。这一行为违反了《商业银行法》关于商业银行不得从事股票业务的规定，也违反了国家关于上市公司不得买卖本公司股票的规定。

1997年6月13日，证监会公布了《关于对深圳发展银行违反证券法规行为的处罚决定》，认定“深圳发展银行利用深圳发展银行下属的机构账户买卖深发展股票”。深圳发展银行从1996年3月4日至1997年4月17日，通过其下属公司深发地产公司、升祥投资公司和建昭投资公司的3个账户大量买卖深发展股票。据证监会后来发布的信息，深圳发展银行通过深发展证券部在1996年3月至1997年4月，累计投入资金31 194万元，总计买入深发展股票3 061万余股，获非法所得9 034万元。深发展的做法严重违反了证券法规的规定，构成了上市公司大量买卖本公司股票行为。证监会一共做出了三条处罚决定。

一是对深圳发展银行给予警告并罚款人民币500万元。

二是没收深圳发展银行非法买卖深发展股票获利 9 034 万元；责成深圳发展银行在深圳证券交易所的监督下将所持有的深发展股票全部卖出，如有盈利，全部没收上缴国库。

三是认定深圳发展银行行长贺云为证券市场禁入者；自证监会宣布决定之日起 5 年内不得担任任何上市公司和从事证券业务机构的高级管理人员职务。

贺云在中国证券市场中的第一次表演就这样落幕了，也许，他只是当时沪深争雄战役中的牺牲品。去职后的贺云担任深圳建设投资控股公司副总裁、党委委员，涉足房地产行业。

谁也没有想到，贺云在五年的市场禁入期满后会再次杀入证券市场，执掌南方证券，而他的搭档竟然是昔日沪深争雄中的老对手——阚治东。

申银万国："受命"操纵陆家嘴

由于上海石化的表现已经无法和深发展媲美，而沪深争雄又到了白热化时期，作为上海券商龙头的申银万国证券自然责无旁贷。

尽管在"327 事件"中受了点小伤，但申银证券因此收购了万国证券，阚治东一跃成为申银万国证券的总裁。

表面上看申银与万国等分股份的合并方案，申银吃了大亏，但阚治东认为，申银与万国在网点、队伍等各方面有很大的互补性，应该在发展中解决一切问题。1996 年 7 月 16 日，申银万国证券股份有限公司合并成功，这是当时国内最大的股份制证券公司，公司注册资本 13.2 亿元。阚治东担任申银万国的法人代表和总经理。

毕竟"327 事件"的阴影还未散去，阚治东深知操纵股价的危险性。因此，他延续了“阚两毛”的一贯风格，每天将陆家嘴、上海石化等股票拉升两毛钱便收手。同时，阚治东也是全国唯一既是上交所理事又是深交所理事的证券公司负责人。这个尴尬的位置让阚治东在行事的时候不能不考虑深圳方面的脸色。

上海各界当然不满意，尤其是上海市政府，怎能坐视阚治东如此优柔寡断呢。有人觉得深强沪弱的很大责任在于申银万国转移阵地，提出申银万国应该多为上海市场做贡献。

阚治东怒道：“做贡献我不反对，但是我觉得，如果说全国的证券市场是一碗饭，上海半碗，深圳半碗，申银绝不只吃上海这半碗饭。”

这句话让阚治东后来比较被动，上海证券界同行则讥讽道：昔日“上海滩证券界三猛人”之一的阚治东竟然畏缩成了如今的“阚两毛”。

10 月，深强沪弱的局面越发明显。上海市政府有关领导到申银万国证券公司开现场办公会议，议定由市政府出面协调交易所和各大银行，让申银万国扩大自营炒股规模，所需巨额资金黑洞由市政府有关部门与各大银行协商解决。在这种背景下，阚治东决定加大自营股票运作的力度和规模。

1996 年 12 月下旬，国务院联合小组突然到上海调查证券经营活动中的违法违规问题。机构的炒作行为受到管理层严查。阚治东的命运由此逆转。

在处理意见发布前，阚治东曾进行过积极的申诉。1997 年 5 月 23 日，各方在证监会等待处理结果。那天的会议主要有两个内容：第一，宣读《处罚决定》；第二，听取申银万国证券的陈述和辩解。参加会议的有审计署的一位司长、中国人民银行总行的一位副司长、证监会法律部和机构部的两位主任以及阚治东等。

据阚治东后来出版的《荣辱二十年》的描述，在会议现场，各方展开了激烈的争论。最后，审计署的那位司长的一句话终结了这场争论。他说：“老

阚，我们都别争了。说实话，今天我们在这里都是演员，演演戏而已。上面已经定了调的事情，谁能改变得了啊……”

会议结束后，阚治东回到上海，海通证券的董事长兼总经理李惠珍早已等在机场。看得出，这位上海滩证券界的女将心中格外不安。据阚治东说，李惠珍在此后的听证会上非常委屈、格外伤心。

1997年6月13日，《人民日报》发表题为《维护市场正常秩序、保护投资者合法权益：一批违规银行、证券公司、上市公司及其负责人受到严肃处理》的文章。文章说：“去年9月份以来，海通证券公司、申银万国证券公司、广发证券公司违规获取银行巨额资金，采用连续买入卖出和大量对敲等方式，分别操纵上海石化、陆家嘴、南油物业等股票价格，造成上述公司股价的异常波动，扰乱了证券市场正常秩序，损害了其他投资者的利益，推动了股票市场的过度投机。有关部门决定对海通证券公司董事长兼总经理李惠珍、申银万国证券公司总裁阚治东、广发证券公司总经理马庆泉做出免职和记大过处分。对上述3家证券公司分别处以罚款，并暂停股票自营业务1年。”

多年之后，阚治东仍然认为这样的处罚对自己并不公平，2004年的一次采访中，他曾说：“银行的融资也是正常融资。当年我们最终做的股票在10亿元以内，而申银万国的资本金是13.2亿元，而且我们有那么多的营业网点，当年利润每个月都是以现金流进来的，资金并不缺。银行给我们的融资只是正常的融资，并非提供资金恶炒个股。到今天为止我还是不承认这个。”

不过，阚治东在接受《资本人物》栏目采访时候也说：“领导责任我是肯定要负的，但我是被迫离开申银万国证券公司的。我曾经提出，免职可以，让我在公司里做一个普通员工总可以吧?但没有得到批准。”看得出，阚治东不愿意离开自己一手带大的申银。

离职后的阚治东曾先后担任过香港一家公司的中国总代表和深圳发展银行上海分行的高级顾问。1999 年 8 月 26 日，拥有 7 亿元资金的深圳市创新科技投资有限公司成立，阚治东南下深圳，执掌深圳创新投。如果阚治东后来没有应邀出山拯救南方证券，那么创投界风云人物，“2009 年中国经济年度人物”靳海涛的名字就极有可能换成阚治东。

主政证监会：周道炯操刀上任

给 1996 年如火如荼的牛市当头一棒的不是别人，正是时任证监会主席的周道炯。

刚刚处理过“327”国债风波不足一年的周道炯又要面对股市的狂热。1996 年 10 月，吉林化工一周上涨 528%，东北电在一天内从 7.31 元涨到了 14.99 元，和年初相比，深证成分股指数已经涨了 2 倍多，上海指数涨了八成。而到 12 月，深证成分股指数涨幅达到 3 倍以上，涨幅居全球股市之冠。股市陷入极度狂热之中。这一年，上百只股票涨幅达 5 倍以上。这一年，中国股民急剧增加并超过 2 100 万。面对越烧越旺的牛市之火，证监会行动了，相继出台了一系列监管措施，被称为“12道金牌”。

即使是“12 道金牌”也不起作用。后来中央感到股市这样下去，过度投机，风险太大，必须要进行风险教育。因为那时的股民只能赚不能赔，赚了高兴，赔了以后就骂政府，要杀人要放火，甚至有的称要炸证监会。

1996 年 12 月 16 日，一篇短短数千字的评论文章见诸报端，大牛市终于在瞬间逆转。这篇起到决定性“灭火”作用的文章就是《人民日报》在当天头版发表的题为《正确认识当前股票市场》的特约评论员文章。文章指出，股市存在严重投机行为，提醒股民暴涨必有暴跌。多年之后，周道炯才

承认，这篇文章的特约撰稿人是证监会，而他本人参与了发表的全过程。当时，恰恰是周道炯坚持不能用证监会新闻发言人名义，而是提议用《人民日报》评论员名义。借助党报评论员所具备的独一无二的敏感性和权威性，一场“12道金牌”都打不下的股市之火，瞬间被浇灭。

1996年12月16日当天除了发表了特约评论员文章外，有关部门还公布了100亿元的新股发行规模，这个发行量是上一年度的3倍。同时恢复了涨跌停板制度，股票和基金一天内上涨或者下跌不能超过10%。涨跌停板制度在中国股市初期曾经实施，当时是为了抑制过度投机的市场炒作，但后来深、沪交易所先后放开股价，取消了涨跌停板制度。涨跌停板制度的重新实施引发了不小的争论。

文章见报当天，沪深股市应声大跌。开盘后4分钟，沪市281只股票除4只例行停牌外，其余277只全部跌停。与12月的高点相比，沪深股市当月的最大跌幅分别高达38%和31%。

在今天看来，用发表评论员文章的方式来打压过热的股市似乎欠妥，而这一举措也使中国股市再次蒙上为人诟病的“政策市”色彩。但也有人说，在1996年的市场中，机构坐庄操纵市场明目张胆，股民跟风透支炒作现象随处可见，并且屡禁不止，在那种情况下，借助最权威媒体舆论施压只能是当时证监会的无奈之举。而时任证监会主席的周道炯，所承受的压力之大是难以想象的。

20个世纪90代中期，也是中国证券市场由初建阶段步入快速发展阶段的时期，相关法制法规并不健全，投机现象严重，根据《华夏时报》的统计，在周道炯任职两年多里，由他亲手批示查处的违法违规事件就有90多起，平均每个月都有两三起，而每一次查处的背后，都会牵涉无法统计的个人以及机构的利益。

1996 年的沪深争雄演化成两起悲剧事件，令管理层意识到沪深交易所归地方政府管理的现状需要改变。于是，1997 年 8 月后，沪深交易所管辖权限正式收归证监会，实行集中统一领导。

1997 年 7 月 12 日，国务院任免了一批国家工作人员，周道炯被免去证监会主席的职务，由周正庆兼任。

多年后，周道炯在回忆时直言，那段时间夜不能寐，日日担心，并接到恐吓信无数。媒体对他的一言一行也格外关注。“怕也没用，在这个岗位上了，只能是这样子。我最怕由于我们自己工作失误带来的损失和造成的影响，当时担心这个，个人已经无所谓了。我就讲了，我说现在我是坐在火山口上，我屁股底下是火山，什么时候爆发我不知道，但我准备好了。我离开的时候是周正庆同志接我的，我对他说，我在火山口上坐了三年，现在还好，安全着陆了，正庆，现在是该你起飞了，我相信你比我飞得更好。后来我听说他跟周小川交接的时候，也讲了这个话……”

第 8 章 | 亚洲风暴

1997

内地市场：演绎绩优神话

在遭到周道炯领导的证监会以《人民日报》社论的形式打压之后，沪深股市低下高昂的头。上证指数短短4天下跌300多点，跌幅近30%。然而，当时市场上的主流观点是，《人民日报》作为新闻媒体，应当保持新闻性和中立性，不应当充当政策工具。

《上海证券报》和《证券时报》则更为大胆，干脆在当天不转载《人民日报》的文章。证监会勃然大怒，暂停了两家报纸“上市公司信息披露指定报刊资格”一个月，两名副总编辑停职检查。从此之后，两大报再无和证监会唱反调的“壮举”。

进入1997年1月，股市逐步企稳。深市的龙头依旧是深发展。而沪市的龙头则由陆家嘴变成了四川长虹。1月7日，深发展上涨6%，成功构筑双底，展开新一轮上涨行情。

深发展和四川长虹成为当年两市的龙头不是偶然的。在周道炯操刀的《人民日报》社论中，重点在于批评机构大户操纵市场、过度投机和违规信贷资金入市、违规透支等行为。但对于业绩优良、分红回报能力较强的上市公司的投资，管理层还是认可的。当时，证监会主要提出八项措施抑制投机：第一，进一步加强监管；第二，继续公开处理违规案件；第三，实行涨跌停板制度和完善市场信息公开制度；第四，建立证券行业禁入制度；第五，加强风险管理；第六，增加供给；第七，做好舆论导向工作；第八，实行集中统一的管理体制。

反弹延续到 2 月，应当说在 1997 年的一二月份的反弹还是比较温和的。如果没有意外发生，或许市场还将这样温和地运行下去，这也是证监会乐于看到的局面。

1997 年 2 月 19 日，中国社会主义改革开放和现代化建设的总设计师、一代伟人邓小平同志逝世。噩耗传来，全国人民无比悲痛，这种悲痛和不安也反映到股票市场之中。2 月 20 日，上证指数大幅低开近 100 点，绝大多数股票开盘于跌停盘，市场陷入恐慌。

就在这样一个危急时刻，一股神奇的力量出现了。很多股票被巨大而又神奇的买单拉起，稳步攀升，甚至直至涨停板。随之，市场的跟风盘被激发起来，股指收盘竟然翻红，全天微涨 0.25%。

在公开资料中，鲜有关于这一天市场走势的解释。《股市动态分析》记录，当时坊间的一种说法是，高层不愿看到股市由于全国老百姓的悲痛和不安而陷入恐慌甚至崩盘，伸出强大的政府之手"挽狂澜于既倒"。

尽管管理层没有公开承认进行了政府干预，但我们宁愿相信坊间的这种说法。因为在当时的环境下，单纯依靠市场的力量是无法扭转趋势的。

凭借着可能的政府助力，加之市场参与者和跟风盘的力量，股指迅速回升，绩优蓝筹股成为领头羊。1997 年 5 月 7 日，深发展冲至阶段性高点，不到 5 个月的时间最高涨幅超过 200%。而四川长虹短短 6 个月，涨幅同样超过 160%。时至今日，老一批投资者对于当年深发展和长虹的行情还记忆犹新。

1997 年 5 月 21 日，四川长虹冲上每股 66.18 元的巅峰，时任公司董事长的倪润峰以指点江山的口吻这样说道："你什么时候买入四川长虹都是对的，

你什么时候卖出四川长虹都是错的。”做出这种承诺恐怕是如今的企业家们想都不敢想的事情。

辉煌是短暂的，在市场经济的浪潮中，四川长虹的光芒没能够闪耀太久。此后的四川长虹开始震荡下跌，再也没有回到当时的高点。十余年后的2010年年初，四川长虹竟然被证监会非正式调查，起因正是1997～1998年涉嫌财务造假，虚增50亿元销售收入。

范德均曾是四川长虹公司员工，1998～1999年任公司销售处湖南管委会主任。他任职期间因涉嫌职务侵占被判刑7年，公司与其解除了劳动关系。

事实究竟如何还有待进一步查证，但不管如何，到了2010年，四川长虹的市值仅仅150亿元左右，与1997年巅峰时刻的千亿元不可同日而语。

1997年四川长虹的辉煌让人们看到资本市场的魅力，也引起了民营资本的窥视，民营资本开始通过各种渠道涉足资本市场，其中比较有代表性的是新疆德隆国际实业总公司（简称德隆）控制的“德隆系”。

出生在乌鲁木齐市的一个“老革命”家庭的唐万新，历任新疆科技开发公司新产品技术部经理、天山商贸发展公司总经理。工商登记的公开资料显示，新疆德隆国际实业总公司是唐万新、唐万里兄弟在1995年创办的。但也有一种说法是1990年唐万新就已经注册了德隆公司，之所以不为很多人知晓是因为那时的德隆只是一家地处西北边陲的小公司。

德隆早在1990年深沪交易所成立后便开始涉足股市。有着敏锐嗅觉的唐万新坚信股票的增值潜力。他倾尽财力，大肆收购原始股和内部职工股。凭着对股票的敏感性和独到眼光，唐万新的财富很快滚滚而来。几十万元的资本，几经操作，变成了上千万元。其中，最成功的一次炒作是德隆以1 000万元的金额，受让了西北轴承1 000万股的法人股，几个月后又以4 000万元卖了出去，净赚了3 000万元。

1992 年开始，德隆名声大振，开始了大资本式的出击，《中国证券报》报道，最高峰的时候，他们仅仅在乌鲁木齐德隆就请了 1 500 多人排队买认购证。德隆用买到的认购证买进原始股，然后抛出，获取成倍增长的资金。

到 1994 年，德隆已经拥有了几亿元的资本实力，在这前后，唐万新的三个哥哥唐万里、唐万平、唐万川先后辞去公职，加盟德隆。当时，人们用“万里平川一片新”来赞誉唐氏四兄弟的兴旺。

随着资本实力的增长，德隆开始初步扩张，先后涉足房地产、农牧业和酒店娱乐等行业。到 1996 年，德隆已经拥有了十几亿元的资产。1996 年 12 月 16 日，周道炯操刀的《正确认识当前的股票市场》一文在《人民日报》上以评论员文章形式发表后，股市大跌。但唐万新却发现，一些机构狂炒四川长虹、深发展等龙头股。这令唐万新陷入深深的思考。他开始明白，只有控制了上市公司，炒股才有稳定获利的把握，他将目光投向了上市公司。1996 年 10 月，德隆介入新疆屯河，成为第三大股东，持股 10.185%。介入时间就在新疆屯河上市仅4个月之后，间隔之短，似乎早有安排。

在介入新疆屯河半年之后，同时也是在介入合金股份 2 个月前的 1997 年 4 月，新疆金融租赁公司发行了 1 亿元“特种金融债券”，期限为 3 年，年利率 11%。资料显示，新疆金融租赁公司在德隆早期融资中扮演了非常重要的角色。这家公司是1996年2月由新疆屯河、新疆德隆等11家新疆公司和机构共同注册成立的。

1997 年春，德隆在北京召开了著名的“达园会议”，会议确定德隆的发展战略将从“项目投资”转向“行业投资”，通过产业并购整合创造传统行业的新价值。德隆开始了大规模的高速扩张，其先后涉足金融、投资、房地产、汽车制造、农牧业、酒店娱乐等众多行业。

“达园会议”后，德隆南北出击，分别收购湖南的湘火炬和沈阳的合金

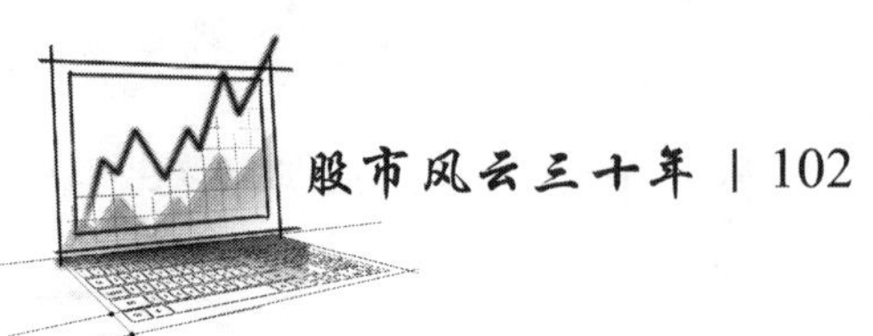

股份，随之对两个公司进行资产重组，注入优质资产。而在二级市场上，这两家公司的股票也成为大牛股。以湘火炬为例，其股价从5元左右起步一路涨到20多元，除权后又涨到30多元。

在收购了新疆屯河、湘火炬、合金投资等三家上市公司后，德隆拥有了“三驾马车”，即“德隆系”。德隆就是靠着这“三驾马车”坐庄，进行质押融资，不断拉升股价反复套取资金的。德隆因此获得了“中国股市第一庄”的称呼，唐万新也被称为中国股市“千年难遇的奇才”。

在唐万新看来，把一个行业的龙头收归麾下，就等于拥有了这个行业最出色的管理、最过硬的品牌、最先进的技术和最畅通的营销网络。但是，拥有不是最终目的，更重要的是把它们的能量放大，把发展的空间拓宽。由此就不难理解德隆为什么格外重视整合的概念——整合生产、整合市场、整合管理，等等，最终整合整个产业。德隆入主一个企业后，原则上一律保留原企业的经营管理人员和职工。据央视报道，唐万新曾说，国有企业不是没有人才，关键在于机制，给它一个好机制，人人可堪大用。

德隆系的横空出世，打造出民营金融控股集团的雏形。然而，先行者都有可能成为“先烈”，这个民营金融控股集团的道路并不平坦。

金融风暴：索罗斯鼓动亚洲危机

1997年，与国内资本市场的相对平静相比，周边国家的金融市场则初显一丝动荡，席卷亚洲新兴经济体的金融风暴正悄然到来。

20世纪60年代开始，亚洲新兴工业化国家如韩国、泰国、马来西亚、新加坡等国经济起飞初期，资金和技术方面都还比较匮乏。正是美国资金乃至世界资金、技术和项目的持续流入，才让亚洲经济迅速崛起。美国是通过资本输出来扶植盟国并借机赚钱，亚洲国家发展制造业实现进口替代战略，通过产品出口去换取外汇，创造本地就业机会。

亚洲经济突飞猛进，发展速度在全球首屈一指，各种赞誉接踵而来，世界对亚洲经济发展奇迹给予了很高的评价。西方国家都说太神奇了，数十年保持两位数的增长速度，亚洲经济创造了奇迹。在全世界一片叫好声中，美国鼓动亚洲各国说，你们已经创造了这样的奇迹，制造业发展近 30 年，已经比较成熟了，如果进一步开放金融管制，那美国乃至全世界的资本都会看好亚洲，你们前景远大。

一些东亚、东南亚国家加快了开放的步伐，纷纷放松金融管制，资本项下货币可以自由兑换，外国资本可以自由进出。这样一来，国外的资金、技术和项目加速进入，经济越来越热，发展速度越来越快。

在亚洲奇迹的一片赞誉声中，各国的股市飙升、楼市飙升、币值飙升，一派欣欣向荣的景象。1997 年，亚洲股市、楼市泡沫膨胀到前所未有的程度。泰国纳华证券这样一家名不见经传的证券公司在当时的市值竟然可以与美国大投行摩根士丹利相媲美。

这时，以乔治·索罗斯为代表的国际游资蜂拥而至，开始谋划向亚洲大规模集结。1997 年 3 月 2 日，索罗斯攻击泰国外汇市场，引起泰国挤兑风潮。

泰国中央银行与新加坡中央银行动用 120 亿美元吸纳泰铢，禁止本地银行拆借泰铢给离岸投机者，大幅提高息率联手入市，三管齐下，企图捍卫泰铢阵地。一番短兵相接之后，泰铢的地位暂时性地保住了。

对此，国际金融投机大鳄们进行了强有力的反击，他们的招数集中于：筹集资金，狠抛泰铢。索罗斯开始节节挺进。与此同时，泰铢贬值的浪潮一浪接着一浪，泰铢兑换美元的汇率屡创新低。泰国政府临阵换将，原财政部部长庵雷·威拉旺被迫交出帅印，泰国政府此举犹如在早已波涛汹涌的湖面

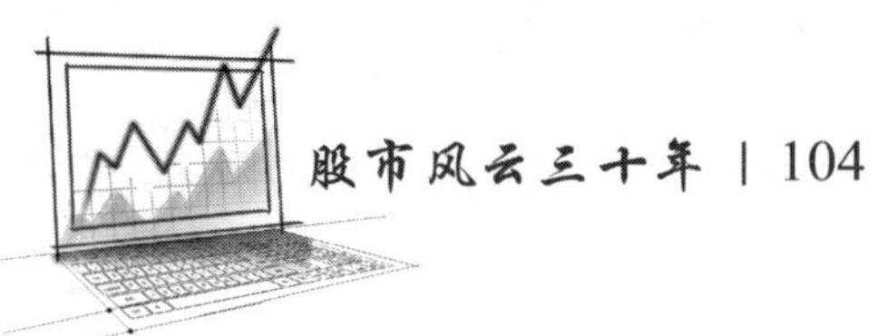

又投下一颗重磅炸弹。

庵雷·威拉旺的黯然离去未能阻止泰铢的节节失利。6月，投机商开始出售美国国债，筹集资金，向泰铢发起致命一击。泰国央行奋起还击。其时，人心惶惶，人人自危，在太平盛世掩盖下的种种弊端一一暴露。

为了稳定军心，6月30日，泰国总理差瓦利发表电视讲话："我再次重申，泰铢不会贬值，我们将让那些投机分子血本无归。"发誓归发誓，偏偏其金融市场像个扶不起的阿斗。此时的泰国央行已弹尽粮绝，仅有的300亿美元的外汇储备早已花光。就在泰国总理讲话2天后的1997年7月2日，泰国央行被迫宣布实行浮动汇率制，放弃长达13年之久的泰铢与美元挂钩的汇率制，东南亚金融风暴就此引发。当天，泰铢兑换美元的汇率下降了17%，外汇及其他金融市场一片混乱。在泰铢波动的影响下，菲律宾比索、印度尼西亚盾、马来西亚林吉特相继成为国际炒家的攻击对象。

索罗斯认为，只要击垮一个国家的金融市场，其他国家就不可避免地一个接着一个倒下，这就是所谓的"多米诺骨牌"效应。

7月25日，中国、澳大利亚、日本、印度尼西亚、韩国、马来西亚、新西兰等亚太地区11个国家和地区的中央银行和金融管理局高层代表在上海开会。会议结束后发出的声明表示，一个稳定的货币市场是非常重要的，亚太各国将与国际货币基金组织共同研究对有关国家提供新援助的措施，协助成员在必要时进行经济调整。这个消息对东南亚各国和地区来说，至少让它们觉得在与国际货币炒家进行殊死搏斗的时候不再那么孤单。

到了8月，马来西亚放弃了保卫林吉特的努力。一向坚挺的新加坡元也受到冲击。印度尼西亚（简称印尼）虽是受到"传染"最晚的国家，但受到的冲击却最为严重。在索罗斯的强硬态度下，各国政府均感到力不从心，已纷纷放弃了捍卫行动，开始屈服，一副打不还手的样子，任由本国货币在市场中沉浮。另一方面，国际货币投机商更是有恃无恐，在东南亚金融市场上呼风唤雨，横行一时。

中国政府承担起了大国责任。在国际货币基金组织安排的框架内并通过双边渠道，向泰国等国提供了总额超过 40 亿美元的援助，向印尼等国提供了出口信贷和紧急无偿药品援助。

10 月下旬，国际炒家移师国际金融中心香港，矛头直指香港联系汇率制。而此时，我国台湾地区突然弃守新台币汇率，新台币一天之内贬值 3.46%，加大了对港币和香港股市的压力。

11 月中旬，东亚的韩国也暴发金融风暴，17 日，韩元对美元的汇率跌至创纪录的 1 008∶1。21 日，韩国政府不得不向国际货币基金组织求援，暂时控制了危机。但到了 12 月 13 日，韩元对美元的汇率又降至 1 737.6∶1。韩元危机同时冲击了在韩国有大量投资的日本金融业。1997 年下半年日本的一系列银行和证券公司相继破产。东南亚金融风暴演变为亚洲金融危机。

香港对阵：奋起抗争金融大鳄

在整个亚洲金融风暴中，香港扮演了一个非常重要的角色。而在香港的背后，则是中央政府最强有力的支持。

1997 年 10 月，香港庆祝回归的喜庆气氛尚未消散，亚洲金融风暴便黑云压城。

10 月 20 日，香港股市开始下跌。10 月 21 日，香港恒生指数下跌 765.33 点，22 日则继续了这一势头，下跌 1 200 点。23 日，市场对于港元前景的担忧使香港银行同业拆借利率节节上扬，21 日仅为 7%左右的隔夜拆借利率一

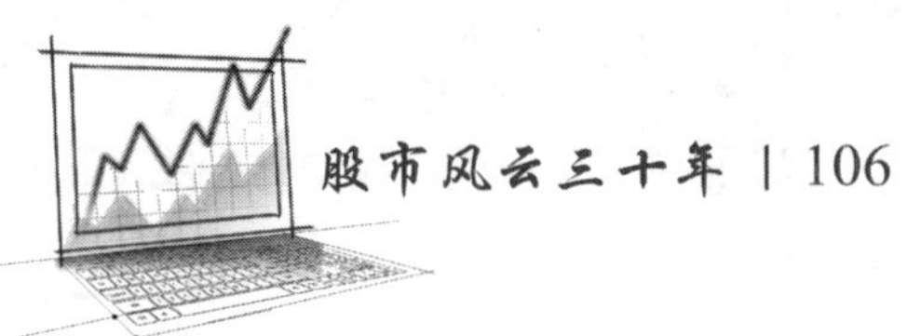

度暴涨300倍。在这种市场气氛下，港股更连续4次受挫，下跌达10.41%。

23日，时任香港财政司司长的曾荫权表示，香港基本经济因素良好，股市下跌主要是暂时受到外围投机因素的影响，投资者不必恐慌。

曾荫权说："我不认为这是股灾。无论如何，特区政府首先是要捍卫港元汇率。虽然此前一天晚间有炒卖港元的投机活动，但此时炒卖活动已被平息。"

与此同时，香港金融管理局（简称金管局）总裁任志刚也发表讲话，声称金管局已于前一天晚上击退炒家。

也许是因为特区政府强有力的干预措施，也许是因为特区政府和金融管理人士的信心感染了投资者，24日，在连续4个交易日大幅下跌后，香港股市开始强力反弹，恒生指数上升718点，升幅达6.89%。27日，曾荫权再次重申，香港现行的联系汇率制度不会改变，在这次活动中受损失的只会是投机者。

28日，香港恒生指数狂泻1 400多点，跌幅达13.7%，以9 059.89点收市，下跌点数创历史之最。

10月30日中午，国际信贷评级机构穆迪调低香港银行的盈利前景评级，使本来已经疲软的香港股市大幅波动。穆迪发表声明说，香港银行的业务高度依赖房地产，而香港房地产市场越来越可能面临剧烈调整。港元是否坚挺还会影响香港贸易，故而该机构把香港银行的前景由"稳定"降至"负面"。穆迪的声明一发表，香港股市马上滑落，原本已经稳定下来的银行同业拆借市场又出现波动。

对此，时任香港特区行政长官的董建华强调，香港股市的震荡只是暂时性的调整。中国外交部发言人沈国放表示，香港股市以往也出现过这种波动，不足为怪，港股波动是特区政府要自行处理的事务，中央政府将依照

“一国两制”的原则，不会直接干预香港的股市和港元汇价。北京方面对香港整体经济仍充满信心。

香港舆论也表示了强烈的信心，《星岛日报》发表评论指出：“过去，在经历了经济危机后，本港会很快复苏，而且更加蓬勃，这次亦应不例外。”

在 1997 年 11 月到 1998 年 3 月期间，香港股市稳定在 8 000 ~ 12 000 点一带，然而，更大的危机在此后将考验香港……

证监会出手：整顿控制局面

1997 年 7 月 12 日，国务院任免一批国家工作人员，任命国务院证券委员会主任周正庆兼任证监会主席。

周正庆，1935 年 2 月生，安徽天长人，1986 年 10 月任中国人民银行副行长，1995 年 6 月任国务院副秘书长、机关党组副书记和国务院证券委员会主任。1997 年 7 月至 2000 年 2 月的 2 年多时间里，周正庆执掌证监会，成为中国资本市场的最高监管者。

作为央行高官，早在 1990 年 12 月 19 日，周正庆曾出席上交所开业典礼，代表中国人民银行宣布上交所开业。

也正在此时，亚洲爆发了金融危机，风暴虽然被挡在了中国股市之外，但危墙不远。尽管当时中国资本市场尚未开放，但 1997 年的证券市场中，全国统一的监管体制尚未建立，存在不少非法场外交易，证券公司大量挪用保证金，期货市场突发事件频频出现，金融危机随时可能爆发。周正庆受命开始了中国证券市场自建立以来最大的一次清理整顿。

在周正庆的力主下，证监会撤销了全国 18 个省市的 41 个非法股票交易场所，撤销了 26 家证券交易中心及全国证券交易自动报价系统（STAQ

系统)。

周正庆后来回顾道:“难度最大的就是取缔场外交易。当时18个省市都有自己的交易场所,未经中央批准。国务院有文件明确规定搞股票交易的场所必须经国务院批准,但是我们十几个省市自己就在那搞起来了,上市股票也没有经过批准,也没人监管。我们当时统计大体上有300万股民,这种场外交易有300亿元的市值,没有人监管,自己在那自行交易,这个风险是非常大的,非常难办。”

1997年8月15日,国务院做出决定,沪深两大证券交易所划归证监会直接管理。此后,沪深证券交易所总经理、理事长等人事都由证监会任命。地方政府主导下的沪深争雄局面告一段落。

这一年的12月19日,是上交所开市7周年的日子。上交所从浦江饭店的孔雀厅迁出,正式迁入矗立在浦东陆家嘴金融贸易区的上海证券大厦。

周正庆上任后的另一件大事,就是清理原有的50余只老基金,开始新证券投资基金试点。

1997年12月12日,证监会发布《证券投资基金管理暂行办法》的有关实施准则,开始受理设立基金管理公司和证券投资基金的申请。

在此之前,从1991年开始,中国人民银行及其各地分行曾经批准设立了一批投资基金。最早的一批是1991年10月设立的“武汉证券投资基金”和“深圳南山风险投资基金”,而经中国人民银行总行批准设立的有1992年设立的“淄博乡镇企业投资基金”。“淄博乡镇企业投资基金”经中国人民银行总行批准,于1993年8月在上交所挂牌交易,是第一只上市交易的投资基金。1993年年初,建业、金龙、宝鼎三只教育基金经中国人民银行总行批准在上海发行,共募集资金3亿元,并于当年年底在上交所上市交易。

中国投资基金业的起步阶段存在一定的问题,主要体现在三方面。

第一是基金的设立、管理、托管等环节均缺乏明确的监管机构和有效的监管规则。例如，大部分基金的设立由中国人民银行地方分行或者由地方政府审批，其依据是《深圳市投资信托基金管理暂行规定》等地方性法规，没有统一的标准，甚至在基金名称上都存在较大差异。在基金获批设立后，审批机关也没有落实监管义务，基金资产运营、投资方向等方面均缺乏相应的监督制约机制。

第二是一些投资基金的运作管理不规范，对投资者的权益缺乏足够的保障。例如，部分基金的管理人、托管人、发起人三位一体，基金只是作为基金管理人的一个资金来源，而基金资产与基金管理人资产混合使用，账务处理混乱。又如，基金托管人并没有起到监督作用，基金管理人的行为没有得到有效监控。

第三是资产流动性较低，账面资产价值高于实际资产价值。投资基金的大量资产投资于房地产项目、法人股等流动性较低的资产，同时存在资产价值高估的问题。例如，20 世纪 90 年代中期，部分地区房地产泡沫逐渐消除，沉淀在房地产的资产仍然按照成本计价而没有按照市价进行调整，使个别基金资产的账面价值高于其实际资产价值。

这一时期的探索，主要在于我国证券市场引进了一种新的工具，国人知道了证券投资基金，从而在广大投资者中间唤起了最初的基金意识。

《证券投资基金管理暂行办法》的出台，为我国基金业在规范的基础上有突飞猛进的发展奠定了法律基础。1998 年 3 月 27 日，基金开元、基金金泰的设立正式宣告了中国基金业进入历史发展的新时期。1998 ~ 1999 年，诞生了中国第一批规范的基金管理公司，一共十家，也被称为基金公司中的“老十家”。它们分别是成立于 1998 年的国泰基金管理公司、华夏基金管理公司、华安基金管理公司、鹏华基金管理公司、南方基金管理公司、博时基金管理

公司以及成立于1999年的嘉实基金管理公司、长盛基金管理公司、大成基金管理公司和富国基金管理公司。

中国基金业开始规范发展，机构投资者队伍逐步壮大。与此同时，除公开发行的证券投资基金外，各路私募基金也在股海中搏杀。而当时对私募基金监管的真空状态则是周正庆在任时的一大遗憾。

1998

第 9 章 | 君安生变

险处逢生：香港击退索罗斯

1998年年初，亚洲金融风暴再起波澜，这次受到冲击的主要是印尼。

面对有史以来最严重的经济衰退，国际货币基金组织为印尼制定的对策未能取得预期效果。2月11日，印尼政府宣布实行印尼盾与美元保持固定汇率的联系汇率制，以此稳定印尼盾。此举遭到国际货币基金组织及美国、西欧的一致反对。国际货币基金组织扬言要撤回对印尼的援助。印尼陷入政治经济大危机。2月16日，印尼盾同美元比价跌破10 000：1。受其影响，东南亚汇市再起波澜，新加坡元、马来西亚林吉特、泰铢、菲律宾比索等纷纷下跌。

直到4月8日，印尼和国际货币基金组织就一份新的经济改革方案达成协议，东南亚汇市才暂时平静。

与此同时，东南亚金融危机使得与之关系密切的日本经济陷入困境。日元汇率从1997年6月底的115日元兑1美元跌至1998年4月初的133日元兑1美元；5~6月，日元汇率一路下跌，一度接近150日元兑1美元的关口。随着日元的大幅贬值，国际经济形势更加不明朗，亚洲金融危机继续恶化。

从1998年5月开始，国际投机资金兵分三路，向香港汇市、股市、期市同时发难。国际炒家们口出狂言，称要把香港当作他们的“超级提款机”。

一时间，恒生指数跌至 6 600 多点。面对国际炒家们的步步紧逼，香港特区政府不再沉默，而以强有力的干预政策高调应对。

1998 年 8 月 14 日，香港金管局首次动用外汇基金进入股市、期市，大量收进蓝筹股票和期票，同时提高银行隔夜拆息率，夹攻国际炒家。市场估计当日约动用了 40 亿港币，恒生指数收盘于 7 224 点，劲升 564 点，涨幅达 8.47%。

当天曾荫权发表声明说："为打击炒家操控市场的行为，我已经行使外汇基金条例给予我的权力，指示金管局动用外汇基金，在股票和期货市场上采取适当的相应行动。"

董建华随即发表声明并重申："政府会一如既往，坚守不干预股票市场和期货市场活动的政策，但在必要的情况下，即当炒卖股票和期货有明显的关联的时候，政府有责任采取果断措施减少市场混乱，我们的经济需要一个健康的环境，才可快速完成调整。"

香港特区政府（简称港府）长期以来坚持"积极不干预"的自由港政策，因此董建华通过当地电视媒介宣布该项举措立即引起国际经济界的广泛关注。

对于港府放弃"零干预政策"，动用外汇储备干预股市与期市的做法，在当时支持与反对的声音都很响亮。时至今日，仍然有保守主义经济学家认为，此举损害了香港自由经济体的国际形象。索罗斯甚至发动世界舆论，攻击香港特区政府"行政干预市场"，违反市场经济规则。但是支持者却认为，被投机资本操纵的经济谈不上自由经济，港府入市正是为了打破这种操纵。

1998 年 8 月 18 日，假期后首个交易日，港府保留实力，指数窄幅波动，大市终微跌 14 点，以 7 210 报收。

19 日外汇基金继续入市，指数攀升 412 点，以 7 622 报收。

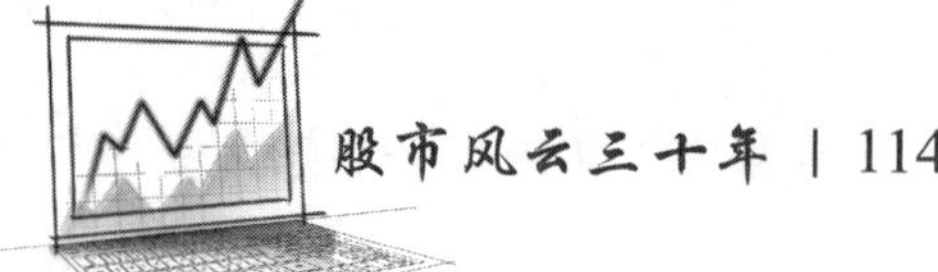

20日大市于高位7 900点遇到初步阻力，而港府买盘亦稍为收敛，指数于7 742报收，升120点。

21日外汇基金入市未见积极，期指尾市狂泻200点，指数当日回软，以7 527报收，跌215点。

8月24日，为了打破炒家压迫恒生指数从中套利的计划，港府重组实力，主动出击，动用50亿港元入市干预。午市时分买盘突然瞬间中断，股指迅即暴跌300点，2分钟后才被大手买盘重新拉回到7 900点水平。当日恒生指数急升318点，收盘于7 845点。

27日，8月期货结算前夕，特区政府摆出决战姿态。虽然当天全球金融消息极坏，美国道琼斯股指下挫217点，欧洲、拉美股市下跌3%~8%，香港股市面临严峻考验。

同日，国际大炒家索罗斯的量子基金宣称："港府必败。"投机香港市场的量子基金首席投资策略师斯坦利·德鲁肯米勒在接受CNBC电视台的访谈中，首先承认量子基金一直在沽空港元和恒生期指，并说，由于香港经济衰退，所以港府在汇市与股市对国际投资人发起的"战争"中，将以失败告终。索罗斯虽然每次的动作都是大手笔，但他从来不曾公开承认自己在攻击某个货币，所以这种以某个公司或个人的名义公开向一个政府下战书，并扬言要击败某个政府的事件更是史无前例。

1998年8月28日，这也许是香港自从有股市以来过得最漫长的一天。

这一天是香港恒生指数期货8月合约的结算日，国际炒家们手里有大批期货单子到期必须出手。若当天股市、汇市能稳定在高位或继续向上突破，炒家们将损失数亿甚至十几亿美元的血本，反过来，港府之前投入的数百亿港元就等于扔进了大海，对战双方谁也输不起。

28日上午10点整，交易正式开始。国际投机资金几乎倾巢出动，企图将股指彻底打压下去，而港府则将所有卖单照单全收，死守股市。这一天的交易金额达到了790亿港币，创下香港市场单日最高交易纪录。

抛售有增无减，港府照单全收，恒指和期指始终维持在 7 800 点以上。下午4点整的钟声响起，显示屏上不断跳动的恒指最终锁定在7 829点。

曾荫权随即宣布："在打击国际炒家、保卫香港股市和港元的战斗中，香港政府已经获胜。"

如果抛开这一天惨烈的战况不谈，那么 28 日香港恒生指数收盘时的点位 7 829 实在是个非常平淡的数字，它甚至比前一天还下跌了 93 点，但这个数字对香港金融市场的意义却是不可估量的，它让香港股市站稳了脚跟，让国际炒家们不但没有了获利空间，而且由于合约到期，将不可避免地遭受巨额亏损。

再往后的故事就尽人皆知了，香港市场逐渐恢复了元气，1999 年恒生指数重回10 000点以上，港府从股市中全部退出，赚了数十亿美元。

亲自指挥了这次政府入市行动的曾荫权对此更是颇多感慨。

曾荫权在给弟弟的一封信中解释了自己为什么赞成入市行动。

"为什么我要做出这项干预的决定呢？……若政府再不采取行动，股市就会因为被人操控而跌至不合理的水平，利息会持续高企，联系汇率会不断受压，而经济复苏只会遥遥无期。你或许会问，政府为什么不干脆宣布放弃联系汇率？……在这个时候脱钩只会令港人一夜之间对港元信心尽失。香港是个倚重出口的经济体系，一旦没有了联系汇率，就会马上令香港对外贸易的稳定性减低，更会令股市楼市再度急泻，利率飙升，经济环境会进一步恶化，长远来说，也未必是港人之福。"

曾荫权后来说，当决定政府入市干预的前一晚，他流下了眼泪。但正如他在信中所说："让政府参与市场是个两难的决定。我既做了这决定，便要

坚守原则，接受批评……我绝不会掉以轻心，我会加倍努力，好向香港人民交代……我们的日子是十分艰难的，但我不相信我们香港人民会输。”

君安证券：一个时代的传奇

1997 ~ 1998 年的国内证券市场，尚处于比较封闭的状态，因此没有过多地受到亚洲金融危机的影响。

经过 8 年的发展，中国证券市场已经初具规模。1997 年，沪深证券交易所全年交易金额突破 3 万亿元，总市值超过 1.7 万亿元。这与市场保持较快的扩容速度是分不开的。1997 年，新股上市数量达到 200 多家。此后的 10 年中，证券市场每年的新股上市数量都没有再超过 1997 年。

这样的扩容虽然压制了二级市场的表现，但却推动了国内券商的投行业务发展。上海券商以申银万国证券为代表，而深圳券商的领军者则是君安证券。

君安证券是在 1992 年年初的时候，由时任中国人民银行深圳分行证券管理处副处长的张国庆创办的。在此后的“君万风波”中，张国庆因与王石的对战而声名鹊起。

有数据称，1993 ~ 1998 年，君安证券共为 100 多家企业承担A股、B股上市及配股业务，筹资总额近 300 亿元人民币。

同时，君安证券在各地设立营业网点。至 1997 年，君安在国内下辖 60 多家证券营业部，其交易量一直在深交所居第一、二位，在上交所也在前六名之列。此外，其国债交易量也居全国前十名。

在股票交易自营业务方面，君安的表现也非常活跃，市场传闻多只股票的庄家均为君安，如 1995 年的苏常柴、川老窖，1996 年的深发展、长虹、粤电力和连大冷，1997 年的郑百文、神马、申华和大飞以及 1998 年的武凤凰、民族化工和海信电器等。

截至 1997 年年底，君安证券的总资产达 175 亿元，当年创造利润 7.1 亿元，名列全国第一。

在管金生、阚治东先后淡出中国证券市场后，张国庆毫无疑问地成为当时国内证券行业唯一的教父级人物。打造一个“君安王朝”是张国庆最大的梦想。

对此，有人认为，君安证券的辉煌时期，正是《中华人民共和国证券法》（简称《证券法》）出台的前夜，证券公司任意驰骋，甚至操纵股价，将游戏规则玩弄于股掌之间。在深圳股市中，张国庆牢牢掌控话语权，俨然是中国南方最强悍的资本大鳄。

这样的说法固然有一定道理，但对张国庆并不公平。事实上，当时的君安证券，无论是经营理念还是管理能力，都明显领先于国内同行。

在员工激励机制方面，君安虽然属于国有控股企业，但其分配体系和激励机制非常灵活，尤其是针对高级经理层以下的职员。当时，国有企业基本上还执行国家统一的工资分配制度，而君安的业绩奖励制度给职员带来的高收入在行业内是众所周知。例如，一个较大规模的营业部经理的年收入可达 80 万 ~ 100 万元，而某些从事自营二级市场股票交易的人员，在为公司实现高利润的同时，年收入最高可以达到 500 万元以上。这样的收入在当时的证券界已是天价。

耐人寻味的是，2009 年的国泰君安证券，也因为天价薪酬事件而广受媒体关注。央视、新华网等官方媒体甚至用“国不泰、君何安”这样彪悍的题目来质问。而此时国泰君安的“高薪”不过是平均薪酬在百万之间，刚刚达到十几年前的水平。

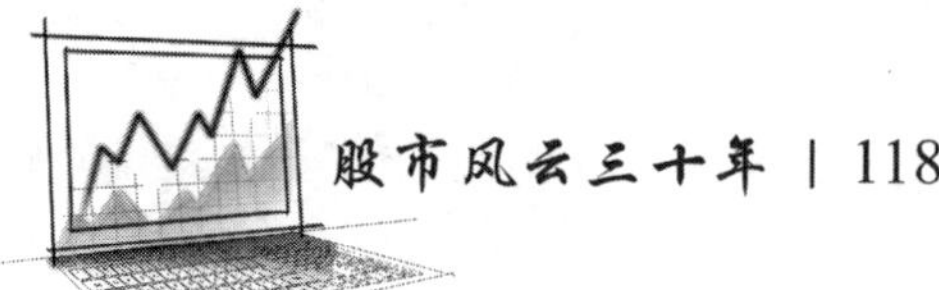

即使是曾给予君安证券沉重打击的《财经》杂志也这样描述张国庆领导的君安证券："在中国证券业的同行眼中，拥有 2 300 多名员工的君安，属于创新意识很强的证券公司。虽然也有不少议论认为君安操作有些'野'，但人们并不否认君安的人才队伍、创造精神与杰出业绩。"

作为张国庆的得力干将，杨骏在整个"君安王朝"的建立中起到重要的作用。

1989 年，杨骏从大连理工大学毕业后，在深圳招商局投资公司做投资和企业分析。一年后，杨骏转到深圳特区证券公司，最初任总经理廖熙文的秘书，不久转做发行承销业务，任投资银行部总经理。

君安证券成立初始，杨骏受张国庆之邀加盟君安证券，先后主管过发行、交易、投行、研究和并购，数年后出任君安证券总裁。当时的国内证券行业并不重视研究，认为研究的用处不大，但杨骏并不这样看。他认为，券商的核心竞争力就是研究，因此当时的君安证券斥巨资加强研究所的建设，在国内证券行业可谓独树一帜。

据说，当时杨骏的梦想是把君安证券打造成为一个国际级的投资银行。

机关算尽：张国庆梦断MBO

在事业到达巅峰之际，张国庆开始考虑君安的股权分配，计划如何私有化君安证券。他设想用国际通行的MBO（Management Buy-Outs）方式来完成君安股权的改造，也就是经营层以回购的方式获得公司股份，最终实现对企业的控制权。

经济学者给MBO的定义是：目标公司的管理者与经理层利用所融资本购买公司股份，改变公司所有权结构、控制权结构和资产结构，实现管理者以所有者和经营者合一的身份主导重组公司，进而获得产权预期收益的一种收购行为。由于管理层收购在激励内部人员积极性、降低代理成本、改善企业经营状况等方面起到积极的作用，因而它成为二十世纪七八十年代流行于欧美国家的一种企业收购方式。

张国庆此时任董事会的主席，杨骏任公司总裁，两个人均身兼经理人和资本代表的双重角色，自然有制定规则的便利。然而，此时的君安已经颇具规模，经营层想要顺利回购股权所需的资金并非一笔小数。根据《经济观察报》报道，张国庆、杨骏等君安高管展示了令人眼花缭乱的财技，到 1997 年，君安增资扩股达 7 亿元。经过巧妙安排，君安职工持股会变成君安证券的实际控股股东，持股比例达 77%，其余的国营股东中最大的一家股权也被降低到 7%左右，君安职工持股会的两大股东分别是“新长英”和“泰东”，均为张国庆团队所控制的两个投资公司。

于是，张国庆只用一年半的时间，就把中国最大的证券公司改造成一家由私人占主要控股地位的证券公司，尽管国有公司仍在君安证券拥有股份并获得分红回报，但其权益早已被大大稀释。

令张国庆始料不及的是，一封举报信将他悄悄进行的MBO改造捅破，由此引发了一场“君安之变”。

恰好君安证券财务部门发现有 10 亿元人民币公款不知去向，于是，此事件引起监管部门注意。《财经》杂志早前着手调查“君安事件”的报道称，审计署对君安的审计在1998年9月间结束，“君安事件”的谜底就此揭开。原来，当初张国庆就是通过调用一笔账外收入在外注册了自己控制的公司，辗转获得了君安证券的大部分股权。审计署查明张国庆等人“账外违法经营、隐瞒转移收入”的总额在 12.3 亿元左右，其中约 2.3 亿元已在查处前夕返还公司。张国庆先后动用5.2亿元，获得了君安约77%的权益。

此后，中纪委、公安部、高检院等部门联合介入，张国庆、杨骏等人被停职并接受调查；随后，君安证券与国泰证券的合并在监管部门的主持下完成。

1999 年 8 月 18 日，原国泰证券有限公司和原君安证券有限责任公司通过新设合并和增资扩股组建成为国泰君安证券股份有限公司（简称国泰君安）。

国泰与君安合并不像申银与万国的合并那样容易。在评估后，国泰和君安的资产分别为 17.116 9 亿元和 10.554 6 亿元，而两家公司的逾期债权分别是 16.17 亿元和 9.95 亿元，债权均占到资产的 90%以上。更要命的是，这些债权大都逾期，如国泰债权中，逾期 3 年的达到 8.78 亿元，而其余的也都有 2 年多。按国际惯例，逾期 3 年的债权，评估值为零。也就是说，这钱是要不回来了。国泰的股东很愤怒，一方面没想到年年分红的国泰证券公司的财务状况如此之差，另一方面对合并君安后稀释股权很是不满。不过，急于宣布合并是为了照顾到证券市场的稳定，实际上具体操作是一个复杂的过程。

1999 年 3 月 17 日，证监会主席周正庆专门参加了由国泰各董事单位负责人举行的情况通报会。有关方面的领导表示，考虑将合并后的国泰君安上市，并发行 20 亿元的金融债，总之，给予一定的政策扶持，以平息国泰股东的不满。至于君安的股东，比较能接受资产打折结局，一方面是君安历年分配不少，早已收回了投资成本；另一方面毕竟出事的是君安。

1998 年 6 月，中国人民银行又把倒闭的中创下属的证券交易营业部委托给国泰证券公司经营和管理，加上把原本就比国泰强大的君安合并过来，国泰一夜间雄居中国证券界龙头地位。1999 年 8 月 18 日，我国注册资本金最多的证券公司——国泰君安证券股份有限公司在上海隆重揭牌。新成立的国泰君安证券股份有限公司共有 136 家股东单位，注册资本金 37.27 亿元，总资产 300 多亿元，在全国拥有 118 家营业部和 5 200 多名员工，规模让其他证券公司望尘莫及。原国泰董事长兼总经理金建栋出任新公司的董事长，而君安张国庆的继任者姚刚出任总经理。

金建栋正是在 1990 年春天与深交所创始人禹国刚展开那场精彩对话的主角。当时金建栋任中国人民银行监管司司长，要求禹国刚将深交所的名称改为深圳证券市场。而禹国刚则回应“这边有个菜市场，那边有个肉市场，我这里叫深圳证券市场……”

谁也没想到，正是这样一位要把证券交易所改名证券市场的金司长，会在8年之后成为国内最大证券公司的董事长……

2000 年，“君安事件”调查完毕，张国庆因为“虚假注资”和“非法逃汇”等罪名入狱。

张国庆被捕后长达两年多的时间里，外界鲜有其消息。

有人曾经感慨，假如张国庆的MBO晚个两三年，他或许不会有如此下场，反而成为人们竞相歌颂的英雄。从 21 世纪初开始的MBO热潮，让不少国有企业的经营者一夜之间摇身一变，成为坐拥亿万资产的富豪，同时还享尽殊荣美誉。然则，历史终究容不得假设，张国庆恐怕也只有哀叹自己生不逢时了。

2002 年，张国庆出狱后重现江湖。据《证券日报》报道，2003 年 1 月 18 日，在上海兴国宾馆一场由新疆国投投资有限公司主办的研讨会上，原君安证券总裁张国庆在研讨会上低调出场，他的出现直接轰动了会场。同年，由君安旧部组成的华林证券挂牌经营，据说，华林证券的“人脑和电脑都来自君安”，因而被称为“小君安”，时任总裁的高洪星和两名副总杨扶平、张军都出自君安证券。张国庆则筹建深圳市九夷投资有限责任公司，以大股东的身份在幕后操作。九夷投资 2003 年年初在华立控股、南天信息等多家股票上有资本运作，不过并未引起大的震动。

相对于张国庆，杨骏则更为幸运，最终被免于追究刑事责任。不过，对于杨骏来说，少年得志的时期结束了。

“君安事件”平息后，直到2001年，杨骏重出江湖，成立晓扬投资管理公司，后成为国内知名的阳光私募基金。

2009年4月，晓扬投资向客户宣布全部易手旗下三只信托产品，杨骏再次淡出证券市场。当时杨骏对媒体的说法是：“国内的投资方式不适合我，我们更擅长投资港股。”并扔给股市一句“6 000点是这辈子再也见不到的点位”。很多人曾为这句话感到愤然。因为常识告诉人们，即使6 000点存在严重泡沫，但迟早也是会被攻破的。未曾想到，原来杨骏已知道自己不久于人世，于是才会做出如此悲情的告白。

2009年6月22日，杨骏因病去世，终年仅44岁。相信，他在天堂的股市中，可以见到6 000点。

证券法出台：证券市场启动法制历程

君安之变虽然是一个个案，但也反映出当时国内证券市场虽然经历了8年的发展，但在制度建设上还存在很多问题。其中，《证券法》的缺失是很重要的一个原因。事实上，早在1992年，全国人大就已经决定起草制定《证券法》了。

1992年，我国证券市场刚刚起步，在7月的人民代表大会会议上决定起草、制定《证券法》(最初称《证券交易法》)。会议提出，要参照国外立法的经验，根据中国证券市场发展的实际情况，制定较为完善的《证券法》，以规范证券市场的操作和发展。

时任七届人大常委会委员长的万里说，像这样的法律，应该走群众路线，应该更多地听听专家的意见。后来七届人大就委托作为专门委员会的财经委员会起草《证券法》。财经委员会于 1992 年 8 月成立了以厉以宁为组长的《证券法》起草小组。

《证券法》的起草和出台可以分为四个阶段。

第一个阶段叫“顺利进行”阶段。这个阶段从 1992 年的 8 月组织班子开始，一直到 1993 年 12 月。这一阶段主要进行调查研究，当时因为我国证券市场刚刚起步，经验欠缺，起草小组参阅了美国、英国、韩国、日本等国和我国香港、台湾地区的大量法律法规，还参考了当时我国已公布的一些法律和法规，很快就拿出了最初的《证券法》的提纲，提出了当时的框架。到 1992 年的 12 月已经完成了三稿，并召开了“中国证券市场发展研讨会”，1993 年 3 月起草小组的所有成员到香港去征求意见。1993 年 7 月人大财经委组织召开“证券法难点问题高级研讨会”，并于 1993 年 8 月提交八届人大三次会议审议。1993 年 12 月向全国人大五次会议提交了《关于证券法修改意见的汇报》。

第二阶段为“激烈争论”阶段。第二阶段的争论要比第一阶段更加白热化，这一阶段也是非常艰难的。第二阶段是从 1994 年的 1 月到同年 6 月。这一阶段，对《证券法》的一系列重大问题都展开了讨论。1994 年 6 月再次提交《证券法》草案到八届人大八次会议审议。

第三阶段是“调查研究”阶段。主要是从 1994 年 7 月到 1998 年 8 月，在这段相当长的时期里，起草小组主要是继续进行调查研究，召开各种研讨会讨论有关问题，并对草稿进行了不断的修改。起草小组的态度是“不急于出台”，宁可慢些，也要出台一部全面成熟的《证券法》。

第四阶段是“重新启动，争取早日出台”阶段。第四阶段是从 1998 年的 8 月开始，起草《证券法》是八届人大的任务，但八届人大没有完成。九届

人大继续把这个提到议事日程上来。中国证券市场正在走向成熟，在多数重大问题上的观点开始趋向一致，加之当时东南亚的金融危机问题愈演愈烈，如果中国证券市场再缺少法律的规范，那么金融风险、证券市场的风险肯定会越来越大。中国证券市场的问题相当多，光靠行政法规是不能够规范的，所以提出来要在1998年年底出台《证券法》。

1998年10月人大财经委在香山召开了“证券立法国际研讨会”，为《证券法》提交审议做准备。1998年10月，人大常委会再次审议《证券法》草案。同月举行了券商座谈会，围绕着立法原则、券商融资、保证金账户分立、券商分类、监管分层、保护所有者权益等方面提出了建设性意见。11月，时任全国人大常委会委员长的李鹏专程到深圳立法调研，考察了深交所和康佳集团并与有关专家学者和实务界人士进行了座谈。在最后一段时间里，就《证券法》里涉及的调整范围、股票发行上市核准、新股发行、禁止国有企业炒作上市股票、证交所的监管作用、证券公司的分业问题、规范交易行为等条款做了补充和修改。《证券法》终于在1998年12月29日颁布，并规定将于1999年7月1日起正式执行。

《证券法》的出台引起了国内外的普遍关注，这是中国社会主义市场经济发展中的一件大事，社会主义市场经济是一个完整的市场体系，证券市场是这个完整的市场体系的重要组成部分。制定《证券法》的目的是规范证券市场，规范证券发行和交易行为，保护投资者的合法权益，维护社会经济秩序和社会公共利益，从而促进社会主义市场经济的健康发展。

1999

第 10 章 | 网络狂潮

技术推演：鲁兆预见“5·19”逆转

尽管中国证券咨询行业元老王师勤在1992年便将价值投资理念引入中国内地，但客观地说，在中国股市的前10余个年头，一直是技术分析主导。国内的证券分析人士大都将精力放在研究西方经典的股市技术分析方法上，例如，道氏理论、波浪理论、江恩理论等。然而，技术分析方法得出的结论见仁见智，真正能够将各技术流派融会贯通的大师级人物却寥寥无几。在1999年之前，国内并没有出现真正的技术派领袖人物。正所谓时势造英雄，就在1999年5月，A股市场两年熊市的末端，一位技术派分析家由于精确预测了“5·19”行情而一举成为证券界公认的“中国股市预测第一人”，他就是鲁兆。

鲁兆在1999年5月15日出版的《股市动态分析》中写道：“……更为重要的市场转折点将发生在5月19日收市之前或翌日的早市收市之前……相信届时即使不是A浪底，也距离A浪底不远。”此文章有如神助，竟准确言中了一轮行情的拐点。

“5·19”行情当天上午，股市还相当平静，变化起自下午。大量涌入的场外资金不断推高指数，成交量大幅放出，以综艺股份、上海梅林为首的科技网络股领涨，市场骤然升温。此后连续3天，市场量能梯次推进，从75亿元到 102 亿元，再到 145 亿元。市场做多的信心迅速膨胀，场外资金蜂拥进场，直到放出沪市单日 445 亿元的成交天量，指数连续上攻。

> 《一个操盘手的自白》中曾这样描写："'5·19'行情来得很突然，在一个沉闷的初夏午后，阿里巴巴之门就这样悄然开启。两个星期前，一个叫鲁兆的老人，已经预见并向我们告知了这个日子，甚至精确到了分钟。这个市场让我们热爱的一个重要的原因，就是在不经意间，你就会和奇迹擦肩而过，并支撑你继续走下去。那种天外青天、云波诡谲的情景，让我们认识到自身的局限，并继续追求更高的境界。我还记得那天下午的大盘分时走势，股指就像一根刚钓到鱼的鱼线，骤然绷紧，像被一只无形的手瞬间拉起，交易的声音噼啪作响。这个市场曾带给人无尽痛苦，也让无数人对指咒骂，但当她重新化作一条嘶嘶作响的火龙，裹挟着欲望昂首向上的时候，她又变成了一个千娇百媚倾国倾城的绝色佳人，回眸一笑，令众生癫狂。人们再次忘记了她的凶险，只见到她如水的温柔。"

正因为鲁兆对这一轮始自 1999 年 5 月 19 日的中级行情精准的预测，证券市场将这轮行情命名为"5·19"行情，也称"鲁兆"行情。

事实上，"5·19"行情的启动有技术层面的因素，这体现出鲁兆高超的技术分析能力。但不可否认的是，政策才是"5·19"行情的制造者。"5·19"行情正是政策的强大动力和预测的神秘魅力完美结合的结果。

政策推动：周正庆制造“5·19”行情

从1995年出任国务院证券委主任开始，到2000年年初卸任证监会主席，周正庆五年监管任职，着实经历了几番风雨。当然，并不是每个奇迹背后都有一个轰轰烈烈的故事，也许当时的他也没有意识到，1999年年初自己的一份建议，竟与震动市场的“5·19”行情有着千丝万缕的联系。而“5·19”行情一举改变了当时已经调整了两年、令股民亏损累累的股市困境。

“5·19”行情的导火索是证监会向国务院提交的“改革股票发行体制，保险资金入市，逐步解决证券公司合法融资渠道，允许部分具备条件的证券公司发行融资债券，扩大证券投资基金试点规模，搞活B股市场，允许部分B股、H股公司进行回购股票的试点”等六项政策建议获得批准。

“这份政策建议在1999年年初酝酿，国务院领导经过研究，5月16日总理、副总理全部画了圈了，都看了这个文件了，等于是5月16日批准了，批准了以后这个东西还没等我们证监会发表，就传出去了。”多年以后，周正庆在一次采访当中如此回忆当时的情形。

这份政策建议包含的六条利好，清楚地表露了当时管理层对股市发展趋势的判断和态度。这一消息向外透露后，持续低迷的股市强劲反弹。但紧接着，这轮至今仍让股民难忘的红五月行情受到质疑。有所谓的经济学家出来说话，称中国股市要出问题了，出现了井喷行情，要出现过热，特别提出国务院批准证监会这个文件也是不妥的，证监会有干预股市之嫌。

周正庆对这样的批评感到十分恼火。在这位老人看来，政策支持和引导股市是十分必要的。在周道炯担任证监会主席期间，周正庆曾一同操刀《人民日报》社论。那是1996年12月16日发表的《正确认识当前股票市场》，文章针对1996年的大涨行情，认为当时存在严重的投机行为，提醒股民注意风险。周正庆时任国务院证券委主任，支持为当时的股市降温。这一次，周正庆再一次想到了《人民日报》。

于是，周正庆亲自撰写文章，反复推敲，才把这个解释性的文章写好了报到国务院领导，国务院领导一看写得挺好，有理有据，很能说明问题，就批准在《人民日报》发表，同样是以特约评论员的名义。当时，《人民日报》的主编是范敬宜。1996 年给股市降温的社论发表后，范敬宜遭到股民的严重攻击，甚至有人打电话骂他，因为那是一篇制止过热的文章。而一见这次是个利好消息，范敬宜一下子乐了，马上在头版头条予以发表。

1999 年 6 月 15 日，《人民日报》刊登了特约评论员文章——《坚定信心规范发展》，对当时由低迷转入上涨的行情给予肯定。

文章重点提出了三个观点：一是近期股市反映了宏观经济发展的实际状况和市场运行的内在要求，是正常的恢复性上升。二是证券市场具备了长期稳定发展的基础，对推动国有企业改革和现代化建设至关重要。三是证券市场的良好局面来之不易，各方面都要倍加珍惜。

周正庆认为，之所以将“5·19”行情定性为“恢复性上升”，是因为当时股票指数还没有超过历史最高点，实际才涨到 1 300 多点，所以这轮行情是恢复性行情，故而没有出现井喷。同时，周正庆分析，根据中国经济形势的发展，这轮恢复性行情是正确的、必要的。

周正庆认为，证监会出台六项利好的出发点是为了支持经济进一步发展，股票发行恢复了，同时也得关心群众。“这个文件出台以前，一年半的持续低迷。我们当时分析不正常，对经济发展不利。股民被套住，证监会作为领导者对这个问题要关心，这是群众利益问题啊。”周正庆在多年之后接受电视栏目《资本人物》的一次采访中，说出了很经典的一句话：“广大股民来投资，是支持你国家建设。谁投资你套谁，你这叫什么资本市场啊？”

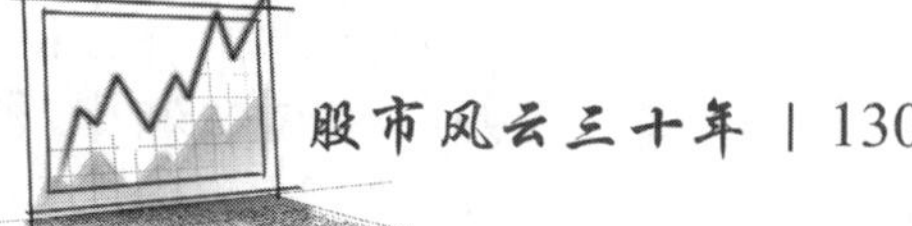

“谁投资你套谁，你这叫什么资本市场啊？”这句话，在此后的2005年年末A股市场最低迷的时候，再次被周正庆以及很多市场人士提起，成为政策干预股市的最大理由。

尽管在此之前的3周内，股市已经涨了30%。但1999年6月15日《人民日报》特约评论员文章所表达出的积极政策信号，依然让股民信心大增，5天后沪市突破6年来的最高点，收盘1 564点，6月30日最高上涨到1 756点。

周正庆认为，搞资本市场，不但要关心企业能通过资本市场筹集多少资金支持经济发展，同时也要关心投资者的合理回报。股市有涨有落，而且每个人投资金额、投机能力、操作水平有差距，因此有人赚钱、有人赔钱是正常的。但绝大多数的股民被套牢，这是不正常的，说明监管部门工作上有失误的地方。

监管部门究竟该不该管股价，这恐怕是首任证监会主席刘鸿儒和第三任证监会主席周正庆之间的最大分歧。刘鸿儒认为，证监会不该管股价，股价由市场决定，证监会需要创造一个公平、法治的环境。但周正庆认为，证监会应当管，不能置之不理，不能无能为力，不能无所作为。

1998年周正庆曾经到美国，与当时美联储主席格林斯潘对美国运用利率杠杆进行宏观调控展开了广泛而深入的探讨。周正庆认为，作为宏观管理部门要为证券市场发展创造良好的环境，要适时进行宏观调节。纵观世界，各国对证券市场在必要时没有不进行干预的，遇到重大问题，进行适当的干预是十分必要的。对这一点，格林斯潘也表示认同。

在周正庆看来，前后两篇《人民日报》特约评论员文章虽然立场不同，前者灭火，后者助燃，但都达到了自己所希望看到的效果。

“5·19”行情对投资者的影响是深远的，甚至此后的十多年，每到5月，媒体便会讨论当年是否还会重现“5·19”行情，甚至可以说，“5·19”行情已经成为中国证券市场历史文化的一个组成部分了……

“我到今天依旧认为，‘5·19’行情对中国资本市场利大于弊。任何事情不能说只有利没有弊，在这个行情上升过程中肯定会有一些投机性……”5 年之后的 2004 年，在科技网络股行情终结后的慢熊行情中，周正庆在一次采访中如此评价昔日“5·19”行情。

2000 年年初，周正庆卸任证监会主席。周小川接任，成为证监会第四任主席。

类似亿安科技这种在“5·19”行情被庄家操纵的股票，在 1999 年年初从 8 元多上涨，一年后最高涨到 126 元，股价升幅达 15 倍，成为自沪深股票实施拆细后首只市价超过百元的股票，引起了市场的极大震动。2001 年年初，亿安科技股票操纵案案发，而这已经是周正庆卸任一年之后的事情。

网络神话：虚幻美好梦境

在“5·19”行情中，科技网络股成为拉动指数上行的龙头板块。应当说，网络股的炒作有全球范围的大背景。也正是在这个时候，美国掀起了炒作网络股的浪潮，它像12级台风，越过太平洋，刮进了中国股市的大门。

受美国纳斯达克网络股不断缔造神话的刺激，中国也炒起了网络股。从 1999 年 5 月 19 日起的一轮行情中，网络股板块可谓一马当先，而一些与此相关的准网络概念股也大幅攀升，其中的龙头亿安科技、海虹控股、综艺股份、上海梅林、四川湖山、东方明珠、中信国安、厦门信达等都是当时的超级大牛股。

一时间，人们对网络股趋之若鹜，市场唯网络股是瞻，一些上市公司纷

纷开始有计划、有步骤地向网络产业和网络经济领域推进，以期培育新的利润增长点。

同样是泡沫，中国网络股的炒作还是和美国有着本质的区别。当时中国的互联网经济发展水平与美国不可同日而语。那时，中国网络经济的基础设施相当简陋。最直观的例证就是1999年的中国网民只能通过电话线上网，互联网用户不过210万，更不用说网络产业的商业化。以今天网络公司经营业务构成来看，当时中国就没有一家真正意义的互联网上市公司，绝大多数网络股确切地说只是“触网概念股”。至于中华网、新浪、网易和搜狐这四家真正意义上的网络公司，也因为不符合国内A股市场的上市标准而选择在纳斯达克上市，上市后，都曾受到美国投资者的青睐。

纵然如此，网络股行情至少吸引了整个社会对网络产业的关注，引导资本向网络产业集聚，也可以说，为当时受累于亚洲金融危机的中国经济“保八”做出了贡献。

尽管当时网民数量很少，但增速很快。人们不禁发出这样的疑问：如果互联网用户以半年一倍的速度增长，会出现怎样的前景呢？当时的投资者们认为，不管是乐观还是保守，这种增速都意味着，只要再熬上两三年，一个具有真正商业价值的互联网市场将在中国形成，领先公司将率先看到光明彼岸。

当时，对网络公司进行价值评估十分困难。第一，由于吸引客户的营销成本过高，几年内这些公司都亏损或盈利较少；第二，增长率过高，成功者在早期阶段就可以成百倍地增加销售额；第三，这些公司的前途非常不确定。同时，在整个市场高估的水平下，为了给高高在上的股价找到合理的解释，券商开始改变传统的估值方法。

例如，对东方明珠的估值，如果单看公司业绩，股价已经远远偏高。但机构开始采用“用户价值”的方法对其进行估值，即计算影响用户价值因素的以分析评估出每个用户的网络价值，然后计算公司用户和潜在用户，从而对股价做出评估。这样激进的估值方法充分说明当时市场情绪的浮躁。

有人说，网络是泥沙俱下的汪洋大海，最适合制造炫目的泡沫。

2000 年，美国网络泡沫开始破裂。2000 年 3 月，以技术股为主的纳斯达克综合指数攀升到 5 048 点，网络经济泡沫达到最高点。此后，泡沫开始破裂。

导致纳斯达克综合指数崩溃的可能原因之一，是大量对高科技股的领头羊如思科、微软、戴尔等数十亿美元的卖单碰巧同时在 3 月 13 日，即周末之后的第一个交易日（星期一）早晨出现。卖出的结果导致纳斯达克综合指数 3 月 13 日一开盘就从 5 038 跌到 4 879，整整跌了 4 个百分点。3 月 13 日星期一的大规模的初始批量卖单的处理引发了抛售的连锁反应——投资者、基金和机构纷纷开始清盘。仅仅 6 天时间，纳斯达克综合指数就损失了将近 9 个百分点，从 3 月 10 日的 5 050 掉到 3 月 15 日的 4 580。

泡沫破裂也有可能与 1999 年圣诞期间互联网零售商的不佳业绩有关。到 2001 年，泡沫全速消退。全球互联网产业进入“严冬”，“多米诺骨牌”效应带动IT产业整体下滑，市场一片低迷。自 2000 年互联网泡沫破灭以来，全球至少有 4 000 多家互联网公司被并购或者倒闭。大多数网络公司在把风险投资公司的资金烧光后停止了交易，许多甚至还没有盈利过。

对比之下，中国A股市场的牛市行情则延续了更长时间。直到 2001 年 6 月，上证指数达到 2 245 点的历史新高后，一轮长达两年的牛市行情才宣告终结。不过，仅仅靠概念包装的网络股同样大都在 2000 年便已经从高顶滑落。

以海虹企业控股股份有限公司（以下简称海虹控股）这家在 1999 年

和2000年的网络股行情中“一战成名”的公司为例，在公司1999年中期报告中，披露了管理的主要股权投资领域分布状况：化纤、商贸占总投资的46.02%；水泥占9.06%；物业占5.84%；网络信息投资和其他股权投资占39.08%。而在当期净利润构成中，其他股权投资收益2 334.83万元，占当年净利润总额的83.05%。

1999年11月19日，海虹控股发布公告以1 445万元的价格向北京标准咨询公司海南分公司转让其持有的浙江绍兴兴虹化纤工业有限公司49%的股权。12月29日，海虹控股启动。其后该股股价连续逼空，最大涨幅翻了几番，复权股价高达176元，曾创下连涨28天、连续23个涨停的辉煌纪录。

在股价创出如此恢宏的纪录之后，海虹控股1999年每股收益也创出0.41元的历史新高，一举跃入绩优股的行列。而海虹控股在1997年的每股收益还是-0.80元，到了1999年就变为0.41元，网络的力量让投资者咋舌不已。

从历史上看，海虹控股在网络股行情中最大的卖点就是其旗下的联众游戏，由于联众游戏开创了一条与电信分成的盈利模式，一度受到市场狂热追捧。2001年，就在网络股退潮之际，尝到甜头的海虹控股仍然不甘寂寞，与沃尔特迪士尼互联网集团合作进行的迪士尼（中国）网站开通；2002年，公司涉足健康网，包括与南京市卫生局合作建设健康网工程，投资建设浙江健康网系统平台等。

此后海虹控股的业绩呈螺旋式下滑，股价再也无法重回当年高位。

关于互联网泡沫的破灭，有人说都是资本惹的祸。一旦发现对网络股寄予的持续一倍甚至几倍高速增长的期望无法实现时，天生短视的资本将迅速撤离，而资本的联动效应势必将引发整个互联网行业的灾难。然而进一步反思发现：泡沫的真正“鼓吹”者还在于互联网企业自身。这场“疯狂”背后的基本脉络，其实就是风险资本催化下的一场全社会“烧钱”运动——编梦、融资、烧钱、上市、再烧钱。

当然，与此同时，我们也要承认，大浪淘沙始见金。虽然互联网泡沫破灭了，却有一批伟大的互联网企业成长起来，中国同样如此。新浪、搜狐、网易、腾讯、百度……遗憾的是，它们都不在A股市场。

琼民源借力：造假公司变身中关村

在 1999 年的网络狂潮中，还有一个十分经典的案例，那就是曾因造假被停牌达两年之久的上市公司琼民源，重组置换成中关村重新上市。

琼民源全称为海南现代农业发展股份有限公司，曾经是 1996 年中国股市最耀眼的“大黑马”之一，股价全年涨幅高达 10 倍以上。它身上的光环最多，诸如“扭亏概念股”“首都概念股”“农业概念股”“房地产概念股”“高科技概念股”“政策倾斜概念股”“高速成长概念股”，乃至令人费解的“关系概念股”等。可以说，任何一种概念都显示出琼民源所独具的优势和可能带来的高额回报。

琼民源上演一连串惊人之举后，又为市场添上了更为醒目的一笔业绩。1997 年 1 月 22 日，公司率先公布 1996 年年报。这份被冠以“闪亮登场”的年报中赫然列出：每股收益 0.867 元，净利润同比增长 1 290.68 倍；分配方案为每 10 股送转 9.8 股。年报一出，市场无不震撼，股价当即创出 26.18 元的新高。欢呼者有之，顿足者有之，恨自己无慧眼者更是将手心捏出了汗，也有一部分头脑清醒者表示不解：琼民源业绩如此骄人，利润从哪儿来?

终于，琼民源因被指控制造虚假财务会计报告而受到查处，公司股票也从 1997 年 3 月 1 日起停牌。在经过一年多漫长而痛苦的等待之后，1998 年 4 月 29 日，证监会公布了对琼民源的调查结果和处理意见。调查发现，琼民源1996年年报中所称5.71亿元利润中，有5.66亿元是虚构的，并已经虚增了6.57亿元资本公积金。鉴于琼民源董事长兼总经理马玉和等人制造虚假财务数据的行为涉嫌犯罪，证监会旋即将有关材料移交司法机关。

1998年6月10日，案件在北京市第一中级人民法院正式开庭。从1996年年初至1997年2月底，琼民源从股市“最大黑马”变为“最大骗局”。11月12日，北京市第一中级人民法院做出判决：琼民源董事长马玉和被判处有期徒刑3年。至此，中国股市有史以来最大的股市神话落下帷幕。

琼民源虽然地处海南，但股东层面却在北京，主管单位是北京市政府。时任证监会主席的周正庆在多年后的一次采访中介绍了琼民源重组的内幕：“在查处过程当中，证监会跟北京市方面的主管领导讨论。我说你们捅这么大的篓子，出了这么大的问题，对主要责任人绝不能手软，要抓起来判刑。当时北京好多人说情，认为董事长马玉和做了这么大贡献，是好干部，个人也没什么大问题。我说，他弄虚作假就是最大的问题。北京市要想办法把这个琼民源重组，拿钱把它收购重组。那会儿刘淇找我好几次。我说这个事情你们自己要负责啊，否则十万股民出了问题，你们受不了的。”

在周正庆的要求下，北京市有关方面开始着手琼民源的重组，将中关村的资产置换进公司，琼民源的股东也将所持股份换成中关村的股份。

重组主要分为四个阶段。

一是股权转让。1998年11月20日，北京市科委批准将民源海南公司持有的琼民源38.92%的国有发起股股权划拨给北京住宅开发建设集团总公司（以下简称北京住总）。

二是召开第一次临时股东大会。1999年1月5日，琼民源临时股东大会在深圳召开，选举产生新一届董事会、监事会，聘请北京京都会计师事务所和德威资产评估公司对琼民源资产财务状况进行核查及授权新一届董事会进行公司重组。

三是召开第二次临时股东大会，确立公司重组“发起设立，定向增发，等量换股，新增发行”的方案。

四是琼民源终止上市，北京住总与其他法人股东共同对琼民源进行“二次创业”。公司重组换股工作完成后，由琼民源董事会向证监会办理琼民源终止上市申请。琼民源终止上市后，在北京市政府和其他政府主管部门的支持下，进行“二次创业”。

1999 年 7 月 12 日，中关村上市，这一天的开盘价是 38 元，收盘价是 31.95 元，远远高于琼民源停牌前的收盘价。被套两年多的琼民源老股东终于获利退场。

“发起设立，定向增发，等量换股，新增发行”是中国证券市场的创新，展示了一种全新的重组模式。本次重组保留了被重组公司的法律主体延续性，即原公司的债权、债务关系存续，不发生变动，避免了资产置换方式中遇到的债务转移和再融资难题，为重组后拥有不良资产的企业继续发挥作用、切实改善经营提出了可行的发展思路和具体措施。换股方式方案兼顾了各方利益，解决了重组面临的难题。

中关村发展，既构建了中国资本市场的“中关村硅谷”高新技术龙头概念，又由七大知名企业共同发起设立公司，为高科技项目的引进埋下了伏笔。而“中关村硅谷”的概念，也让公司在网络狂潮中好好地表现了一把。如果不是搭乘网络狂潮的顺风车，恐怕琼民源的老股东未必能够如此顺利地解套。

2000 年 3 月 3 日，除权后的中关村最高涨至 44.41 元，成为网络股热潮中的后起之秀。

不过，琼民源的二次创业，基本成了一句空话。在 1999 年 6 月 8 日于深

圳召开的琼民源第二次临时股东大会上，北京住总承诺，重组完成后，将把琼民源二次创业放在重要的位置上。

在各方期待琼民源能在北京住总的带领下走向新生的时候，北京住总做出一个令人意外的举动，将北京市科委无偿划拨的琼民源38.92%的国有发起人股及置换来的33.49%的公众股股权一并归还。北京住总解释，任务繁重，没能力带领琼民源展开二次创业。

琼民源的“娘家”也不想要它。在北京住总将琼民源股权归还给北京市科委后，北京市科委则将这个烫手山芋丢给了其下属的一个事业单位——北京市科技开发交流中心。

2004年1月14日，北京市科技开发交流中心以“按审计结果，目前琼民源资产为负2 000万元”为由，将手上72.41%的股权无偿划拨给民营企业——长春野力集团有限公司，再加上长春市野力广告设计有限公司持有的4.71%股权，使得长春野力系的持股比例达到77.12%，成为琼民源的绝对控股股东。

此后，有媒体报道，海南民源现代农业发展股份有限公司（琼民源）至今仍存在，只是自2005年后，就再也不参加工商的年检。

第 11 章 | 基金内幕

2000

嘉实风波：洪磊“高空坠落”

在1999年开始的网络股行情中，基本上是“鸡犬升天”的格局。而这其中，机构投资者的推波助澜起到很大的作用。当时机构投资者的资金来源主要是证券公司的自营、资产管理以及基金公司的封闭式基金产品。基金作为资本市场中的新生事物，在这一时期保持了较快的发展速度。而中国的证券投资基金早在正式推出之前，就被决策层和广大投资者广泛地期待为可起到稳定市场作用的最重要的“健康力量”，自1998年正式杀入市场后，这些基金“承载着监管层的厚爱和舆论的褒扬，更被视为引入西方成熟市场经验、培育机构投资者的重要举措”。

2000年前后，A股市场依旧沿袭着过去10年来题材、故事主导下的市场。市场投资理念并没有发生根本的变化。尤其是在长虹神话逐步褪色之后，价值投资一度遭到市场抛弃。因此，当时主流基金奉行的投资理念依旧是寻找热点和概念，并辅之以技术分析。在1999～2000年的行情中，这样的操作手法往往赚得盆满钵满。相反，如果投资者坚持以价值投资理念选择那些价值型股票，便只能在一旁孤独地等待，终与这一轮牛市无缘。

基金行业同样有这样的另类，时任嘉实基金管理公司（简称嘉实基金）总经理的洪磊正是其中代表。

事实上，嘉实基金内部的矛盾也正因投资理念而起，最终因洪磊的“逼宫”而激烈爆发。

嘉实基金管理公司成立于 1999 年 3 月，当时注册资本 6 000 万元人民币，发起人为广发证券、北京证券、吉林信托和中煤信托四家公司，持股比例为各占 25%。董事长马庆泉来自广发证券，洪磊作为北京证券方面的代表出任总经理。1999 年 4 月 20 日，嘉实基金管理的封闭式基金产品——基金泰和在上交所挂牌，公司投资总监波涛亲自担任基金泰和的基金经理。

洪磊，1963 年生人，1986 年 8 月至 1995 年在北京市委办公厅任职，历任科员、副主任科员、主任科员、副处长。1995 年 5 月至 1997 年 8 月任北京市证券监督管理委员会证券市场处处长。1997 年 8 月后任北京证券有限责任公司党委委员、副总经理。

马庆泉，高中毕业后进工厂当工人，1973 年读大学，毕业后留校任教，继续攻读硕士、博士学位。1993 年以后，他先后出任广发证券副总裁、总裁。1997 年 6 月，马庆泉和阚治东、李惠珍一起被免职。嘉实基金成立后，马庆泉担任公司董事长。同年，马庆泉又获任中国证券业协会秘书长，一直到后来担任该协会常务副会长。

作为第一批 10 家证券投资基金公司之一的嘉实基金管理有限公司在初期的设立和建制上颇为顺利，但开始用真金白银在证券市场上操作的时候，决策层马上就分裂为两派，冲突和矛盾不断显现，并随着两方投资理念和利益格局分化的加深而愈演愈烈。

当时的媒体对于嘉实基金的内部分歧是这样报道的。

根据《21 世纪经济报道》的报道，“在‘5·19’行情前夕，嘉实基金管理公司进入全面应战的战备状态。1999 年 5 月 7 日，投资方案完成，准备先期投入 3 亿元，拟定 70 只股票，另有 13 亿元资金备战，择机入市。就在此投

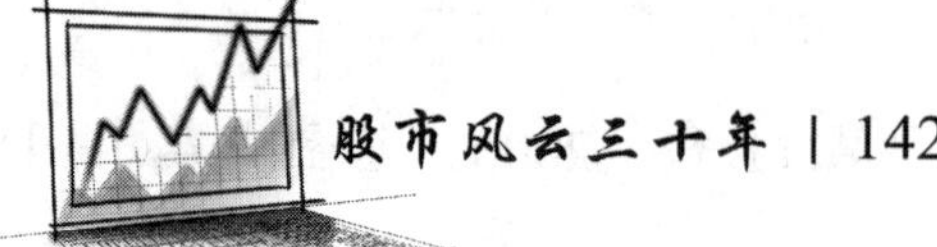

资方案出台之际，以董事长马庆泉为主提倡的集中、重仓持有的投资理念和以投资总监兼泰和基金经理波涛主导的科学化、分散化的投资理念开始了交锋，公司从此进入多事之秋。5月8日，距泰和基金上市仅两周，当时的投资副总监因与投资总监波涛在投资决策上出现较大分歧，辞职而去。5月12日，公司再次召开投资策略审定会议，结果却是不欢而散。随后，投资总监波涛递上辞职报告，书面原因是与董事长“在投资理念与策略等问题上存在严重分歧”，但辞职未获批准。按公司规定，投资决策由决策委员小组做出，小组成员有洪磊、波涛、余利平三人。当时具体讨论了两个问题：一是资金何时进场；二是进场资金的规模有多大。因董事长要求加入，5月12日的会议变成四人小组会议，两种截然不同的投资理念首次正面冲撞，公司的经营秩序很快陷入内部倾轧的混乱之中。

1999年5月20日，当所有人为二级市场的涨势目瞪口呆之时，此刻进场仍为时不晚，但公司管理层仍然在为投资策略的最终确定而对峙着，直到25日才正式入场，公司已错过了最佳时机，只有选择原拟定的70只股票中涨幅不大的建仓。但在是否买入中色建设、东方航空两只股票的问题上，双方又起争端。当时的市场状况是：其他大部分基金都持有虹桥机场，泰和基金却想与东方航空单打独斗，似乎有悖潮流，遭到董事长激烈反对。在这个问题上的争执，加之不久评论员文章的推出，公司投资的步伐又放慢了，时机一延再延，致使最终建仓完毕已是6月30日，成本点位为上证指数的1 580点。就在公司经营班子忙于投资之时，董事长于6月26日在《中国证券报》上发表长篇文章，披露公司内部矛盾，将矛头引向总经理洪磊。

内部斗争的直接后果是泰和基金业绩不佳。截至1999年12月31日，泰和基金单位净值为1.09元，而在扣除配售新股对基金当年净值增长的贡献因素后，基金净值增长率是-4.78%，在第一批10家证券投资基金中位居下游。

根据《21 世纪经济报道》的报道，总经理洪磊是认同并支持投资总监波涛的投资战略的。洪磊指出嘉实基金管理公司董事、中煤信托副总经理王少华先后两次建议他利用泰和基金出资为亿安科技的庄家接盘，但在公司一直秉承的价值投资理念下，王少华的建议被他拒绝。

2000 年 6 月 12 日，根据总经理洪磊的提议，嘉实基金管理公司以公司的名义，提请证监会审查公司董事王少华的任职资格。在还未得到审查结果的第二天，洪磊把录音带交给了《中国证券报》一位记者，至此嘉实基金管理公司内部斗争全面公开化。又过了两天，嘉实基金管理公司召开董事会，王少华获得董事长马庆泉授权主持会议，通过了罢免总经理洪磊的决议。

与此同时，市场开始出现越来越多认为基金运作“有欠规范”的批评，其中最受关注的莫过于学者型官员成思危。

6 月 22 日，在全国人大关于《中华人民共和国证券投资基金法》起草的工作会议上，时任全国人大常委会副委员长的成思危言辞激烈地抨击了证券投资基金操作中的违法违规行为，指出“目前我国证券投资基金有一种不好的倾向，就是几家基金联合操纵几只股票，最后把老百姓给套牢”。上述措辞严厉的指责在 6 月 23 日的《中国证券报》头版头条刊出，在证券市场中掀起轩然大波。

由于在此次“内斗”前后与新闻界接触颇多并披露出部分基金的运作内情，洪磊受到证券业内人士的诸多抨击，被认为是他坏了“行规”。

2000 年 10 月，洪磊离职。此时，《财经》杂志的报道再度将国内的基金行业推上风口浪尖。

《财经》发难："基金黑幕"震惊市场

2000年10月，《财经》杂志发表了题为《基金黑幕——关于基金行为的研究报告解析》的封面文章。文章在前言中称："在一个不很小的圈子里，人们不约而同地传述着同一个话题：上海证券交易所监察部的一位监管人员有一份对证券投资基金操作进行跟踪研究的报告。这份报告最近经某种渠道摘要报送到国务院高层，引起极大重视，证监会已开始密切关注证券投资基金的运作……还有消息说，此份报告的执笔人甚至因为报告被新闻单位知晓而受到处分。如此传言，事关重大。《财经》对有关材料与背景进行研究之后，很难无动于衷。9月间，《财经》记者专赴上海证券交易所，并了解到，正是该所监察部人员赵瑜纲当年6月27日受到严重警告处分，理由是'未经批准，擅自将工作中知悉的内部信息外泄他人'，违反了《上海证券交易所保密工作条例》。"

《财经》杂志称，尽管赵瑜纲并不愿意接受《财经》杂志的采访，但《财经》杂志还是拿到了这份报告。该报告由两份文件组成，主要内容是通过对国内10家基金管理公司旗下的22家证券投资基金在上海证券市场上大宗股票交易的汇总记录的跟踪，分析了证券投资基金在市场上的操作行为。第一份题为《基金行为分析》，完成于1999年12月；第二份题为《基金风格及其评价》，完成于2000年5月。报告翔实地记载并分析了1999年8月9日至2000年4月28日期间证券投资基金的操作行为，大量违法违规操作的事实昭然其中。

《财经》杂志邀请媒体人张志雄和记者李箐对报告进行解读，而张志雄当时用的笔名是"平湖"。

文章对中国的投资基金进行了六个方面的猛烈批评，涉及当时人们对证券投资基金运作中的各种质疑。包括：指出人们所期望的“基金稳定市场”的作用未被证明；市场上存在严重的通过基金“对倒”制造虚假成交量的违法行为；大基金利用“倒仓”（即甲、乙双方通过事先约定的价格、数量和时间）进行交易并操纵市场；通过“倒仓”提高虚假净值；对基金的“独立性”的质疑；“投资组合公告”的信息误导投资者等。

尽管从今天的视角来看，这篇文章存在诸多漏洞，但客观地说，作为《财经》一篇很有力度的报道，其社会影响力已在此过程中充分地表现出来。

《基金黑幕》一文推出之前，尚未有人对于投资基金运作中的问题进行公开全面的责难，主管机构更是未曾表态。加之时值开放式基金推出前夕，在这种情况下，作为一家从《证券市场周刊》衍生出的新媒体，《财经》杂志尽管拥有“联办”的背景，但发表《基金黑幕》无疑仍冒着相当大的风险。

《财经》杂志主编胡舒立也因此文而成名，在美国《商业周刊》评选的50位“亚洲之星”里，她与证监会主席周小川、中国民生银行董事长经叔平等五位财经界巨子比肩而立，并被《商业周刊》冠以证券界“中国最危险的女人”。

《基金黑幕》的发表犹如一颗定时炸弹的爆炸，对基金市场造成了前所未有的冲击……

风云再起：十大基金公司联手反击

对于《财经》杂志的批判，当时的十大基金管理公司并没有“坐以待毙”，而是联手反击。

2000 年 10 月 16 日，十大基金管理公司在《中国证券报》、《证券时报》

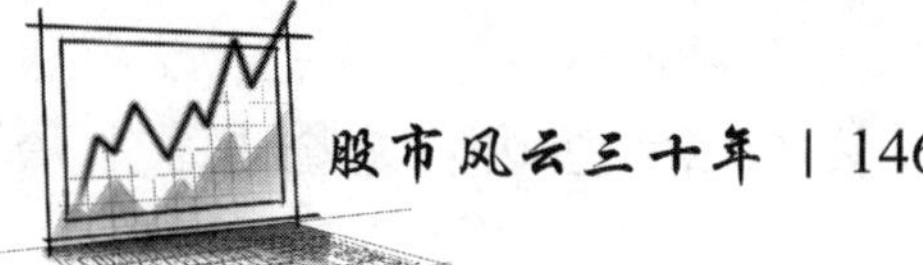

和《上海证券报》这国内三大证券报上发表“严正声明”（简称“声明”），指出《财经》杂志2000年10月号以耸人听闻的形式刊登了《基金黑幕——关于基金行为的研究报告解析》，对中国基金业两年来的试点成果给予全盘否定，其中颇多不实之词和偏颇之论，严重误导了投资者。

“声明”从多个方面反驳了《财经》杂志的批评。

第一，“声明”认为证券投资基金业在中国的发展虽然只有两年多的时间，但由于起点较高，中国的基金管理公司已经是国内监管最严格、制度最完善和透明度最高的投资机构之一。

第二，“声明”认为《基金黑幕》没有说明该文所依据的资料的正当来源，我们也无从了解这些资料的真实面目。但就《基金黑幕》引述该资料的分析数据、研究方法和研究结论来判断，数据采样不准确、研究方法不科学，对基金的交易行为的判断与事实严重不符。

第三，“声明”认为《基金黑幕》的解析性立论在许多方面都违反了证券市场的基本常识。例如基金信息的公告具有时滞性，因此判定为“信息误导”，是无视中国乃至全球负有向公众披露信息责任的惯例。

第四，“声明”认为，《基金黑幕》作者作为新闻工作者，仅仅依据一份非正常渠道流传的所谓“研究报告”，未向基金业和证券交易所进行调查核实，就写出一篇多次运用“据传”“据说”等字眼传播谣言的文章并以耸人听闻的标题发表，严重违背了新闻工作者和新闻出版物最起码应遵循的客观、公正和实事求是的职业操守。文中散播基金经理收受利益、高位接盘的市场谣言，并使用“黑幕”“欺骗”“迷惑”“误导”等恶意诽谤字眼，应予以严厉的谴责。

第五，“声明”对于《基金黑幕》一文作者及《财经》杂志社的行为给中国基金业及十家基金管理公司的声誉和经济上造成的损失，保留对其追究相应法律责任的权利。

这种基金行业机构联手反击的行为，在此后的基金市场中再无出现。

对于十大基金公司的反击，《财经》杂志也进行了回应。2000 年 10 月 19 日，《财经》杂志在三大证券报上也发表了“严正声明”，称自己的报道“有正当来源和可靠依据”。

一时间，“基金黑幕”成为全国媒体最热门的话题。10 月 23 日，《证券时报》发表署名文章《有则改之无则加勉——评〈基金黑幕〉与〈严正声明〉》，呼吁业界“有则改之，无则加勉，一切向前看”。

10 月 29 日，经济学家吴敬琏接受中央电视台采访，就围绕《基金黑幕》发生的争执发表了自己的看法。也正是在这次采访中，吴敬琏抛出了著名的“股市赌场论”，从而引发了一场关于中国股市的旷日持久的大辩论，也将“基金黑幕”事件推向高潮。

与此同时，一些官方人士开始就“基金黑幕”发表意见。

根据人民网的记录，11 月 2 日，证监会副主席高西庆首次公开表态，不点名地评论了“基金黑幕”问题。承认“目前中国证券市场与大多数成熟市场存在相当的差距，因此当前最重要的就是加强监管”，但这只是“发展中的问题”，“要在发展中规范”。

12 月初，接替周正庆担任证监会主席的周小川在一次会议上首次公开表示：“监管部门对于调查属实、确有证据的违规行为一定会依法处理。”

洪磊复出：从基金业“叛徒”到基金监管者

根据《21 世纪经济报道》的报道，2001 年伊始，就在市场认为“基金黑幕”会不了了之的时候，一个传闻开始在业界广泛传播，那就是被称作基金

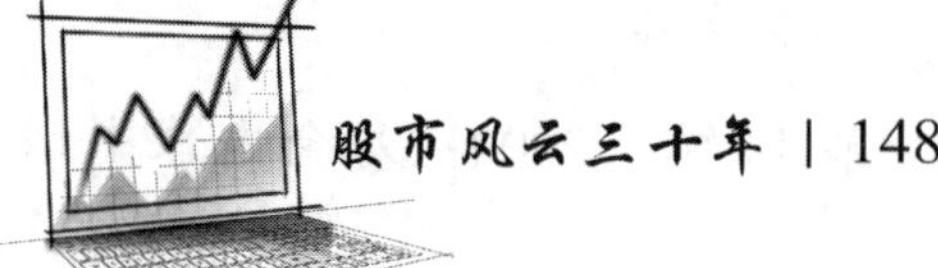

业“叛徒”的洪磊将重新出山，新的角色是证监会基金监管部副主任。在很多人看来，这意味着似乎被十大基金管理公司掌控的局面可能发生根本性的逆转，洪磊的任命标志着管理层认可其在基金业的所作所为。

2001 年 6 月 29 日，朱镕基提名洪磊为证监会基金监管部副主任。7 月 9 日，洪磊正式履新。

洪磊上任当晚，中央电视台播出了一个资料片段，那是 2000 年 8 月他被全票免职后接受的中央电视台采访，讲的是他的基金理念。一年后，他站在监管者的角度，将更有力地实践自己的基金理想。

洪磊的上任也标志着因“基金黑幕”而停滞了近一年的基金业重新步入发展期。就在洪磊接到任命通知的前后，科汇、科讯、科翔三只基金开始上市交易并进行扩募，从此拉开了基金扩容的序幕。

多年之后，洪磊回顾起当初“基金黑幕”风波的情形，他认为自己是幸运的，没有遭到真正的打击报复：“过程中也有过恐惧，但我有心理准备。命运降临到你身上，你能怎么办？只能做你该做的。”

有一点是可以明确的，随着洪磊的上任，监管层对基金的监管规则制定的进程不断加速。2000 年后，证监会先后颁布了五部专门针对基金监管的规章，其中针对市场准入监管的两部，分别是《关于申请设立基金管理公司的若干问题的通知》和《基金从业人员资格管理办法》，前者确立了“好人举手”的原则，后者则规定对违规操作的基金内部直接责任人实行市场禁入；针对基金规范运作的要求，有两部法规，分别是《关于制定证券投资基金规范运作指导意见的通知》和《关于做好基金管理公司监管工作有关事项的通知》，对日常监管提出了一些原则性的要求；最后是一部普适性的法规，即《证券投资基金管理暂行办法》，按照这个法规的规定，一只基金持有单只证券不能超过其净值的10%，应该说这是一项更有实质性意义的规定。

基金真正确立价值投资理念是在2003年开始的。

与洪磊的风光复出不同，“基金黑幕”另一当事人赵瑜纲被上交所以不按程序披露信息为由严重警告，2001年6月，他离开了上交所。

至于张志雄，则自己创办了一本《VALUE》杂志，在财经媒体市场中占据着一席之地。

2003年10月，广发证券将所持嘉实基金股权转让给中煤信托，从此退出嘉实基金。而马庆泉则在2005年应邀出任广发基金董事长，依旧是基金行业中的重量级人物。

在洪磊上任之前，证监会已经对“基金黑幕”定案。

2001年3月，证监会发布了对国内十大基金管理公司的检查报告。报告中指出：

> 一段时间以来，证监会统一组织了有关证券投资基金规范化运作的检查，对各基金管理公司运用基金资产进行的股票买卖，集中抽取异常交易记录，进行统一的技术定量分析；通过统计分析，对同一时间段内各基金管理公司异常交易记录的总量，进行分类、汇总、排序，掌握了基金运作中异常交易行为的基本情况。
>
> 按照证券交易所的监察标准，在列入检查的10家基金管理公司中，未发现相关异常交易行为的有2家；发生相关异常交易行为，但情况属于偶然现象或者较为轻微的有5家；大成、长盛两家基金管理公司的相关异常行为交易记录数量接近或者超过了平均水平；博时基金管理公司的相关异常交易行为记录数量明显突出。上述异常交易行为的共同特点是：在一定的时间段内，通过行为人自己控制的同一个股票账户，在同一交易日内对同一只股票，频繁做出既

买又卖的报单。

根据证券交易所市场监控体系设定的跟踪异常交易活动的技术参数标准，在进行定量分析的时间段内，发现博时基金管理公司的异常交易有上万笔，其中在一分钟之内，以相同数量和相同价格进行的买入和卖出的相反方向操作的交易占相当大的比例。对有上述异常交易行为的相关股票交易记录的分析结果表明，在一段时间内，博时基金管理公司对某些股票买卖的报价，与相关股票在同一时间段内的市场成交价，呈明显差异。经向博时基金管理公司多次调查询问原因，该公司未能就这种异常交易行为和现象做出合理的解释。

《证券法》第七十一条规定："禁止任何人以下列手段获取不正当利益或者转嫁风险：（一）通过单独或者合谋，集中资金优势、持股优势或者利用信息优势联合或者连续买卖，操纵证券交易价格；（二）与他人串通，以事先约定的时间、价格和方式相互进行证券交易或者相互买卖并不持有的证券，影响证券交易价格或者证券交易量；（三）以自己为交易对象，进行不转移所有权的自买自卖，影响证券交易价格或者证券交易量；（四）以其他方法操纵证券交易价格。"《禁止欺诈行为暂行办法》第七条规定："禁止任何单位或者个人以获取利益或者减少损失为目的，利用其资金、信息等优势或者滥用职权操纵市场，影响证券市场价格，制造证券市场假象，诱导或者致使投资者在不了解事实真相的情况下做出证券投资决定，扰乱证券市场秩序。"

证监会认为，博时基金管理公司在股票买卖中采用的异常操作手法，与法律、法规所禁止的交易手段极为相似。使用如此不正当

> 的交易手段进行股票买卖，随时可能导致有关股票成交量的持续虚假放大，扭曲有关股票买卖的供求关系和价格走势，破坏其他投资者做出投资判断的真实客观基础，造成证券市场交易假象，诱导或者致使投资者在不了解事实真相的情况下做出证券投资决定。从对博时基金管理公司使用上述不正当的交易手段对相关股票的买卖，与市场绝大多数投资者对相关股票的买卖对比分析来看，博时基金管理公司的上述异常交易行为有悖市场经济常理，因此无法排除该公司试图通过影响股票交易价格和交易量来获取利益或者减少损失的可能性。

为了给“基金黑幕”一个交代，证监会决定“棒打博时”，对公司予以通报批评，并责令整改。对于在博时基金管理公司的异常交易活动中负有直接责任的基金从业人员和负有相关领导责任的基金从业人员，证监会根据《基金从业人员资格管理办法》分别做出暂停基金从业人员资格和暂停基金高级管理人员从业资格的决定。

具体来说，时任博时基金公司（简称博时）总经理的肖风，作为公司运行负责人，对有关当事人的不当行为负有领导责任，为此，暂停其基金高级管理人员资格一年。

肖风1989年进入深圳康佳电子集团股份有限公司，曾任该公司董事会秘书和股证委员会主任，具体负责康佳公司股份制改造和A、B股发行上市筹备；1992年在中国人民银行深圳经济特区分行证券处，具体负责深圳市A、B股发行和上市的审查工作；1993年进入深圳市证券监管办公室，历任副处长、处长、证管办副主任等；1998年4月起，负责筹建博时基金管理公司。

肖风是博时的元老，毫无疑问也是博时的灵魂人物。行业中人评价说，

作为一名基金公司管理者，肖风眼光长远，思路开阔，他对于博时非常重要。但随着行业的成熟，个人决定一个基金公司命运的时代已经过去了。

同时，博时基金管理公司主管投资的副总经理蔡明同样受到证监会处分，蔡明离开博时基金，远赴美国。

1990年，从四川大学毕业不久的蔡明从银行跳槽到发迹地——海南港澳信托公司。之后，他担任过该公司电脑部经理、证券部经理和公司总经理助理。1995～1997年他因成功炒作琼金盘和深科技而名声大噪。

蔡明在海南港澳证券的成名战役是运作琼金盘。传说该股为公司净赚了1.7亿元，蔡明“受奖一辆宝马汽车”而一战成名。凭着出众业绩，他很快就担任海南港澳信托公司证券总部总经理。此后，蔡明又运作了深科技。坊间还有一个传闻，说的是1996年蔡明在炒作深科技过程中，当股价涨到20元钱时，深圳一知名股评人士公开说该股股价已经涨到头，为此，蔡明竟打电话质问该股评人士说：“股价到底是我说了算，还是你说了算。”最终，深科技的股价涨至1997年的70元钱。

1998年港澳信托经营始显颓势，蔡明选择了离开。

蔡明离开港澳信托后前往博时基金，担任基金经理。“5·19”行情后，蔡明一跃成为明星基金经理，升任博时基金副总经理，主管投资。

离开博时基金后的蔡明不甘寂寞。2003年，蔡明重返资本市场并出任“涌金系”旗下的云南国投总裁。2003年，云南国投低价重仓持有长安汽车等一批当年的大牛股，业内再次对蔡明刮目相看。令人无限遐想的是，2003年，博时基金也是汽车股的坚定持有者。

蔡明离开云南国投后沉寂了一段时间。2007年3月，他重返深圳创办民森投资，转型成为一名阳光私募基金经理人。

2001

第 12 章 | 减持漩涡

吴老谏言："赌场论"引发辩论

2001 年年初，股市继续在高位徘徊，上证指数在 2 000 点一带震荡。当时"基金黑幕"风波还没有散去，而且"基金黑幕"引发了各方对于中国股市当时的状况以及前景的热烈讨论。

2001 年 1 月，著名经济学家、国务院发展研究中心研究员吴敬琏在接受中央电视台《经济半小时》采访时抛出了著名的"股市赌场论"。吴敬琏的主要观点有三个方面：一是"中国的股市很像赌场，而且很不规范。即使是赌场里面也有规矩，比如你不能看别人的牌。而我们的股市里，有些人可以看别人的牌，可以作弊，可以搞诈骗。坐庄、炒作、操纵股价可说是登峰造极"。二是"全民炒股"。三是"中国股市目前的平均市盈率已高达 60 ~ 80 倍，没有哪个国家的经济能长期支持这么高的市盈率"。一时间，"股市赌场论"成为证券界议论的焦点，吴敬琏被称为"敢讲话之第一人"。

在吴敬琏发表"股市赌场论"几天后，证监会宣布对中科创业和亿安科技进行调查，并推出"券商高级管理人员谈话提醒制度"，沪深股市随即大幅下挫。因此，有人猜测吴敬琏谈话有背景，但吴敬琏接受《财经时报》采访时说，他的谈话只代表个人观点，没有任何背景。

2001 年 1 月 20 日，"联办"旗下的《证券市场周刊》发表文章，针对吴敬琏的观点分别提出质疑，并提出 9 个尖锐问题，即被人们称为“九问吴敬琏”。

吴敬琏的“股市赌场论”在经济学界不但没有得到全部认同，反而引发了巨大的争议。

2 月 10 日，中金公司董事总经理、研究部主管许小年在接受采访时说，将中国的股市比作赌场还是很形象的。

2 月 11 日，在北京邦和财富研究室召开的“关于如何正确评价中国股市发展状况”的恳谈会上，董辅礽、厉以宁、萧灼基、韩志国、吴晓求五位重量级经济学家联手反驳吴敬琏的“股市赌场论”。

董辅礽，时任全国政协委员、政协经济委员会副主任、中国社会科学院经济研究所名誉院长，前任全国人大财经委员会副主任委员。厉以宁，时任全国人大常委会委员、全国人大财经委员会副主任委员、北京大学光华管理学院院长。萧灼基，时任全国政协委员、北京大学经济学院教授。韩志国，时任中国人民大学教授。吴晓求，时任中国人民大学金融与证券研究所所长。

这五位经济学家都是重量级的人物，他们其中任何一个人的言论都有可能影响到管理层的决策取向，更不用说五人联手了，这种组合基本构成中国经济学界或者说证券经济学界队伍中的“梦之队”。难怪这次会议主持人萧灼基教授也毫不忌讳地直言：“在我的记忆里，我们五个人同时出场，这可能是第一次。”

针对吴敬琏的“股市是赌场”的观点，五位学者认为，吴敬琏的看法仍停留在计划经济时代，停留在物质生产部门创造财富、非物质生产部门不创造财富的认识上。资本市场优化资源配置、提高效率进而提高财富创造能力的作用不能抹杀。他们认为股民积极参与恰恰是培养市场意识、投资意识。

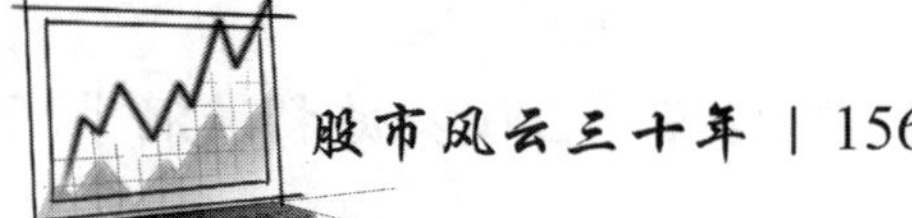

针对吴敬琏对中国股市炒风日盛的担忧，五位学者都认为，证券市场中投资、投机皆不可少，投机是资源优化配置的必要先导。

作为中国市场经济体制的号召者、被称作“吴市场”的吴敬琏，竟然被认为思想仍停留在计划经济时代，真可谓极具戏剧性。

2001年2月12日，《21世纪经济报道》发表对韩志国的专访，标题是《如果吴老赢得论战将是股市一场灾难》。

五位经济学家联手反击“股市赌场论”，使得当时围绕中国股市如何发展的争论成为社会关注的焦点。与此同时，经济学界也不乏支持吴敬琏的声音。

2月14日，《中国经济时报》刊登了经济学家张文魁的文章《黑庄横行损害投资者信心　谁还会在股市上投资》，指出当时我国股市投机成分很大。同一天，《国际金融报》发表了芮群伟的文章《股市大辩论的实质是什么？》，文章说：“以厉以宁为代表的发展派似乎更多的只是一种舆论工具。他们在这次恳谈会上提出的一些观点显得相当浅薄，比如说，他们提出对待股市要像对待婴儿那样，市场经济的鼓吹者现在竟然提出了充满父爱主义的口号，这难免不让人有博取一般投资者好感的嫌疑。表面上看他们似乎在为股市、为股民说话，但实际上并没有考虑到股民。按照厉以宁的说法，中国证券市场得以快速发展是三部分人不懈努力的结果，一是理论界人士，二是最早投身于股份制改革的企业界人士，三是为股市开绿灯、定政策的政府官员。在这里他忘了有数千万之众的股民投资者，这应该不是疏忽，或许凭此我们可以看出这场争论背后的某些端倪。”

2月24日下午，北京大学中国经济研究中心举行“中国证券市场的前景和隐忧”政策研讨会。经济学家林毅夫称中国股票市场上的多数行为是投机行为。

3 月 9 日，《中国经济时报》发表了吴敬琏新著《十年纷纭话股市》的前言、长达 2 万字的《我对证券市场的看法》一文，《中华工商时报》将此称为吴敬琏开始防守反击之举。

吴敬琏在《我对证券市场的看法》中说："改革不是一个经济自发演进一定能够导致的过程，而是一种制度的重新安排。这就意味着经济利益关系的巨大调整。这种调整必然会遇到那些不愿意放弃原有既得利益的人的阻碍和抵抗。只有政府通过运用行政、法律、教育、经济政策诱导等各种手段，才能消除这种阻碍和抵抗。政府除了要保证在转轨时期的产权再配置中初始分配不过分悬殊之外，还完全应当而且一定能够在人民生活水平普遍提高的基础上，充分运用各种政策工具，抑制少数人个人财富的过度积累，防止两极分化，逐步实现共同富裕……争取建立市场经济，并不只是为了我们自己，甚至不只是为了我们这一代人。当我们作为时代的幸运儿得以享受改革的第一批成果的时候，不应忘了还有许多平民群众，他们甚至没有得到应有的平等机会去谋求体面的生活。当看到一些生活无着落的下岗职工拿着自己的微薄积蓄无奈地投身于极不规范的股市而没有别的出路的时候，我们不觉得自己有责任为他们做些什么吗？"

对于吴敬琏的"股市赌场论"，著名的财经媒体人方泉就曾评价说："这样的批评对新兴加转轨的中国经济乃至社会的各个领域某种程度上总是正确的。而且十年前这样说十年后这样讲都一样正确。比如我们说中国的房地产业太黑，说中国的教育领域太黑，说中国的医疗领域太黑，说中国的足球业、中国的娱乐业都有一定的适用性。问题是这样简单的定性式、牢骚式的道德判断究竟是否有助于'黑'的减少或消除。"

当然，对于吴敬琏的"股市赌场论"究竟是出于公心还是另有原因，坊间还有另外一种说法——当时吴敬琏是中金公司的首席经济学家，摩根士丹

利是中金公司的第二大股东。《证券市场周刊》就提出，吴敬琏是中金公司的首席经济学家，摩根士丹利是中金公司的第二大股东，摩根士丹利在世界范围大肆唱空中国股市，吴先生也在唱空，这是否暗示着吴敬琏和摩根士丹利有利益关系？

而不管是中金还是摩根士丹利当时都没有投资A股的权限，无法在A股市场的上涨行情中获利。于是，摩根士丹利唱空，吴敬琏在唱空，许小年也在唱空，似乎暗示着吴敬琏和中金公司、摩根士丹利之间有着某种默契。

孰是孰非，也许需要更长的时间才能评价。

铁腕治市：史美伦受命高举监管大锤

也正在这一时间，时任国务院总理的朱镕基对金融市场发话，明确指出证券市场的头等大事是加强监管。

朱镕基在“两会”结束时回答记者的三句话似乎是对“股市赌场论”之争的一种概括和总结，他说中国发展了11年的股市“发展很快，成绩很大，问题很多”。紧接着，在全国人大会后，人大常委会也做出了要在全国进行证券法执法情况大检查的决定。

2001年3月，在香港市场素有“铁腕”之称的史美伦出任证监会副主席，多少令人感到几分意外。

此前，虽然证监会邀请原香港证监会主席梁定邦担任证监会首席顾问，并且给内地证券市场带来了许多先进的运作经验和监管理念，但毕竟首席顾问并没有行政职务级别，而史美伦的就职意味着她将成为我国历史上以港澳台地区专业人士身份出任证监会副主席、中央政府副部级官员的第一人。

史美伦，1949年生人，1982年获美国加州圣达嘉娜大学法学博士学位后在美国加州和美国联邦法院工作。1991 年，42 岁的史美伦出任香港证监会企业融资部助理总监，并在 1992～1993 年负责香港证监会有关H股公司在香港上市的事宜。1994 年，史美伦开始担任香港证监会执行董事，在此期间，她领导香港证监会同联交所共同推动打击黑庄行动，使当时的炒风陡然下降。

此次史美伦履新证监会副主席，显然高层是希望通过她利用在香港监管庄家操纵的经验来规范国内证券市场环境。

果然，史美伦上任后，马上就体现出了这位香港女性铁腕治市的一面。

2001 年 4 月，证监会对亿安科技公布了调查结果，认定亿安科技股价的飙升纯属庄家操纵行为。证监会做出决定，对联手违规操作亿安科技股票的广东欣盛投资顾问有限公司、广东中百投资顾问有限公司、广东百源投资顾问有限公司和广东金易投资顾问有限公司做出重罚，罚没款近 9 亿元。同时，证监会还详细披露了亿安科技股票操纵事件的前前后后。

就证监会披露的内幕来看，亿安科技股价的飙升纯属庄家操纵行为。广东的这 4 家公司自 1998 年 10 月 5 日起集中资金，利用 627 个个人股票账户及 3 个法人股票账户，大量买入该股票。4 家公司持仓量从 1998 年 10 月 5 日的 53 万股、占流通股的 1.52%，到 1999 年 1 月 12 日最高时的 3 001 万股、占流通股的 85%。同时，他们还通过其控制的不同股票账户，相互买卖亿安科技，进行不转移所有权的自买自卖。这些行为正好与亿安科技股票价格的飙升启动相吻合。这 4 家公司通过它们控制的股票账户进行几乎没有成本的对敲买卖，来影响证券交易价格和交易量，联手操纵亿安科技股价。截至 2000 年 2 月 5 日，上述 4 家公司通过控制股票账户共实现盈利 4.49 亿元。

对于史美伦来说，查处亿安科技只是开始。《证券时报》报道，2001 年 6 月 11 日，史美伦在接受中央电视台采访时表示，监管的目的是要保持市场的健康发展，因此任何对市场健康发展不利的事情，监管者都希望尽量纠正，不允许不规范、欺诈的行为存在于市场中。采访中，史美伦畅谈了自己对证券监管工作的体验和原则。她说："在市场上，上市公司会保护自己，机构投资者会保护自己，庄家有自己的利益，而中小股民却没有声音，作为监管者，要保护他们。"

8月，东方电子因受到证监会调查暴跌，其复权价曾到过330元，前后有60倍的涨幅，在深市仅次于深发展。

有统计显示，在史美伦上任后的9个月中，证监会出台了40多个法规条例和处罚决定。而亿安科技案、中科创业案、东方电子案、银广夏案及三九集团事件先后的调查和公布，也是她上任后发生的。史美伦借此树立了铁腕形象，也同时遭受了来自市场的责难。

史美伦希望保护中小投资者，但正是这些中小投资者，却对她怨声载道。因为史美伦的铁腕治市，带来的是A股市场阵痛般的下跌，中小股民因此损失惨重。在他们看来，你许给他一个美好遥远的"未来"，还不如给他一个温暖的"现在"。这一点，恐怕时至今日，史美伦仍然会感到不解。

充实社保：国有股减持拉开序幕

在股市赌场论的争议声中以及证监加强监管政策的作用下，2001年上半年的A股市场虽然仍在顽强地负重前行，但高位运行的指数已经显露出疲态。虽然指数努力创出新高，但技术指标已经开始出现明显的背离。在技术派眼中，指数走势和技术指标出现在高位或低位的背离往往预示着市场将要见顶或见底。

压弯市场的最后一根稻草，正是2001年6月12日国务院正式发布的《减持国有股筹集社会保障资金管理暂行办法》(以下简称《暂行办法》)，这标志着国有股减持工作正式启动。

《暂行办法》规定，国有股减持主要采取国有股存量发行的方式。凡国家拥有股份的股份有限公司向公共投资者首次发行和增发股票时，均应按融资额的 10%出售国有股。国有股存量出售收入全部上缴全国社会保障基金。《暂行办法》还规定，可以选择少量上市公司进行国有股配售、回购试点，并把涉及国有股减持的协议转让，作为国有股减持的一种特殊方式加以规范，明确国有股东授权代表单位在进行国有股协议转让时，凡发生国有股减持的均应按转让金额的一定比例上缴全国社会保障基金。

国有股减持政策的出台有着重要的背景。当时我国社保问题日趋突出，国有股减持虽然不能完全说是国家的套现过程，但客观上提供了套现的可能，利用国有股减持的套现机会，补充社会保障资金的巨大缺口，已成为现实的选择。

当时，市场对于国有股减持问题争论很大。早在 2000 年 10 月，国务院体改办有关人士就曾表示，根据市场经济条件下资本的一般规律，结合我国的国情，国家减持国有股主要有五种途径：国有股配售、股票回购、缩股流通、拍卖和股权转债权。

但很多市场人士认为，既然规定国有股不流通，现在却又要高价套现，这对市场资金压力非常大。

2001 年 4 月 26 日，财政部部长项怀诚在北京表示，适当减持国有资产的方案不久即可公布。项怀诚一直反复强调，“国有股减持绝不可能牺牲现有资本市场的繁荣”，这是国有股减持的前提。

6 月 12 日的《暂行办法》发布后，市场次日上涨 0.88%，第三天早盘上证指数冲高到 2 245 点之后，最终收出一根长阴线。

就在很多人认为这仅仅是牛市中的又一次调整的时候，始自 1999 年 5 月

19日的历时2年多的牛市行情，就此结束了。

2001年6月26日，沧州化工、江苏索普、韶钢松山率先在增发新股方案中提出国有股减持。

7月“证券公司代办股份转让系统”正式运行，简称为“三板市场”。其中股票包括STAQ和NET的停牌股票，以及从沪深股市撤牌的ST和PT股。

7月24日，江淮汽车、烽火通信、华纺股份、北生药业等4家公司在招股说明书中表示，将有10%的国有股存量发行，其定价即为新股发行价。从4只股票的国有股存量发行数量看，总共有3 250万股，需要资金高达37 431万元。国有股减持在新股发行中首开先河。

在国有股减持如火如荼推进之时，A股市场却开始出现震荡下跌。尤其是7月23日之后，下跌开始加速。7月30日，上证指数遭遇“黑色星期一”，大跌109点，下跌5.27%；跌破2 000点，收于1 956点，从此A股告别2 000点关口。至2001年8月28日，指数最低跌至1 795点。至此，指数从高位下跌已达20%。

就在市场短暂止住跌势，稍显企稳之时，中金公司董事总经理、研究部总经理许小年发表《终场拉开序幕——调整中的A股市场》的研究报告。许小年认为：“目前A股市场的调整是不可避免的，并且是健康的。表面上看，10%的国有股减持和银行查处违规资金遏制了A股指数的攀升势头，但深层次的原因是投资者对股价高估的担忧。减持10%的国有股不应对股指产生很大的下调压力。根据政府的计划，今年国有股减持最多不会超过200亿元，只有流通市值的1%左右。不仅如此，社保基金也会在200亿元中拿出相当部分回投股市。大盘股上市也不是指数调整的主要原因……不管股指降到什么位置，相信这次政府也不会采取激烈的措施入市干预。目前股市正处于从赌场式的机制向以基本面为主的融资渠道转移的关键时刻……政府没有托市的意愿，政府部门内似乎已形成共识，认为目前A股被严重高估，很难维持下去。过去干预市场的痛苦经验也说明了为什么政府在股指跌了近 20%后仍未采取行动，证监会去年做出了最明确的不干预声明：不会以股指作为监管目标……政府也不能以保护中小股东的利益为名干预市场。我们不能将保护投资者利益和保证投资回报混为一谈。国内投资者必须理解，监管者的任务是维持一个公平和有序的市场，而不是保证股价。对投资者最好的保护是充分的信息披露，严格的监管和有效的执法。”

许小年认为，应等到指数跌到较干净的程度——或许是 1 000 点，政府再引入做空机制等一系列重建手段，再塑一个健康、完美的市场。

许小年的“千点论”震动了整个市场，并且和“股市赌场论”一样引起社会的争议。尽管很多人不认同“千点论”，但在中金公司强大的影响力之下，市场继续出现暴跌。

我们发现许小年的“千点论”是在中金公司 8 月承销中国石化以后说的，中石化A股比H股高出 2 元发行，许小年在中央电视台说这是给投资者留了空间。当涉及中金公司利益的时候，许小年忙于在电视台上吹捧中石化的高价发行，不再管A股市场小股民受到的伤害了。

暂停减持：新政4个月后夭折

正是在许小年发表“千点论”的 2001 年 8 月下旬，财政部官员表示，不论股市走势如何，减持政策都不会有大的调整，不要指望政府会停止国有股减持来救市，这是行不通的。这种拒绝和市场沟通协调的霸道行为再度引起股市大跌，到9月底，上证指数1 800点被击穿，突破了股民的心理底线。

此时，距离第四任证监会主席周小川正式就职证监会已经过去一年多的

时间。

有人说，周小川是最有明星相的一任证监会主席：年轻新锐、海归背景、学养深厚和思维超前。1985年，周小川获得清华大学博士学位，之后担任国务院体改方案领导小组成员兼中国经济体制改革研究所副所长。也正是在这一时期，周小川与高西庆、王波明这些早期中国证券市场上的风云“海归”人物相识。

1988年11月9日，中央高层第一次着手推动创建中国证券市场，中央政治局常委兼国务院副总理姚依林和中央财经领导小组秘书长张劲夫听取了汇报。当时的会议记录显示，以经贸部部长助理身份参会的周小川相当活跃，在股票、期货及体制建造等方面频频建言。

参加会议的人中有一位叫周建南，时任中顾委委员，曾任第一机械工业部部长。周建南是周小川的父亲。此后，周建南作为中顾委委员曾受命和刘鸿儒同时到深圳调研股票市场。

与周道炯、周正庆两任证监会主席强调政府干预的作用所不同，周小川的理念是，市场能解决的就让市场去解决，证监会只当裁判员，不当运动员，也不当教练员。

市场如此暴跌，眼看赛场就要毁掉，裁判员还能在一边坐视不理吗？在市场下跌之后，受到重重压力的周小川无奈重拾“调控市场”的旧业。

2001年10月13日，周小川在对外演讲时，暗示证监会并不赞成国有股如此这般减持，但也没办法，解决国有股主要是由国有企业所有权的掌握者决定，这和他6月13日对《暂行办法》较为积极的表态大相径庭。

与此同时，监管部门出台禁止法人股拍卖的规定。这以前，法人股通过拍卖市场交易火热，其全流通的预期吸引了大量资金。

10月18日，财政部副部长金立群在APEC会议的新闻发布会上，似乎是对周小川和股市有所回应，仍认为国有股减持 10%，数量不大，没必要紧张，况且减持的资金作为社保基金，还会回到股市中去。金部长拒绝修正的态度又一次使股市暴跌，10 月 22 日，上证指数最低点已到 1 514 点，50 多只股票跌停，大部分股票下跌超过 8%。

面对如此惨淡的局面，证监会的修正观点占了上风，证监会在 10 月 22 日晚 21 点宣布，经报告国务院，决定在具体操作办法出台前，暂停执行《减持国有股筹集社会保障资金管理暂行办法》第五条关于“国家拥有股份的股份有限公司向公共投资者首次发行和增发股票时，均应按融资额的 10%出售国有股”的规定。这意味着实施 4 个月的国有股减持暂时告一段落。证监会重申，国有股减持的目的是为广大人民筹集社保资金，同时也有利于改善上市公司的股权结构。

由证监会代替国务院宣布暂停办法，似乎表明高层仍想留有余地，或者说不想给公众留下朝令夕改的印象。

不知对于这样的结果，周小川是该欣喜还是悲哀。

据统计，自 2001 年 6 月 12 日国务院发布减持暂行办法至 10 月 22 日国有股减持暂停，此间共有 13 只首发新股和 3 只增发新股实施了国有股减持，国有股存量发行募资总额 11.3 亿元。

尽管此后市场出现了短暂的反弹，但此后的几年，国有股减持这一巨大的利空预期一直成为悬在市场头顶上的一把利剑。因为从筹集资金弥补社保基金缺口的角度来看，国有股减持是必然要实施的，只是时间早晚的问题。况且，社保关系中国老百姓的养命钱，是拖不得太久的。从财政收支的角度来说，除了国有股权在资本市场中套现，似乎也难以找到更加理想的办法。

有人说，之所以国有股减持政策有这样的尴尬局面，与当时规定国有股不得流通的政策有关，首任证监会主席刘鸿儒难辞其咎。因为当时刘鸿儒做

过一个承诺，说“不会搞私有化”。国家体改委在审批上市公司股权结构时内定了一个四六开的原则（流通股不超过40%，国有股不低于60%）。这就是后来制约“国有股减持及全流通”的源头。

对于这样的诘难，刘鸿儒也很坦然。在接受财经电视栏目《资本人物》采访中，刘鸿儒说：“当时我们在深圳做了调查，回去在国务院总理主持的会议上做了汇报。现在深圳上市的这几家企业流通股没超过40%，60%是公有的。我认为这种状况下是符合公有制为主体的社会主义制度原则的。后来会上就定了，大体上就这么控制。不这么控制出不了台。你想，全流通意味着什么？12年前，所有的国家股份私人都可以买走，这不就私有化了吗？所以在当时考虑是要推动这项改革，搞股份制、搞股票市场，并没有更多地考虑有一部分不流通会带来的问题怎么办，没有来得及，没有来得及……”

刘鸿儒承认，当时没有意识到这种变通引发的问题会在2001年表现得这么严重。据刘鸿儒介绍，后来他也查过资料，说国有股当时是这么处理的，而有些非国有的法人股应该要流通的，当时没有定不流通的。

在《资本人物》的采访中，刘鸿儒介绍，其实国有股减持的想法早在1994年就诞生了：“1994年我就跟国务院总理李鹏和副总理朱镕基分头汇报过。我说我从搞股份公司上市以来，一分钱国有资产没卖过。一个国有企业改为股份制以后，可以把原有的股本重新评估。比如说原来是5个亿，再发2.5亿，向社会公众发行，向社会发行的全是新的，原来的5个亿，变成7.5亿了，一分钱没卖。我说你何必要75%呢，30%多就可以控股，你可以卖一些，把这个钱拿去搞长江三峡，搞高新技术。它不过是形态的转移、地点的转移，并没有减少资产。他们说这个是好事，可以干。我说那你得发文件，不发文件我不敢干，怕有人认为我是在卖国有资产。到后来还是没发文件……”

中国证券市场怀着对未来的迷茫和焦虑走过了 2001 年。全年，上证指数下跌 20.62%，仅次于 1994 年成为跌幅第二大的年份。有人说，2001 年是中国股市真正的转折年。中国股市的快速发展甚至到后来有些畸形发展的局面被遏制住了。然而，此后等待A股市场参与者的，是长达4年的漫漫熊途。

2002

第 13 章 | 熊途思变

阵痛与转型：公募基金思变

经过 2000 年“基金黑幕”风波的考验和 2001 年证监会的定案后，公募基金行业进入了一个短暂的低谷。伴随着 2001 年开放式基金的浮出水面，基金行业发展到了一个新的阶段，对投资者的服务开始被基金公司重视。但在整体市场走势比较疲弱的大背景下，第一批开放式基金并没有太大的作为。

2001 年 12 月 18 日，财政部、民政部公布实施《全国社会保障基金投资管理暂行办法》，办法规定了申请办理社保基金投资管理业务应具备的资格。办法的实施意味着社保基金管理运营即将正式启动。对于公募基金来说，又多了一项管理社保组合的业务。

2001 年 12 月 21 日，时任证监会基金监管部副主任的祁斌表示：2002 年将是证券投资基金大发展的一年，要进一步明确国际化、市场化、规范化和科学化的监管理念；加快完善适应国际化的基金监管法规体系；推动基金产品创新，探讨债券市场基金、货币市场基金等新品种。

虽然对基金行业发展影响最大的外部环境没有发生变化，即进入 2002 年，股市依旧较为低迷，但在阶段性反弹期间，基金产品的发行还是得到了迅速的扩张。

2002 年 1 月 29 日，上证指数最低跌至 1 339 点后，展开反弹行情。3 月 21

日，最高冲至 1 693 点。4 月，国泰金鹰增长的发行，率先拉开了开放式基金发行的序幕。随后，鹏华行业成长、富国动态平衡、易方达平稳增长、融通新蓝筹、长盛成长价值、南方宝元债券、宝盈鸿利收益、博时价值增长、华夏债券、嘉实成长收益、华安上证 180 指数、大成价值增长和银华优势企业等开放式基金陆续发行。一时间，开放式基金产品成为基金公司热衷的主打产品，而封闭式基金虽然也有发行，但关注度相对而言在降温。

2002 年 6 月 6 日，在由国际经济合作与发展组织（OECD）和证监会共同举办的“第二届中国证券市场国际研讨会”上，证监会主席周小川指出，大力发展机构投资者具有特殊意义，在重视发展本国机构投资者的同时，也应高度关注和重视引入外国机构投资者。从管理层的表态来看，“基金黑幕”的负面影响已经基本散去，管理层希望以基金为代表的机构投资者能够促进市场稳定，让市场参与者更加成熟。

6 月 24 日，国务院发出通知，停止通过国内证券市场减持国有股。国务院决定，除企业海外发行上市外，对国内上市公司停止执行《减持国有股筹集社会保障资金管理暂行办法》中关于利用证券市场减持国有股的规定，并不再出台具体实施办法。

停止国有股减持的政策给证券市场带来了脉冲性行情，尽管此后被证明反弹只是昙花一现，但新基金却因此受到追捧，进入一个发行高潮。

7 月 11 日，证监会发言人发表谈话，就基金管理公司（含外资参股基金管理公司）设立所涉及的发起人和股东的资格认定、从业人员资格管理、筹建申请与审核、重大变更与分支机构设立等相关问题做了详细说明，规定外资机构可以作为基金管理公司的最大持股人。

随即，国联安基金管理公司、华宝兴业基金管理公司、招商基金管理公司等合资基金公司纷纷获准筹建。

对于中外合资基金管理公司的获准筹建，市场反响很大。业内针对如下问题展开了热烈的讨论：如何在有限的时间内迅速提升中方能力，使互补效应大于竞争效应；如何面对基金市场的再次被瓜分；外资进入本土基金业直接导致业内对管理人的要求提高等。有业内人士认为，2002 年仅仅是合资基金管理公司登陆本土的开始，真正的博弈还未开始。“中西合璧”优势基金的加入，势必使国内基金业本已竞争激烈的局面更加白热化。

12 月 27 日，经证监会批准，由招商证券与荷兰国际集团等共同发起的招商基金管理公司正式成立，成为国内第一家获准开业的中外合资基金管理公司。

据统计，在 2002 年的后 8 个月里，市场迎来了 14 只开放式基金，募集规模约 450 亿元，开放式基金占整个基金市场的规模一下子上升到 40%左右。开放式基金发行节奏之快、募集规模之大给市场留下了极其深刻的印象。

除了规模扩张外，产品创新在 2002 年也表现得比较突出。股票基金主导市场的现状得到改变。像南方宝元债券型基金、华夏成长纯债券型基金的出现，使基金的投资方向由股票转向债券，同时还出现了天同 180 标准指数型基金，突破了平衡型、收益型和成长型等基金在投资策略上的局限。

此外，行业制度得到进一步完善。纵观 2002 年，无论是行业的新制度出台，还是老制度的进一步完善都可以说是比较充分的。制度的不断完善，为行业发展营造了良好的环境，使业内存在的不符合市场规律的行为得到了纠正与规范，保证了基金业在 2002 年发展的顺利推进。

但另一方面，我们也要看到，开放式基金面临巨额赎回压力，封闭式基金也遭到市场持续抛售、折价幅度不断扩大的打击，这些困境成为与基金业数量扩张并行的尴尬景象。由于股市低迷，当年基金亏损约百亿元，成为基金行业有史以来亏损最大的年份。对此，基金专家胡立峰在接受《商务周刊》采访时曾评价说："覆巢之下，岂有完卵。基金是依附于股票市场的附属品种。在股票市场价格重心下移和债券市场持续低迷情况下，基金很难独善其身。基础性市场主要是股票市场，问题没有彻底地解决之前，基金业的发展将受到严重的制约。"

生死鞍证：第一家被撤销的券商

2002年，监管层开始加强了对证券行业尤其是券商的监管。

2002 年 1 月 8 日，证监会公布《证券公司管理办法》（简称《管理办法》）。《管理办法》规定，综合类证券公司需要设立专门从事某一证券业务的子公司，其持有子公司股份不得低于 51%，不得从事与控股子公司相同的业务；受托投资管理业务的子公司和投资银行类子公司，其注册资本不少于5亿元。

2002年4月，证监会、国家计委、国家税务总局联合发文，自5月1日起调整证券交易佣金收取标准，A股、B股和证券投资基金的交易佣金实行最高上限向下浮动制度，证券公司向客户收取的佣金（包括代收的证券交易监管费和证券交易所手续费等）不得高于证券交易金额的 3‰。佣金浮动政策使证券业竞争更加市场化，然而在熊市之中，则令本已陷入困境的证券行业雪上加霜。一些券商的问题逐渐暴露，中小券商首当其冲。

2002 年 8 月 9 日，证监会发布公告：鉴于鞍山证券公司（简称鞍山证券）严重违规经营，证监会决定自即日起撤销鞍山证券。鞍山证券成为国内第一个被撤销的证券公司。

紧接着，9月 7 日证监会发布公告：鉴于大连证券有限责任公司严重违规经营，证监会会同辽宁省及大连市人民政府成立停业整顿工作组，自即日起

对大连证券实施停业整顿。停业整顿期间，公司下属的证券营业部由大通证券托管。

根据中广网当时的报道，1993年起，鞍山证券以发售“国库券代保管单”等形式，通过站前营业部、陶官证券经营处等所属机构，向社会公众吸收资金，在武汉证券交易中心等机构进行证券回购业务。1994年5月20日，在财政部、中国人民银行、证监会联合下发《关于坚决制止国债卖空行为的通知》后，鞍山证券在未得到中国人民银行正式批准的情况下，使用“高息债券转让单”“证券转让单”等凭证继续向社会公众出售高息债券。根据《21世纪经济报道》的统计，从1995年7月1日到2002年8月9日被撤销时止，鞍山证券发行债券总金额总计高达人民币151亿元。

央视网则报道，在鞍山当地，鞍山证券几乎是家喻户晓的“高息债券销售公司”，曾发行了大量的企业债券和居民债券，购买者多为鞍山市及周边地区的居民。涉及人数不下10万，这些人少则购买千余元债券，多则购买数十万元。他们当中很多人对证券公司、企业债以及证券知之甚少，大部分人把鞍山证券当成了“高息银行”，将多年的积蓄存了进去。

2004年8月，沈阳市中级人民法院对原鞍山证券非法发行高息债券的8名主要涉案人员进行了宣判。其中，主要责任人、原鞍山证券总经理陈力被判处有期徒刑5年，这是涉案8人当中的最高刑期，其他各人被判有期徒刑或处罚金。

对于这种判决，一位业内律师指出，从犯罪事实来看，原鞍山证券负责人在前后长达8年的时间里，非法高息揽存150亿元，给当地社会和经济造成了巨大损失，同时也给国家带来了一定的负担。虽然考虑当时法律法规的不健全以及历史问题，但对主要涉案人员的判决还是有过轻之嫌。

2002年第9期《财经》杂志发表了《生死鞍山证券》的封面文章，指出

“地方金融泡沫让无数百姓的血汗钱被少数人挥霍一空，最终只能由国家来填平这个窟窿，可谁是制造者？谁又是受害者？这个似乎简单的问题值得我们深思”。

至于大连证券，则在 2003 年 4 月被证监会根据《证券法》第 201 条“证券公司在证券交易中有严重违法行为，不再具备经营资格的，由证券监督管理机构取消其证券业务许可，并责令关闭”这一规定，责令关闭。

2002 年证券行业仅仅是危机初现，随后的 3 年，伴随着股票市场漫漫熊途，证券行业迎来了更加困难的时期。

证券行业的低迷并没有阻挡外资进入的步伐。2002 年 12 月 18 日，证监会做出批复，同意湘财证券和里昂证券合资成立华欧国际证券有限公司。这是自 7 月 1 日证监会颁布《外资参股证券公司设立规则》正式施行近半年之际，中国加入WTO后的第一家中外合资证券公司，也是中国证券公司和欧洲投资银行的首例合资。

救急南证：贺云、阚治东“冤家聚首”

2002 年，不仅中小券商遭遇寒流，一些大券商也显露出危机，南方证券就是其中的代表。

资料显示，南方证券成立于 1992 年，在 1993 ~ 1995 年因证券市场低迷，南方证券在这一时期投资了大量非证券类资产。1999 年，南方证券在“5·19”行情中启动了“虹桥机场”操作战略，推动国企大盘股上涨，引起市场强烈关注。

2000年，南方证券开始增资扩股。到2001年2月25日，南方证券实际募资21.38亿元，注册资本由10亿元增资扩股至34.5亿元，股东由46家变为68

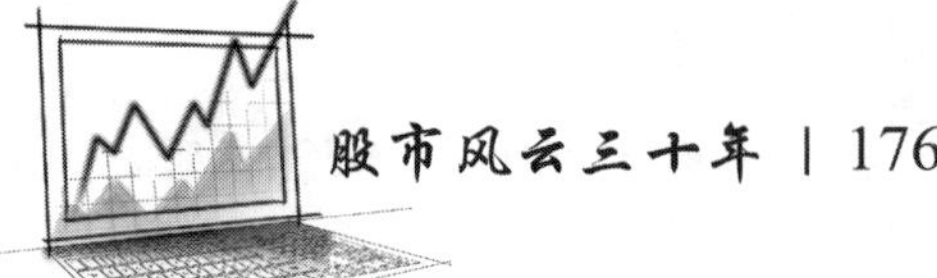

家，南方证券由有限责任公司变更为股份有限公司。因当时市场行情较好，南方证券吸收大量委托理财业务，并签订大量保底合约。之后，随着市场行情不断下跌，加上企业经营管理上的一系列失误，南方证券的包袱越来越重，机构负债近百亿元，其资金构成包括企业委托理财等，并且机构挪用客户保证金等违法违规经营行为频繁出现。

正是在这个时候，南方证券高层“大换血”。

据阚治东在《荣辱二十年：我的股市人生》一书中介绍，2002 年 5 月，深圳市委组织部找到阚治东谈话，提出组织上希望阚治东能够出任南方证券总裁。阚治东百感交集，如同思家的游子，没有问南方证券的具体情况，就表示服从组织安排。

而《股市动态分析》也记录了坊间的另一种说法，认为阚治东的复出并非媒体所渲染的那样是被动地“临危受命”，而是主动请缨的结果。作为一个被证券市场禁入多年的受挫者，他在主观上非常想重返江湖。

不管哪一种说法，其实都不重要。作为证券业元老，阚治东希望在南方证券的舞台上重现昔日辉煌，完全在情理之中。

深圳市委为阚治东找来的搭档，竟然是昔日沪深证券大战中阚治东的老对手贺云。

贺云，1997 年前任深圳发展银行行长。深发展当初作为深圳证券市场的一面旗帜，贺云从中起的作用不小。1997 年贺云遭遇重大挫折——因违规炒作深发展的股票，被当时的中国证券委等主管机关宣布为“证券市场禁入者”，并被深发展董事会免去董事资格及行长职务。此后，贺云出任深圳建设控股集团副总裁。由于市场禁入期限为 5 年，贺云要到 2002 年 6 月 12 日才满 5 年禁期，才有资格到南方证券任职。

当初，阚治东与贺云均因证券违规而受罚，如今却因拯救南方证券而联手重出江湖。历史成就了这样一对“冤家”的传奇。直到深圳市委书记黄丽满约两人进行干部任免前的例行谈话时，两人才又正式见面，此时的阚治东已经两鬓斑白，而此时的贺云也已经满脸皱纹。

在黄丽满的见证下，两个人意味深长地握了握手，颇有些“历尽劫波兄弟在，相逢一笑泯恩仇”的味道。众人无不期待强强联手能够带领南方证券走出困局。然而，一山能容二虎吗？

2002 年 6 月 23 日，贺云与阚治东到南方证券上任。贺云任董事长，阚治东任总经理。在会议上，贺云说，新班子来南方证券的任务是“先救命，后治病”。

据阚治东归纳，当时的南方证券主要存在六个方面的问题：一是七八十亿元的巨额不良资产的问题；二是一百多亿元短期融资问题；三是自营和代客理财形成的近百亿股票库存的问题；四是挪用客户保证金的问题；五是2001年和2002年上半年20亿元以上的亏损问题；六是166件债权债务诉讼案件和大量债务问题。

为查清南方证券股票持仓真实情况，2002 年 10 月 13 日，证监会组成联合调查组进驻南方证券位于上海、南京的自营、理财部门和华德、天发（关联公司）等公司，对南方证券的自营和代客理财业务进行全面稽查。调查结果显示，截至 2002 年 11 月 30 日，南方证券自营与受托理财合计持仓成本 98.72 亿元（不含回购），其中哈飞持仓量为 6 923 万多股，占总流通股72.12%，占总股本的28.85%，持仓成本11.95亿元。

当时，《经济观察报》以《阚治东悲情新政》为题，认为“阚治东的命运注定要和挽救陷入危机中的南方证券的出路扭在一起。而现在的情势早已不是以前的那般光景，证券市场正经历着前所未有的转轨阵痛……阚治东更像充满勇气和豪气的草莽英雄，依靠一个草莽英雄的力量，就能改变南方的

命运吗？”

两位证券业的元老——贺云和阚治东能够拯救南方证券吗？

外资并购：新桥图谋深发展

2002年，证券市场中另一个热点话题就是外资并购。毕竟，中国加入WTO，意味着外资并购大幕徐徐拉开，而在资本市场中首先映入人们眼帘的，则是上市银行的并购。

“6·24”井喷行情结束后，大多数股票开始了重归下跌，唯独深发展继续在高位震荡，不断挑战新高，预示着这家昔日深圳市场的龙头，似乎会有新动作。

果不其然，2002年9月27日，深发展的一则公告引起了人们的普遍关注。公告称，经政府有关主管部门批准，同意美国新桥投资集团公司（以下简称新桥）作为国外战略投资者进入深发展。

深发展的国有大股东为深圳市投资管理公司、深圳国际信托投资公司、深圳市社会劳动保险局和深圳市城市建设开发（集团）公司。

在1997年深发展炒作自己股票被监管部门查处后，周林“空降”至深圳市发展银行，先后出任董事、副董事长、行长，接替被免职的贺云。此前，周林曾任国务院经济技术社会发展研究中心副处长、处级助研、副局长、深圳市体改委副主任等职，1993年9月至1997年7月任广东发展银行董事、深圳分行行长。

由于资本充足率过低，从2001年起，深发展就开始寻找境外的战略投资者。牵头负责此事的正是周林。据后来周林接受媒体采访时介绍，“从开始之日起，深发展就给自己将来的‘婆家’定了个标准：不能是银行机构。之所以不选银行机构，一是外资银行入股中国的银行，目标往往是要把中国的银行变成它们的分行。二是外资银行存在向亚洲区转移坏账的可能性。”

终于，新桥和深发展慢慢走到了一起。新桥能在高手如云的竞争中夺得头筹，主要缘于此前两个成功的银行收购案例。

新桥于 1994 年由得克萨斯太平洋集团（TPG）和布兰投资公司发起设立。1988 年担任美国储蓄银行收购案的操盘手庞德文，就是TPG的执行合伙人和创始人。1988 年新的股东们收购美国储蓄银行后，采用“好银行—坏银行”的办法，使这个当年陷入破产境地的银行迅速实现扭亏为盈，从而被称为美国 20 世纪 80 年代最著名的两大收购案之一。1999 年新桥从跟汇丰的交手中胜出，成功收购韩国第一银行，并用同样的模式，一年之后使这个当年亏损近 10 亿美元的银行，税后利润接近 3 亿美元，资本充足率达到 13.6%，一跃成为韩国资本最充足的银行。而这一并购案的总指挥单伟建则是新桥的董事总经理，他曾担任过世界银行的投资官员、摩根士丹利的执行董事等职务，有着丰富的银行从业经验。

更重要的是，自从成功收购韩国第一银行后，单伟建和他的团队一直活跃在日本、中国台湾和中国大陆的金融界，与当地主管金融的政府部门保持着密切往来，对国内的情况也比较熟悉。周林说，当时是第一次引进外资，看重实力，更看重经验。没有经验的投资者来了，谈起来不好谈，今后的合作也会有障碍。所以，当新桥出现时，深发展自然就有了“蓦然回首”的感觉。

开局似乎很顺利。新桥刚踏进深发展的门槛，穆迪投资者服务公司即对深发展的评级从“稳定”调高至“看好”。而并购公告发布后的第三天，股权尚未交割，由新桥投资 8 位专家组成的“收购过渡期管理委员会”便开始提前介入银行管理。

对于市场更关心的转让股权比例问题，深发展一直含糊其辞。直到2003年4月10日，“收购过渡期管理委员会”的延期也已到期时，双方的股权转让仍没有定论。2003年5月12日，深发展的董事会决议公告称，管理委员会的授权已经届满，而4家国有股东与新桥仍未能就股权转让与收购事宜达成协议，故撤销“收购过渡期管理委员会”。此后，形势急转直下，2003年9月16日，新桥以深发展及有关股东为被申请人，向国际商会仲裁院提出仲裁申请。

2003年年底，深发展的核心资本充足率只有3.24%。按《商业银行资本充足率管理办法》评定，深发展是5家上市银行中唯一资本不足的商业银行，引进战略投资者以实现增资扩股就成了解决资本充足率不达标的现实选择。

2004年1月18日，证监会向深发展出具了《关于要求深圳发展银行股份有限公司限期整改的通知》。此后双方的关系迅速升温并驶入“快车道”。2004年4月10日，深发展公告称，他们和新桥双方已向国际商会仲裁院提出撤回仲裁请求及反请求。5月29日，新桥与深发展的4家国有股东签署了《股份转让协议》，以12.34亿元受让深发展17.89%的股权，从而成为第一大股东，也创下了上市银行对外转让股权的新高。2004年9月21日和10月16日，银监会[①]和国资委分别批复同意新桥与深发展的股权转让协议。12月13日，深发展选举产生了由新桥主导的新一届董事会，12月14日，新董事会产生了深发展新的董事长和行长，新桥的蓝德彰和韦杰夫分别担任以上职务。至此，历时两年多的新桥入主深发展才终于尘埃落定。

据新华网报道，当时深发展的新任行长韦杰夫说，新桥将通过重点发展零售银行业务和中小企业的银行业务，使之能和深发展目前的对公业务相平

① 2018年3月，中国银行业监督管理委员会（简称银监会）和中国保险监督管理委员会（简称保监会）合并成中国银行保险监督管理委员会（简称银保监会）。

衡。而这个路数，正是新桥曾经用在韩国第一银行身上的“回春之术”。

两年之后，周林因在任深发展高管时涉及一笔 15 亿元的问题贷款而被刑事拘留，后被取保候审。

QFII开闸：外来的和尚本土的经

外资通过股权并购进入中国证券市场只是个案，毕竟在中国资本管制的大背景下，想要进入国内市场还是一件比较困难的事情。于是，开放QFII的呼声越来越高。

有学者认为，一方面，我国证券市场经过十余年的发展，整体规模、功能和效率大大提升，已经成为亚太地区最大同时也是最有活力的证券市场之一，引入QFII制度的时机已经成熟。另一方面，当时中国证券市场中的机构投资者比重远远低于境外成熟市场，严重制约了证券市场功能的发挥。从这个角度来看，引入QFII的需求相当迫切。

QFII（qualified foreign institutional investors）是“合格的境外机构投资者”的简称，QFII机制是指外国专业投资机构到境内投资的资格认定制度。作为一种过渡性制度安排，QFII制度是在资本项目尚未完全开放的国家和地区，实现有序、稳妥开放证券市场的特殊通道。韩国、印度、巴西以及我国台湾等市场的经验表明，在货币未自由兑换时，QFII不失为一种通过资本市场稳健引进外资的方式。在该制度下，QFII将被允许把一定额度的外汇资金汇入并兑换为当地货币，通过严格监督管理的专门账户投资当地证券市场，包括股息及买卖价差等在内的各种资本所得，经审核后均可转换为外汇汇出，实际上就是对外资有限度地开放本国的证券市场。

QFII是一国在货币没有实现完全可自由兑换、资本项目尚未开放的情况

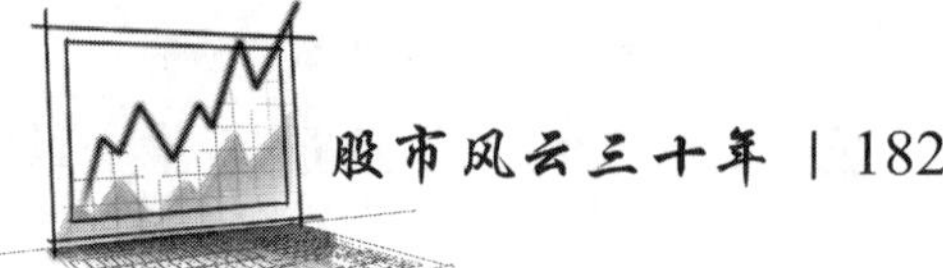

下，有限度地引进外资、开放资本市场的一项过渡性的制度。这种制度要求进入一国证券市场的，外国投资者必须符合一定的条件，得到该国有关部门的审批通过后汇入一定额度的外汇资金，并转换为当地货币，通过严格监管的专门账户投资当地证券市场。

2001年下半年开始，就陆续有专家建议我国政府尽快引入QFII制度。此后，有关管理部门成立了专门研究小组对此进行研究。2002年6月10日，证监会主席周小川在出席国际证监会组织第27届年会时正式谈到QFII，并对此给予了很高的评价。7月18日，深交所举办了“引进合格的境外机构投资者座谈会”。这次会议解决了许多QFII的技术问题。

2002年11月7日，证监会与中国人民银行联合发布了《合格境外机构投资者境内证券投资管理暂行办法》（简称《办法》），允许合格的境外机构投资者，在一定规定和限制下通过严格监管的专门账户投资境内证券市场。《办法》定于2002年12月1日正式实施，标志着境内证券市场大门向境外机构投资者正式开放。至此，国内和国外机构投资者可以在证券市场中公开较量，我国资本市场中的“华洋角力”时代就此到来。

2003年1月14日，中国人民银行发布公告，批准中国工商银行、中国银行、中国农业银行、交通银行、中国建设银行和招商银行6家国内银行以及渣打银行、汇丰银行和花旗银行3家外资银行的上海分行从事QFII境内证券投资托管业务。

QFII的第一单直到2003年7月才宣告落下。2003年7月9日上午10点17分，在京城著名的东方君悦大酒店的浮碧厅，来自国内外的40多家媒体与瑞士联合银行集团（简称瑞银集团）高管共同见证了历史性的一刻：QFII第一单的指令此刻正在发出。

瑞银集团中国证券部主管袁淑琴用不太标准的普通话一一报出买入股票

的名称：宝钢股份、上港集箱、外运发展和中兴通讯。经过约 2 分钟的等待后，交易员报出买入 4 只股票的成交价格。成交得以确认，全场顿时响起了热烈的掌声。

此后，QFII的一举一动以及它和国内公募基金的投资对比成为财经媒体津津乐道的话题。媒体关注的是，“外来的和尚”在中国究竟如何“念经”。

袁淑琴把QFII比作一个“婴儿”，“婴儿”的父母是证监会和国家外汇管理局。

“关于如何照顾孩子，父母并不总是意见一致。孩子逐渐成长，希望得到更多的自由，但父母似乎还不打算给他自由。我想这可以概括我们所处的现状。”

在接受FT中文网的一次采访中，袁淑琴这样总结。

2003

第 14 章 | 价值投资

庄股覆灭："中科创业"定案

2002年12月27日，证监会召开处级以上干部大会，尚福林出任证监会主席、党委书记。

次日，九届人大常委会第三十一次会议经表决通过决定任免的名单，免去戴相龙的中国人民银行行长职务，任命周小川为中国人民银行行长。至此，证监会迎来了第五任主席——尚福林。

与前面三任证监会主席卸任后退居二线有所不同，年富力强的周小川卸任后出任央行行长，这表明周小川在任两年多的时间内，尽管指数累计下跌超过15%，但高层对于他的工作还是充分认可的。

在证券市场制度建设和监管力度方面，周小川确实做了很多功课，市场的秩序变得更加规范。尚福林上任后，延续了周小川在监管方面的力度。

2003年4月1日，备受市场关注的"中科创业"操纵证券交易价格案一审宣判，以操纵证券交易价格罪判处上海华亚实业发展公司罚金人民币2 300万元；以操纵证券交易价格罪判处丁福根、董沛霖、何宁一、李芸、边军勇、庞博等6名被告人4年至2年零2个月有期徒刑，并对丁福根、边军勇和庞博分别判处罚金50万元至10万元。

事实上，中科创业真正的幕后庄家是吕新建与朱焕良，在操纵证券交易价格案的宣判中称对其“均另行处理”。

早在20世纪90年代初，朱焕良就已经是证券市场中的著名庄家了。

1988 年 12 月万科发行股票，在深圳证券公司进行柜台交易。1990 年万科开股东大会时，股价早已跌破面值，万科公司很害怕小股民闹事。这时，小股民代表朱焕良要求发言，积极肯定万科的基本面，说自己一直在买进万科股票，赢得了会场上的热烈掌声。后来万科董事长王石才知道朱焕良与自己一样，当过开汽车的职业兵，复员后到特区倒卖国库券起家，在小股民中有相当的号召力。王石与朱焕良见面后，邀请他作为小股东代表加入万科董事会。

根据《股市动态分析》的记录，在 1992 年朱焕良已成为股市上呼风唤雨的人物，其随时可调动资金数千万元。有一位股民竟贴出对联，上联是“翻身不忘毛主席”，下联是“致富感谢朱焕良”。

其后，万科与朱焕良有过几次合作，甚至在万科收缩战线时，还抽出几位骨干支援朱焕良的公司。但在 1996 年年底，由于朱焕良认为王石对自己想控制的一家拟上市公司支持不力，两人产生了一些隔阂。不过，1998 年，两人一起前往青海可可西里，朱焕良为保护藏羚羊捐赠了30万元。

1996 年，朱焕良买入深圳康达尔股份有限公司（简称康达尔）的股票。康达尔当时是以养鸡为主业的深市上市公司。1997 年底香港出现一场“禽流感”，几万只鸡瘟死香港，康达尔受到牵连，股价狂跌不止，朱焕良严重被套。

朱焕良和当时另一声名在外的股评家吕新建也就是吕梁，达成了协议，共同坐庄该股。要联合坐庄，吕梁必须先拿到朱焕良手中 50%的康达尔股份。双方协议，朱焕良的另一半股票在 5 年内不能抛掉，齐心协力把康达尔打造成一只大牛股。具体定位是将康达尔从养鸡专业户重组成高科技新贵。

分工也很明确，吕梁在前台找钱，朱焕良在幕后收购。

据《北京现代商报》的报道，在吕梁事后的自述中，他也承认接触康达尔时，已经意识到“康达尔已烂得无药可救，到处是假账和谎言”，自己“仿佛落入一帮犯罪分子中，迅速沦为同谋”。

1998年11月26日，坐庄融资启动。朱焕良转让了227万股康达尔股票给吕梁，这部分股权按当时的股价来算，市值约为3 600万元。

在吕梁指使下，丁福根、董沛霖、何宁一、李芸、边军勇等人在北京、上海、浙江等地，以单位或个人名义先后在120余家证券营业部开设股东账户1 500余个，并通过相关证券营业部等机构，以委托理财等方式向出资单位或个人融资人民币50余亿元。吕梁利用其在海南成立的海南燕园投资管理有限公司等几家公司大量收购深圳康达尔股份有限公司法人股，并控制了该公司董事会。

此后，吕梁将康达尔更名为深圳市中科创业投资股份有限公司，股票名称为“中科创业”。

更名之后，公司重组喜讯频传。当时的信息报道中，公司表示“将涉足优质农业、生物医药、网络信息设备、网络电信服务、高技术产业投资等多个新兴产业领域。通过项目投资、股权投资等多种投资方式以及其他资本运营手段，逐渐发展成为一家具有一定产业基础的投资控股公司。中科创业具有广阔的发展前景，将有望发展成为中国的伯克希尔–哈撒韦”。

于是，中科创业成为1999～2000年网络股行情中的明星股。

实际情况是，除了苜蓿项目投入100万元尚未见收益外，其余皆成了空中楼阁般的幻想。这些幻想可以转化为84元高位的股价，却无力转化成对应84元的业绩。

吕梁通过发布利好消息的方式影响中科创业股票的交易价格。

根据新华社的报道，在操纵中科创业股票的过程中，丁福根、庞博根据吕梁的指令，与朱焕良商定了股票交易的时间、价位和数量后，亲自或指令他人交易股票。丁福根、庞博、何宁一、李芸、边军勇等人利用开设的多个证券交易账户和股东账户，集中资金优势、持股优势，联合、连续地对该股票进行自买自卖的操纵活动。吕梁一方最高持有或控制该股票达 5 600 余万股，占流通股总量的55.36%，严重影响了股票交易价格和交易量。

董沛霖在担任上海华亚实业发展公司法定代表人期间，与其所在公司总经理李芸及杭州华亚实业公司法定代表人何宁一商定，通过帮助吕梁融资为各自所在公司获取利益。他们共为吕梁融资人民币 7.7 亿余元。边军勇按照吕梁的指令融资人民币 1.5 亿余元，并按照丁福根、庞博的指令购买或转托管该股票。

有报道说，在中科创业连续上涨的 20 多个月间，吕梁手下不少人都把分得的中科创业股票拿去质押，再偷偷建仓。就在中科创业的股价冲至 84 元后，朱焕良单方面撕毁协议，从 2000 年 5 月开始，每天抛售 1 500 万元左右市值的股票，在他的带动下，吕梁手下也忙不迭地抛出他们的私仓。意识到问题严重后的股民们也集体割肉。

吕梁一度想把股票托住，但随着股价的下跌，出现了证券公司强迫平仓的情况，中科创业的股价连续跌停，“吕梁神话”轰然倒塌。

从 20 世纪 90 年代一路走过来的证券市场投资者，几乎无人不知“庄家”这个词。那时的投资者对于“庄家”是“又爱又恨”。投资者希望跟庄“坐轿子”，但庄家凶猛地洗盘、出货却常常令投资者痛苦不堪。“坐庄”行为严重扰乱了市场秩序，损害了投资者尤其是中小投资者的合法权益。

“中科创业”操纵证券交易价格案之所以具有标志性意义，是因为它代表着监管层严打股市“庄家”的坚定决心，并且直接引发了世纪中天、徐工科技等一批庄股的崩盘。截至2003年年末，市场中除了“德隆系”的三驾马车——新疆屯河、湘火炬、合金投资，以及金宇车城等少数庄股还在坚挺外，老一批庄股已经基本覆灭。这意味着国内证券市场投资理念将发生根本变化。

2003年7月14日，时任证监会副主席的史美伦在接受中央电视台采访时表示，监管的目的是要保持市场的健康发展，因此任何对市场健康发展不利的事情，监管者都希望尽量纠正，不允许不规范、欺诈的行为存在于市场中。

公募基金：举起价值投资旗帜

伴随着庄股崩盘和一批庄家的倒台，我国证券市场的投资理念正在悄然发生变化。熊市在消耗着券商的实力，当年在资本市场中长袖善舞的券商，如今陷入全行业亏损的境地。与此相对应的是，证券投资基金得到了比较快速的发展。2003年的基金业已经完全摆脱了2000年“基金黑幕”的影响，其中，最重要的原因在于基金开始倡导价值投资理念，高举价值投资大旗，而这一次的领头羊竟然还是博时基金。

价值投资的核心思想是利用某一标度方法测定出股票的内在价值，并与该股票的市价进行比较，进而决定对该股票的买卖策略。价值投资认为上市公司的内在价值与股票价格会有所背离，其内在价值决定于公司经营管理等基本面因素，而其股票价格则决定于股市资金的供给需求状况。在不同的决定因素下，上市公司内在价值高于其股票价格的价差被称为安全边际。当一家绩优的企业出现安全边际时，对其投资就具备所谓的价值。

价值投资的理论奠基人是美国的本杰明·格雷厄姆。他在1934年出版的《证券分析》一书，被尊为基本分析方法的圣经。格雷厄姆的学生——有股神之称的沃伦·巴菲特是成功的价值投资者，其投资原理很简单：买入价值被低估的股票，长期持有直到价格高于价值。其道理是：长期而言，股票的价格取决于企业的发展和企业所创造的利润，并与其保持一致，而短期价格却会受各种因素影响而大幅度波动，没有一个人可以做到始终如一地准确预测。

2002 年 9 月，博时基金管理公司旗下首只开放式基金——博时价值增长基金正式发行。该基金定名为“价值增长”，开始倡导价值投资理念。当时，担任博时价值增长基金的基金经理是肖华和高阳。

肖华也是证券市场中的老资格了。

和许多闯荡深圳的年轻人一样，1993 年，肖华从同济大学经济与管理学院硕士毕业后南下深圳，他的第一份工作，选择了华为公司。当时的华为，还是一家小公司。虽然肖华在华为工作的时间并不长，但他后来在接受媒体采访的时候承认，这段经历给他的影响至关重要。在肖华的心目中，华为领袖任正非就是一个优秀企业家的典范。以至于在肖华此后的投资生涯中，依旧坚持认为一个企业有没有投资价值，必须看企业的领导者，这是一个十分重要的条件。

和许多年轻人一样，在肖华的职业生涯初期，跳槽是频繁的。1993 年 4 月至 1994 年 1 月，肖华在中国宝安集团公司工业部从事过短暂的项目管理工作。1994 年，肖华进入君安证券，开始涉足基金管理和期货投资，这一待就是5年。

和很多老牌的资产管理人的经历类似，肖华也曾经在国债期货市场上经受了大起大落的考验，国债期货放大杠杆带来的高额盈利一度让肖华志得意满，但是这些盈利又迅速蒸发。或许正是这样心智和体力上的磨炼，让肖华

在日后的投资中对于风险控制有了足够的重视。

在此期间，肖华历任君安资产管理有限公司项目经理、投资部经理和基金部经理以及上海申华实业股份有限公司总经理助理、副总经理（主管投资）等职。伴随着中国基金业的起步，肖华在1999年离开君安证券，加盟了长盛基金管理有限公司，开始了公募基金经理的生涯。

2000年5月~2002年5月，肖华在长盛基金担任基金经理。但肖华真正在业界声名鹊起还是在他加盟博时基金管理公司之后。

2002年5月，肖华加盟博时基金，担任博时价值增长基金的基金经理。在这一时间，博时基金开始倡导价值投资理念，肖华坚定持有汽车股，一直重仓上海汽车和长安汽车，同时配置了上港集箱、伊利股份等蓝筹品种。而在2003年，汽车股一路上涨，博时价值增长基金获利丰厚。据当年的基金净值统计，博时价值增长基金在2003年净值增长率为34.34%，在全部的70多只基金中名列第一。肖华也因对汽车股的长期执着而成为媒体和业内关注的焦点。

成也汽车，败也汽车。随着2004年宏观调控力度的加强，汽车行业进入了周期性的调整，汽车板块的股价出现大幅下跌。在股价下跌阶段，博时旗下的几只基金并没有选择及时退出，而是不断加仓，浮动亏损巨大，导致博时旗下基金2004年的业绩名落孙山。整个市场对于肖华的投资理念颇为质疑，也引发了基金持有人对博时价值增长基金长期重仓持有汽车股的不满。高阳在此时离开博时基金，加盟了鹏华基金，担任副总经理。肖华则坚持到2006年，一直管理博时价值增长基金。尽管业绩不佳，肖华依旧稳坐博时基金股票投资部总经理的位置，可以看出公司管理层对他的投资理念给予了足够的支持。

2006年年底，肖华离开了博时基金，成立了尚诚资产管理公司，转型成为一名私募基金经理人。

转型为私募基金经理人后，肖华依旧崇尚价值投资。但他认为，不能将长线投资简单理解为长期持股，长线投资并不是买一只股票放着，不关注公司或行业的变化，只是等着几年后翻番赚钱。投资者应该一直关注这个公司的变化，一旦公司或者行业基本面发生变化，或者其股票价格被严重高估时，应当考虑减持或者卖出股票。

此时的肖华，对于价值投资已经有了更加深刻的理解。

五朵金花：熊途中的局部牛市

从美国证券市场的经历来看，巴菲特价值投资理念出现的时候正是美国经历了股灾后的反省时期，钢铁和汽车产业的发展与价值投资的理念正好相适。历史经验表明，过度热情追逐高成长型股票导致幻想破灭之后，必然又会走回到稳健的价值型投资的老路上，周而复始，投资理念的变化呈现周期性的规律。

我国证券市场经过了1996年之前的高送配与高风险偏好，1996～1997年的绩优蓝筹理念，1997～1998年的重组理念和1999～2000年的高科技、高成长理念。2003年，伴随着市场步入熊市中期、整体泡沫释放的背景下，价值投资理念开始显露锋芒。

2003年年初，早已被基金埋伏其中的汽车股率先拔地而起，同时带动银行、钢铁、石化、电力等长期沉寂在底部的大盘股走出一轮行情。市场一改以往板块轮动的局面，而表现为强者恒强、弱者恒弱的局部牛市的新格局。五大行业轮番上涨，被称为“五朵金花”，成为基金争相配置的核心资产。2003年年中，受“非典”和央行上调存款准备金率的影响市场回调整理，当

年10月以后，再接再厉，以“基金的核心资产”为首，大盘完成了一波长达5个月之久的上升行情。

纵观2003年，低市盈率蓝筹股和中低市盈率绩优成长股对QFII和国内机构投资者都有较强的吸引力，其投资价值得到了充分展示。高市盈率绩差股的市盈率大幅下调，导致市场的平均股价水平不断下移。

有人认为，“五朵金花”为代表的局部牛市，意味着证券市场庄股时代的终结和新时代的来临。然而，现实并非如此乐观。

事实上，2003年表现突出的“五朵金花”大都为周期性行业，在宏观经济景气度处于上升阶段时的确出现了盈利的高增长，股价随之大幅上涨。然而进入2004年以后，伴随着宏观调控的不断深入，经济增速放缓，“五朵金花”演绎的局部牛市戛然而止，股价重归熊途。

基金净值全线大幅下跌，对价值投资的种种疑问和质询纷至沓来。有人说基金将“价值投资”改为“价值投机”。有人甚至怀疑某些基金实为合谋“坐庄”，却给大家讲了一个美丽的关于价值投资的故事。

也许某些基金在2003年对价值投资的理解也是片面的，但不论如何价值投资理念作为一种投资思想已经开始植入投资者心中。而此时距离《股市动态分析》创始人王师勤倡导价值投资理念已经过去了整整11年。

2003年对于个人投资者来说却并不开心，多数投资者没有及时转变投资思路，损失惨重。2003年全年上证指数上涨10.27%，其中，钢铁板块的整体涨幅达30%，汽车板块整体涨幅达12%，石化板块整体涨幅为18%，电力涨幅达到10%，其中的龙头股有着更好的表现。但除了“五朵金花”外，多数股票还是在下跌之中。

2003年一首网络歌曲《股民老张》很好地表达了当时股民的心声。这首歌写成后，在网络中迅速传播，以至于证监会主席尚福林都曾经谈到这首歌。歌词如下：

“九点半上岗，十五点离场。星期一到星期五天天都挺忙。炒股为哪桩，咱没太大理想，庄家要是吃了肉哇，跟着喝口汤。没去抢和偷，不沾毒赌黄，买进卖出两头纳税，拥护党中央。炒股票的感觉究竟怎么样？听我给你仔细地说个端详。赚钱不容易，被套很平常，一年三百六十天经常是满仓。浅套快止损，深套就死扛，四季转换风水轮流早晚被解放。股票一赚钱，心就有点慌，不知到底该了结还是该加仓。蒙上一匹大黑马，那叫一个爽，一天一个涨停板，感觉忒膨胀。指数一横盘，是谁都没主张，不温不火不上不下抻着牛皮糖。要问钱在哪，就在你身旁，看不见摸不着就让你听个响。秋风吹又凉，大地一片黄，主力资金往外撤，年底要结账。飞流直下三千尺，一看是股指，挤泡沫的感觉就是心尖拧得慌。研究基本面，不能傻算账，银广夏和全国人民都敢耍花枪。蓝田股份、东方电子造假能怎样？严打黑庄一审判，嗨没见着吕梁。投资要理性，价值第一桩。ST的股票总是翻着倍儿地涨。资产重组老生常谈年年月月讲呵，公司不仅卖业绩，还能卖想象。消息很重要，可咱耳朵不够长，报纸电视收音机，外带互联网。股评家们两片嘴，左右都是理。红嘴黑嘴黄牙白牙各唱各的腔。跟庄不入门，时间开了窗。坐在家里盯着K线慢慢数波浪。江恩、布林、巴菲特呀，谁来帮帮我。金叉、死叉、KDJ，是越整越迷茫。学习讲方法，钻研有名堂。不要只去找干粮还得找猎枪。给你一个指南针，自己能找北呀，借他一点小聪明，照样撞南墙。这里没有地狱、没有天堂，这里不是赌场，也不是银行。离不开的股市下不了的岗，这是我们发展中的证券市场。我来到这里的动机并不算高尚，我起得到的作用却能兴国安邦。揣着一分梦想和九分坚强，六千万里有我一位股民老张!”

《国际金融报》报道，2006 年，尚福林在一次股权分置阶段性总结会议中就提到这首歌，说道：“‘我来到这里的动机并不算高尚’这句话反映了目前扭曲的股市文化。到股市来怎么就不高尚了呢？我看挺高尚的。”

赤子之心：打响阳光私募第一枪

中国私募基金业的诞生几乎与 20 世纪 90 年代的股票一级半市场有关。所谓“乱世出英雄”，当时的市场无论是完善程度还是监管水平都处于初级阶段，因此，市场上存在大量的不规范行为和股价的可操纵空间，于是诞生了一个类似私募基金的群体，开始委托办理理财和资产管理业务。当时，一些规模较大的类似私募基金的机构更多的是采取坐庄的方式，俗称“庄家”。2003 年，伴随着老庄股的陆续崩盘，早期的私募基金遭遇了崩溃式的打击，私募基金发展陷入停滞阶段。

2003 年，随着价值投资理念成为市场中的主流，崇尚该理念的新生代私募基金开始崭露头角，硕果仅存的老一批私募基金也陆续转型，逐步接受和运用了价值投资理念。他们当中，比较突出的代表包括在 2003 年成立赤子之心资产管理公司的赵丹阳以及证大投资的朱南松、新同方投资的刘迅等。

赵丹阳毕业于厦门大学自动化系，获系统工程学士学位。1994 年出国，从事投资和贸易工作，1996 年进入中国国内证券业，从事风险投资。后来加盟国泰君安（香港）公司，负责客户委托资产管理。寻找业绩优秀且真实的中国企业，实地考察而不跟风炒作始终贯穿于赵丹阳的投资理念中，正是这种理念，让赵丹阳和他的客户们尝到了甜头。

2003 年，赵丹阳在深圳注册成立深圳市赤子之心资产管理公司，正式成为一名私募基金经理人。由于对香港市场比较熟悉，赵丹阳的前期投资一直在香港市场操作。同年，国泰君安（亚洲）资产管理公司推出“赤子之心——中国成长投资基金”，是香港市场上推出的第一只大中华区投资中国概念股为主的开放式基金。

香港是个市场化程度非常高的地方，在香港证券市场，券商、银行、基金公司都可发行基金。相比之下，内地发行基金还只是基金管理公司的专利。所以香港基金业竞争非常激烈，发行一只基金，初始规模能有三四个亿，就非常不错了。

赵丹阳认为自己管理基金的任务就是寻找业绩优秀且真实的中国企业。他认为，长期衡量，企业的股价一定会反映企业的内在价值，时间是优秀企业的朋友，是低劣欺诈企业的敌人。

“做多中国，自香港始”是最初赵丹阳写给投资者的一封信中的一句话。

虽然赵丹阳认为中国内地股市长期是走好的，但是当时特有的国有股、法人股、流通股等结构性股权分割问题仍需要妥善处理，这也是内地股市与国际接轨的一大障碍。事后来看，赵丹阳当时的判断是十分准确的，2005 年之前内地股市最大的问题就是股权分置问题，而股权分置解决之后，国内股票市场走出了波澜壮阔的大牛市。

2004 年 2 月 20 日，赤子之心将投资海外市场的成熟经验与国内实际情况相结合，与中国工商银行深圳分行和深圳市国际信托投资公司合作，推出投资于国内A股市场的“深国投 · 赤子之心（中国）集合资金信托”。这也是国内第一个采取信托方式发行的私募基金产品。

这一产品对中国私募基金的影响深远。此后，采用信托产品方式投资A股市场的私募基金被称为阳光私募基金，成为私募基金中的主流；而没有发行信托产品的私募基金则被称为非阳光私募基金，在私募基金群体中被边缘化。

2007年年末，因踏空当年牛市备受市场诘难，赵丹阳清盘旗下所有A股信托型私募基金产品，成为第一个主动清盘的私募基金经理人。但2008年的市场走势证明，赵丹阳又对了。

2004

第 15 章 | 德隆崩盘

折戟南方：阚治东悲情谢幕

尽管2003年在“五朵金花”的带领下，A股市场出现了一定幅度的反弹，并且一直持续到2004年春天。但是，市场的成交量比较低迷，证券行业经营环境没有发生根本性好转，全行业大面积亏损继续消耗着证券公司的资本金。2002年受命拯救南方证券的贺云和阚治东恐怕也深深体会到了这一点。

贺云与阚治东重返证券业后，曾引起不小的轰动，据说，本来对南方证券没什么兴趣的外资券商，也表示不排除与南方证券合作的可能性。可见贺云与阚治东在业界的影响力之大。

南方证券的突出问题是连续几年出现巨额亏损。市场低迷、交投萎缩、佣金大战和严格监管令证券行业举步维艰。阚治东在《荣辱二十年：我的股市人生》一书中回忆称：“南方证券就像是一个肤色苍白、持续失血的病人，而要保住生命，当务之急就是快速止血。因此，摆在我面前的选择很清楚——开源节流，精简机构，裁撤冗员，降低管理成本。”

在任何企业精简裁员都会带来一场风暴，更不用说南方这样的老牌券商。很快，南方证券内部产生了分歧，对于一些重大问题的看法，贺云与阚治东也存在分歧。两人的矛盾越来越深，并逐步呈现公开化。这从《荣辱二十年：我的股市人生》一书中，可以看出端倪。

2003年8月，南方证券在中国银行间拆借市场上公布了其2001年和2002年的未经审计的资产负债表。2000年，南方证券受托资产为26.22亿元，2001年的受托资产为45.92亿元，2002年的受托资产为31.51亿元。不过，按照现行的证券公司财务制度，证券公司代客理财属于表外业务，证券公司完全可以把委托理财业务放在资产负债表外，因此南方证券的委托理财的真实规模有多大，市场一直不清楚。

留给阚治东的时间实在太少。面对混乱的管理和巨额的债务窟窿，阚治东有些绝望了。

2003年9月末，阚治东提出辞职。10月，南方证券大范围爆发信用危机，委托理财客户纷纷上门索要投资本金和收益，南方证券处于生死关头。

据《财经》杂志报道，当时南方证券的客户保证金存款规模约为80亿元，而此时的委托理财规模也约为80亿元。南方证券不得不挪用客户保证金用以偿还委托理财客户的投资本金。

《财经》杂志曾报道称："南方证券的委托理财客户大部分为大型企业集团，与南方证券签订委托合同，多在2001年年初。由于当时市场向好，与客户签订的委托理财业务的收益保底线大约在10%左右。即以阚治东所称的规模压缩幅度，以两年平均10%的年保底收益率粗略计算，可知南方证券如果按合同履行的话，仅保底收益就将支付10亿元左右，这还未计入本金的亏损部分。上证综指从2001年6月间达到2 200多点高点后，一直处于下跌态势，至2003年10月底跌至1 300多点，跌幅超过30%。哪怕是保本支付委托理财资金，南方证券亦需先填平一二十亿元的亏损才行。"而当时，南方证券根本无法填补这一缺口。

2003年12月17日，南方证券董事长贺云在内部会议上称，当前公司工作的最高原则是"保卫'南方'"，"一切工作都必须服从这个原则"。此时，

阚治东第二次提出辞职。

12 月 22 日、23 日，南方证券在深圳召开董事会，会议决定总裁阚治东“停止行使总裁职责”，“同意其辞去公司董事、常务董事职务，其免职手续待按有关规定进行离任审计后再予决定”。总裁职责由董事长贺云暂时代行。

2004 年 1 月 2 日，南方证券被行政接管。2005 年 2 月，央行提供 87 亿元再贷款以助南方证券偿付保证金。同年 4 月 29 日，南方证券进入清算阶段，其经纪投行业务被剥离出来独立营运，并整体打包进行招标重组。8 月 1 日，被证监会宣布关闭清算整整 3 个月之后，中国建银投资有限责任公司（下称建银投资）在深圳与南方证券清算组签订资产收购协议。根据该协议，在承接央行 87 亿元再贷款的前提下，建银投资以 35 亿元收购南方证券旗下证券类资产，南方证券终于迎来“变脸重生”的历史时刻。

对于阚治东来说，噩梦还没有过去。

2005 年 3 月，辞任南方证券公司总裁职务一年多的阚治东突然被深圳警方逮捕，同年 12 月被深圳市罗湖区检察院起诉。2006 年 2 月 2 日，罗湖区法院开庭审理此案。

公诉人指控称，阚治东上任后为使公司重仓持有的哈飞股份价格不致大幅度下降，又继续领导、组织公司成员加大哈飞股份的投资，以牟取不正当利益或转嫁投资风险，致使南方证券公司持有哈飞股份的数量持续上升。阚治东作为犯罪单位南方证券公司直接负责的主管人员，应当以操纵证券交易价格罪被追究刑事责任。

陶武平律师为阚治东做了无罪辩护，他指出，起诉书令南方证券总裁阚治东为另外两个犯罪单位操纵股价的行为承担责任是错误的。因为孙田志（原南方证券公司副总裁，已另案判决 2 年有期徒刑，缓期 2 年执行）欺上瞒下，令阚治东长时间不了解南方证券自营及委托理财业务中的哈飞股份的真实持仓量，故阚治东只能承担工作过失的行政责任。而且，阚治东在任期间也从未签署过资金调拨单去“加大哈飞股份的投资”。

辩护人还指出，阚治东被任命为南方证券公司总裁，是去“救火”和“防暴”的，故对其任职期间的所作所为必须要做全面、客观、辩证和历史的分析，阚治东担任总裁后，为了南方证券公司的稳定，坚持采取“逐步减持重仓股并调整持股结构”的“防暴”方针。但未能完成深圳市领导布置的任务不是阚治东的过错。起诉阚治东，犹如让一名消防队员去承担放火责任，对其是不公平的。

庭审结束后，罗湖区检察院以事实、证据有变化为由要求撤回起诉，罗湖区法院于4月初裁定准许撤诉。

2006 年 4 月 30 日，取保候审的阚治东飞赴深圳，收到了罗湖区检察院送达的不起诉决定书，身陷南方证券风波的阚治东也由此得以步出泥潭。最终，阚治东被宣布无罪。

昔日“上海滩证券三猛人”之一的阚治东在证券行业的演出谢幕了。或许，一个时代也就这样结束了。

此后，不甘寂寞的阚治东再度投身创投行业，依旧与资本市场相伴，而他的第一笔资金，竟是来自昔日的好友、上交所创始人——尉文渊。

梦断大鹏：徐卫国功亏一篑

深圳本土券商中，与南方证券同遭不幸命运的，还有徐卫国一手缔造的大鹏证券。

徐卫国，1964 年出生于湖南岳阳一个普通的农民家庭。徐卫国高中毕业后，进入华中科技大学计算机专业学习，此后在武汉大学获得会计专业硕士

学位。1988年，24岁的徐卫国南下到深圳打拼，在深圳一家会计师事务所工作，1990年参与筹备深圳国际证券投资基金部，到1993年3月他离职时已升任副总经理。

1993年6月，大鹏证券获准筹建，注册资金1亿元，发起人包括三家中国人民银行总行系统的公司。同时成为大鹏股东的还有两家新成立的民营企业——深圳市兆富投资股份有限公司（简称兆富）和深圳市金策实业有限公司（简称金策）。兆富成立时的办公地址是电子科技大厦，即大鹏证券最早的中电营业部地址，兆富法定代表人一直都是徐卫国本人。外界一直认为，徐卫国是金策的实际控制人。兆富加金策实际为大鹏的第一大股东。

是年，徐卫国年仅29岁。

1995年大鹏增资扩股至5亿元。

1998年，徐卫国突然离开深圳去了美国。《财经》杂志报道，有知情人称，当时徐卫国是因涉讼而避祸出走。但后来徐卫国每每提到这段经历，都称自己西学之行，获得了哈佛商学院高级管理课程毕业文凭。徐卫国赴美后大鹏内部风波迭起，而留守在大鹏的总经理陈玉萍坚决捍卫了徐卫国的利益。之后，徐卫国回到大鹏证券重掌大权，任命陈玉萍为大鹏的副董事长。

1999年股市由熊转牛，大鹏证券一跃成为全国排名前十位的知名券商，并成为首批进入全国同业拆借市场的券商之一。当年大鹏证券还发起组建了大成基金管理公司，大鹏证券副总裁龙小波出任大成基金首任总经理。

2000年前后，大鹏证券再度增资扩股至15亿元。

随着大鹏的迅速膨胀，如何保持对大鹏的控制权始终是徐卫国面临的最大挑战；大鹏未来如何留住人心，也是徐卫国的思虑所在。这一切使管理层及员工持股成为徐卫国打算解决的核心问题。2000年完成增资扩股后，大鹏随即推出了控股公司计划。

2001 年 8 月 9 日，大鹏控股有限责任公司成立，注册资本金 6.3 亿元，徐卫国是法定代表人。大鹏证券工会委员会出资 2 亿元，占 31.7%的股份，大鹏证券的原始股东深圳市兆富投资股份有限公司、深圳市金策实业有限公司分别占 15%和 12%的股份，其他股东均为原大鹏证券的股东。

2001 年 8 月 25 日，大鹏证券股东大会通过了股权转让决议，原大鹏证券股东兆富投资和湖南湘能电力股份有限公司分别将其控制的大鹏证券股权全部转让给大鹏控股，加上其他股东的部分股权转让，大鹏控股获得大鹏证券 20%的股份，成为大鹏证券最大的单一股东。

此番安排之后，徐卫国通过大鹏控股间接控制了大鹏证券，使高管和员工的持股计划得以曲线实现。

据《财经》杂志报道，从 1999 年开始，大鹏证券一度动用 11 亿元自营资金和 11 亿元委托理财资金，共 22 亿元资金重仓持有五矿发展，最高持股比例达到流通盘的 90%。1999 年“5·19”行情中，该股从 7 元启动，到 2000 年年底涨到 32 元的最高价。当年，这只股票为大鹏证券带来 8 亿多元的浮动盈利。大鹏证券最高峰时投资规模超过 60 亿元。然而，伴随着股市的下跌，大鹏证券的自营开始产生亏损。

坐庄亏损是大鹏证券巨亏中最大的一部分。

2005 年 1 月初，大鹏证券因为对中国证券登记结算公司的 2 亿元欠账而彻底爆仓。1 月 14 日长江证券接管了大鹏的证券营业部，1 月 19 日，证监会宣布对大鹏证券实行清算。在被接管时，大鹏证券股票投资损失超过 20 亿元。此外，还有累计近 10 亿元的融资成本和经营性亏损。

2005 年 8 月 12 日，徐卫国在家中被突然而至的警方刑事拘留。同时被拘留的共 12 人，除徐卫国外，还包括大鹏证券总裁张永衡、财务总监张志文、

主管自营的副总裁曾军、副总裁谢柳青、资产管理部总经理吴军和大鹏自营业务部门的几名普通员工。

其实，南方和大鹏只是当时证券行业的一个缩影。根据中国证券业协会公布的2003和2004年度证券公司经营业绩统计数据显示，2003年度，122家证券公司实现营业收入233.85亿元，利润总额为-9.389 3亿元；2004年度，114家证券公司实现营业收入169.44亿元，同比下降27.54%，利润总额为-103.64亿元，同比下降1 003.81%，扣减资产减值损失后，利润为-149.93亿元，全行业处于亏损状态。

阚治东在《荣辱二十年：我的股市人生》中回忆，他刚到狱中时，见到了被关押半年多的徐卫国。两人握手交谈间，贺云之前的倒数第二任南方证券董事长刘波也挤过来打招呼。阚治东尴尬地笑道："如果把管金生、张国庆、陈浩武等人也关在这里，我们几乎可以开一次中国证券业开创者大会了。"

置身这样的场景，阚治东曾百感交集地发出了令人唏嘘不已的"阚治东之问"——"证券业，这个为国家改革开放做出巨大贡献的行业到底怎么了？这个行业的领导人结果都差不多，我也不知道问题出在哪里。"

其实，阚治东是知道答案的，但他不愿意说。他不说，不知道谁还有资格回答这样的问题。

枭雄德隆：永远的"股市第一庄"

2004年，与券商纷纷出事相比，更加震动中国资本市场的一件大事是德隆系的崩盘。如果说中科创业的定案意味着庄股理念的破产，那么曾经的"股市第一庄"——德隆系的坍塌则意味着庄股时代的终结。

1997 年，德隆系已经初具规模，新疆屯河、湘火炬、合金投资构成了德隆系的三驾马车。而在中央整顿金融秩序的风暴下，金新信托的原大股东欲转手公司股权。唐万新觉得这是一个难得的机会，于是想方设法打通各种关节，通过新疆屯河曲线收购金新信托 30%的股权。在股权尚未交割完毕之际，唐万新就迫不及待地率领王宏等德隆老兵进驻金新信托。金新信托逐渐取代新疆金融租赁，成为唐万新的第二个重要的融资平台。

1998 年 8 月，唐万新在上海召开新疆德隆董事局扩大会议。根据起诉书，唐万新进一步明确了“集中持股”方案。据唐万新说，其集中持股的理念源自巴菲特。

此后，通过控制流通股和大比例的送配，这三家公司的股票价格涨幅最少都超过 20 倍，即使在 2003 年股市跌得面目全非之际，德隆系三驾马车的股价依然逆市上涨，尽显“股市第一庄”的风范。

2000 年 3 月，德隆收购重庆证券并将之更名为德恒证券。

2001 年年初，金新信托有 41 亿元委托理财资金要求兑付。当年，德隆先后在杭州西湖数次召开会议，内容都是如何拯救危机。唐万新与其他 7 名董事在两项内容上出现严重分歧：一是唐万新认为要挽救金新信托，其他董事则建议让金新信托破产、断腕自救；二是唐万新主张从三驾马车出货，但其他董事坚决反对，因为德隆体系庞大的“老鼠仓”隐藏其中，其利润丰厚超乎想象，出货计划显然与这些董事的利益相悖。会议的结果是保留金新信托和暂缓三驾马车的出货。

2001 年 4 月出版的《新财富》发表经济学家郎咸平、《新财富》主编张信东、副主编周宏波等人联合主笔的封面文章《德隆系：中国独特的“类家族企业”敛财模式》一文，全面反思德隆系的运作模式。文章认为：“在中国，出现德隆系这种全新的类家族企业的运作模式，上市公司在复杂的结构中，

往往成为这种类家族集团中的旗舰企业，其资产变为向下运动，具体表现为投资行为。产生这一模式的主要原因是，由于目前中国股市的初级市场特征尤其是不健全的交易监管机制，决定了控制性股东有可能通过证券市场股价上涨获取暴利。这些公司通常都选择高送股这种奇妙的分配方式，并没有让股东拿到一分钱现金，却推动了股价的上涨，而且上涨幅度相当惊人。”

媒体的质疑引起了德隆系一些债权人的注意，尤其是商业银行的关注。监管部门开始意识到德隆系高企股价后面的巨大金融风险，并有意识地采取一些措施限制德隆进入某些产业，同时加大了限制违规资金进入证券市场的力度。这个时候的唐氏兄弟开始意识到问题的严重性，原来一直很神秘的德隆开始站出来树立公众形象，希望获得社会和政府的谅解渡过这一难关。

在外人看来，德隆系依旧是风光的。在胡润发布的“2003资本控制力50强”排行榜上，德隆集团凭借对五家上市公司、217亿元流通市值的控制力名列榜首。2003年，唐氏兄弟位居《财富》杂志中国百富榜第25名，拥有财富19亿元。德隆旗下控制的五家上市公司其总流通市值超过200亿元。

2003年12月16日，德隆将所持有的湘火炬10 020万股法人股质押，引起了市场的普遍怀疑。紧接着，德隆又用一连串的密集股票质押强化了市场的怀疑预期，湘火炬、新疆屯河和合金投资的部分股权陆续被质押，更加重了市场的怀疑。

2004年春天，原本同德隆系合作很好的银行和民间金融资金开始不再借钱给德隆系，并且加大了对资产抵押贷款的追缴力度，而再次大规模的扩张又受到政府的限制。为了减轻债务压力，德隆系只有选择抛售股票套现，从而令股价跳水这一条路。

2004年4月3日，唐万新40岁生日。11天后的4月14日，对唐万新和他的德隆王朝而言，是个黑色的日子。德隆的噩梦从这一天正式开始了。德隆系旗下的三驾马车——湘火炬、新疆屯河和合金投资第一次集体跌停。尽管在此之前，德隆系所有的股票都有不同程度的下跌，但是三驾马车整体跌停在德隆的历史上是前所未有的。这不仅反映了市场对德隆的信心丧失正在加速，也证实了市场流传的德隆资金链断裂的真实性。

接下来，德隆王朝中子系统或关联系统与德隆之间裂痕的出现、矛盾的接连暴露，使德隆着力打造的产业链开始瓦解。

2004 年 5 月 30 日，德隆国际召开了董事会暨危机处理工作会议，首度承认“德隆全系统处于危机最深重、困难最严重的时期”。

2004 年 6 月 8 日，德隆危机进一步升级，上海市第一中级人民法院同时开庭审理了两起有关德隆的案件，各地债权人纷纷通过法律途径向德隆索债，德隆在各地的资产大部分遭冻结。

2004 年 8 月 26 日，新疆德隆、德隆国际和屯河集团与华融公司签订了《资产托管协议》，三公司将其拥有的全部资产不可撤回地全权托管给华融公司，由华融公司行使全部资产的管理和处置权力。9月4日，华融接受证监会委托对德恒证券、恒信证券和中富证券进行托管经营。

2004 年 12 月 17 日，唐万新因涉嫌变相吸收公众存款和操纵证券交易价格非法获利罪被正式拘捕，旋即由北京坐火车押解到武汉。2006 年 4 月 29 日，在这起被称作新中国成立以来最大的金融证券案件中，唐万新被武汉市中级人民法院以非法吸收公众存款罪、操纵证券交易价格罪判处有期徒刑 8 年，并处 40 万元罚款。德隆系三家核心企业新疆德隆（集团）有限责任公司与德隆国际战略投资有限公司以“操纵证券交易价格罪”各被处以 50 亿元的巨额罚款，上海友联管理研究中心有限公司以“非法吸收公众存款罪”被罚款3亿元。

唐万新在自辩时认可起诉书的大部分事实，在最后陈述里他表示：“负

罪感强烈，完全服从法院的判决。”

据说，唐氏兄弟尚在新疆创业时期，曾有算命大师预言，唐万新在40岁那年将一贫如洗。当时，唐万新哈哈一笑。不承想，一语成谶。

此后，唐万新在狱中依然坚持每天学外语，还报考了北京大学考古专业，进行函授教育。

功过是非：庄主崩盘耐人思考

德隆覆灭了，唐万新倒下了。但是，即使知道唐万新被批捕和入狱，德隆的大部分旧部依然在等待，“万新出来，我们还要跟随他”，这是一批德隆人的呼声。

在德隆资本膨胀的过程中，其关键词是“产业整合”，其核心思想是以资本运作为纽带，通过企业购并，整合传统产业，为传统产业引进新技术、新产品，增强其核心竞争力。为此，德隆缔造了一个两翼并举的庞大金融产业王朝：产业一翼，德隆斥巨资收购了数百家公司，所属行业含番茄酱、水泥、汽车零配件、电动工具、重型卡车、种子、矿业等；金融一翼，德隆将金新信托、厦门联合信托、德恒证券、新疆金融租赁、新世纪金融租赁等纳入麾下。

德隆在产业整合模型上的确下过大工夫。比如在行业研究方面，为了进入某一行业，德隆可以花费数百万元、数年时间进行全球性的市场研究。这在国内是绝无仅有的。应当承认，德隆采取的措施，在上市公司方面有一定的成效，湘火炬进入行业景气度较高的重型汽车领域；合金投资收购了在美国有一定影响、效益较好的电动工具公司；新疆屯河也加大了在新兴的食品产业的投资力度，产业初具规模。“至少，唐万新打造了中国的番茄酱产业。”一位市场人士曾经如此评价道。

在其上市公司基本面改善的同时，德隆在其他非上市产业中形成了很大的坏账。产业规模越来越大，债务越来越重，也是不争的事实。

唐万新有一句名言——“但凡我们用生命去赌的，一定是最精彩的。”

曾与唐万新交往 20 年、深入跟踪德隆系的东西部（中国）经济研究院院长唐立久在 2008 年发表《走进唐万新》一文。其中这样写道：“20 年来与唐万新的交往和 18 年德隆的成长，都经过了中国改革开放的历史。简单地停留在对德隆褒贬层面或唐万新的是是非非，不是一种客观公正的方式。因此，必须放在历史的长河中和大时代背景下加以解构，才能更深刻地理解德隆的远源近流以及中国民营企业的成长历程……德隆溃败除了自身问题之外，还有一个重要原因是中国民营企业生态软硬环境不佳。中国民营企业生态硬环境最大的问题是缺乏培育跨国公司或超大型企业的金融体制、法制环境的条件。软环境又处于这样的状态之中：血缘家族观念深厚，集权专制，家企一体……这些传统文化都深深地影响了民营企业家的成长。中国已经进入了世界上最为复杂的社会形态，我们看到众多民营企业家正是在这样的社会形态下，前赴后继走向了灭亡，何其相似！谁都有过英雄梦，但又有所不同！唐万新能否东山再起暂且不论，单就这 18 年唐家兄弟及德隆对中国社会的影响，特别是对金融、资本市场的冲击，是为‘前无古人，后无来者’。唐氏兄弟本想干一番大事业，整合传统产业，进入世界 500 强，与跨国公司打拼，为什么最终会演变为融资困局？简单地论断唐万新，似乎显得仓促而又武断，我们只能等待一个又一个谜团的揭开。”

在德隆旧部看来，没干过企业的人，自然无法认识到德隆的价值。在德隆的产业资产处理方面，2004 年 6 月初，由银监会和国资委组织一批央企开了一个通报会。会议要求有能力的国字号、中字头企业积极参与德隆资产重

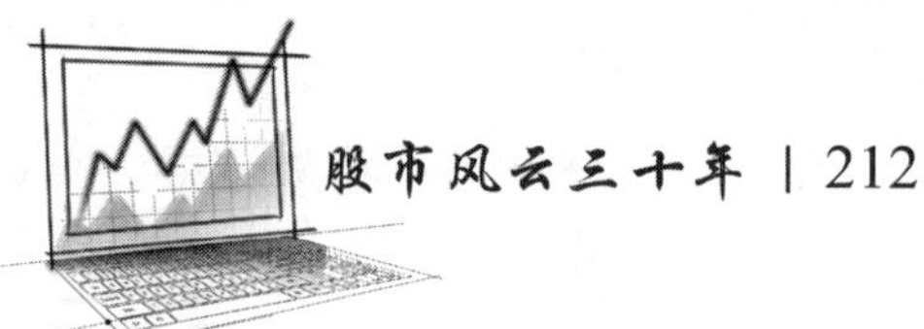

组，要救德隆企业一把。

事实上，德隆的资产并非一无是处。2004年4月，杭州宝群实业公司从德隆手中购买ST中燕3 540万股股权；5月，新疆生产建设兵团国资局控制的上市公司——冠农股份以8 700万元价格收购罗布泊钾盐51.2%股权；6月，中国非金属材料总公司以26亿元购买德隆旗下全国第三大水泥生产企业天山股份5 100万股股权；8月，上海汽车集团总公司洽购德隆旗下重庆红岩汽车股权。

有人说，德隆的国有化是历史的规律。

此后，德隆系三驾马车中，新疆屯河重组后变身中粮屯河，成为全球最大的番茄酱生产企业之一、全国最大的甜菜糖生产企业和全球最大的杏酱生产企业之一，是中粮集团九大业务板块之一。潍柴动力合并湘火炬重组后，成为A股市场的蓝筹公司。两家公司的市值最高时远远超过在德隆的年代，不知狱中的唐万新做何感想。

“只要保我一条命，10年以后出来我还是一条好汉！”在接受审判的前夕，唐万新如此悲情的表态震撼着每一个人。

与此同时，管理层也在陆续出台针对资本市场的扶持政策。

2004年2月，国务院发布《关于推进资本市场改革开放和稳定发展的若干意见》，提出“充分认识大力发展资本市场的重要意义；推进资本市场改革开放和稳定发展的指导思想和任务；进一步完善相关政策，促进资本市场稳定发展；健全资本市场体系，丰富证券投资品种；进一步提高上市公司质量，推进上市公司规范运作；促进资本市场中介服务机构规范发展，提高执业水平；加强法制和诚信建设，提高资本市场监管水平；加强协调配合，防范和化解市场风险；认真总结经验，积极稳妥地推进对外开放”等九点意见，在当时被称作“国九条”。

“国九条”的出台汇集了广大专家学者的意见，将大力发展资本市场提升到国家战略高度，系统阐述了发展资本市场的任务、目标、指导思想和具体要求，被看作针对中国资本市场发展的重要纲领性文件。

在“国九条”的框架下，当年监管层推出了一系列加强市场制度建设的举措。经国务院批准，证监会2004年5月17日正式发出批复，同意深交所在主板市场内设立中小企业板块，并核准了中小企业板块实施方案。

8月30日证监会公布《关于首次公开发行股票试行询价制度若干问题的通知》（简称《通知》），《通知》规定发行人及其保荐机构应采用向机构投资者累计投标询价的方式确定发行价格，保荐机构应向参与累计投标的询价对象配售股票，其余股票以相同价格向社会公众公开发行。

2004年9月26日证监会发布了《关于加强社会公众股股东权益保护的若干规定（征求意见稿）》（下称《若干规定》），《若干规定》从五个方面加强保护流通股股东的合法权益。

12月7日证监会发布《关于加强社会公众股股东权益保护的若干规定》，试行上市公司重大事项社会公众股股东表决制度。

“国九条”出台引发的股市反弹并没能持续太久。在宏观调控政策的作用下，指数的反弹到4月初便戛然而止，新的一轮下跌又开始了。至2004年年末，上证指数跌至1 266点，全年下跌15.40%。

2005

第 16 章 | 决战股改

高层关注：股改终于启动

时间进入2005年，证券市场低迷的状况没有发生任何变化。1月23日财政部宣布从2005年1月24日起印花税由2‰下调至1‰。然而，这带来的仅仅是短暂的上冲，指数在2月出现小幅反弹后便继续向下调整。

当时，投资者对于A股市场的信心丧失殆尽，股权分置的问题已经到了非解决不可的地步。

中国证券网记载，2005年3月14日，在当年“两会”记者招待会上，有记者询问温家宝总理：“自从去年国务院发布推进资本市场改革和发展的决定，就是我们所说的‘国九条’以来，虽然有关部门采取了很多有力的措施，但是市场反应比较冷淡，股价下跌得比较厉害，很多股民身套其中。我们想请总理回答一个问题，我们政府采取有力的措施，以改变目前股市的现状，您认为广大股民对今年的股市应该有什么样的期待？”

当时，温家宝总理做了一番令人难忘的回答，他说：“你这个问题可能是互联网点击率最高的问题，也是全国听众比较关心的一个问题。中国的股市同中国社会主义市场经济一起开始发展。证券市场为中国的经济建设做出了重要的贡献，但是我们应当承认，由于我们的知识和经验的不足，股市制度等基础建设薄弱，市场不完善，因而造成了近些年来股市持续下跌。我虽然很少就股市发表意见，但我却每天关心着股市的行情。我可以向大家讲的是中国将坚持发展资本市场，扩大直接融资。对于证券市场，我们将从以下几个方面加强工作。第一，提高上市公司的质量，这是根本。第二，要建立一个公开、公正、透明的证券市场。第三，要加强监管，打击违法、违规行为。第四，要加强以制度为主的证券市场的基础建设。第五，要保护投资者，特别是公众投资者的利益。"

第二天新华社播出《温家宝总理答中外记者问》时，在第五点后又补充了一点："第六，妥善解决股市发展中积累的历史遗留问题。"

作为国务院总理，温家宝每天要处理多少国家大事，然而总理竟然每天关心着股市的行情，可见当时的股票市场低迷已经到了何种地步。

当时，人们对于发展资本市场的信心低落。对温总理讲话，依然有媒体误读，说"总理讲话意思是不会救市"。对于这种误读，有媒体反击说："落实'国九条'的任务还远没有完成；就已经落实的情况而言，也还有诸多欠缺。相对这样的事实，所谓救市与不救市的争论就显得十分苍白。"

证监会：开弓没有回头箭

终于，一直被认为是"无为而治"的第四任证监会主席尚福林在 2005 年开始了大动作。

尚福林，1951 年 11 月生于山东省济南市。1978 ~ 1982 年在北京财贸学院金融专业学习。毕业后分配到中国人民银行总行，历任副处长、处长，副司长、司长。在央行工作期间，尚福林注意钻研学习新的经济理论，通过进修深造，获得了博士学位。1994 年尚福林任中国人民银行行长助理，1996 年 4 月任中国人民银行副行长，2000 年 2 月任中国农业银行行长。2002 年 12 月

27日，尚福林接替周小川出任证监会主席、党委书记。

尚福林担任证监会主席后，A股市场再无牛市，2003年的“五朵金花”行情充其量算是局部牛市或者熊市中的反弹，而且极为短暂。

“尚福林的含义就是上涨幅度为零。”坊间开始对尚福林调侃。

在A股市场屡创新低、市场信心趋于崩溃的时刻，尚福林终于还是出手了。

2005年4月29日，“五一”长假前的最后一个交易日，节日气氛弥漫市场上空。当日，上证指数收盘于1 159点，下跌0.85%。下午3点收市后，人们都在满脑子盘算着假期生活。就在当晚，证监会宣布有重大新闻发布：经国务院批准，证监会发布了《关于上市公司股权分置改革试点有关问题的通知》，宣布启动股权分置改革试点工作。困扰市场数载的头号难题——股权分置终于迎来改革破题的一刻。

证监会在当时的文件中指出，股权分置是指上市公司的一部分股份上市流通，一部分股份暂不上市流通，这是由诸多历史原因形成的。在建设社会主义市场经济体制和推进资本市场改革开放的新形势下，股权分置影响证券市场预期的稳定和价格发现功能，使公司治理缺乏共同的利益基础，不利于国有资产管理体制改革的深化，已经成为完善资本市场基础制度的一个重大障碍，需要积极稳妥地加以解决。

按照规定，为了保持市场稳定和保护投资者特别是公众投资者合法权益，证监会根据上市公司股东的改革意向和保荐机构的推荐，协商确定试点公司。试点上市公司股东自主决定股权分置问题解决方案。

此时，很多人心里都明白，管理层之所以选择劳动节前启动股改，是为了避免炒作。“五一”期间管理层肯定会确定试点公司名单，节后一开市试点公司就停牌，没有炒作的空间。

5月8日，长假最后一天的下午，首批试点公司名单出炉。三一重工、金牛能源、清华同方和紫江企业4家上市公司入围首批试点公司。

5月9日，4家试点公司停牌，整个市场议论声起。一时间，4家公司及其对价方案成了市场关注的焦点。

A股市场并不领情，此后一个月仍在快速下跌。就在证监会宣布启动第二批试点后不久，至6月6日上午11点03分，上证指数盘中跌破1 000点，最低至998点。许小年的“千点论”就此成为现实。

面对此情此景，尚福林仍旧神情自若，态度毅然决然，说起话来更是斩钉截铁。在新闻发布会中，尚福林说：“股权分置改革不仅是中国资本市场的一件大事，也是党中央、国务院的新决策，开弓没有回头箭，必须搞好。”

2005年7月22日，国务院召开“资本市场改革发展座谈会”，此次会议并没有公开对外报道。“这可以说是一次股改预热动员大会，重点省市的负责人和部分重点上市公司代表参加了座谈会，会上对国资委、证监会各相关部门、地方政府如何推动股改工作进行了动员和部署。”一位座谈会与会人士说。

回头来看，此次座谈会在股改进程中起着至关重要的作用。就在座谈会后不久，上海、广东等重点区域纷纷动了起来，举行动员大会，对本地区股改进行部署。不少地区专门成立了以常务副省长、副市长为组长，众多相关部门主要领导人为成员的“股权分置改革领导小组”。

应当说，股权分置试点方案是我国证券市场制度的一大创举，具有划时代的意义。首先，股权分置问题的解决将促进证券市场制度和上市公司治理结构的改善，有助于证券市场的长期健康发展；其次，股权分置问题的解决，可实现证券市场真实的供求关系和定价机制，有利于改善投资环境，促进证券市场的稳定，利在长远；第三，保护投资者特别是公众投资

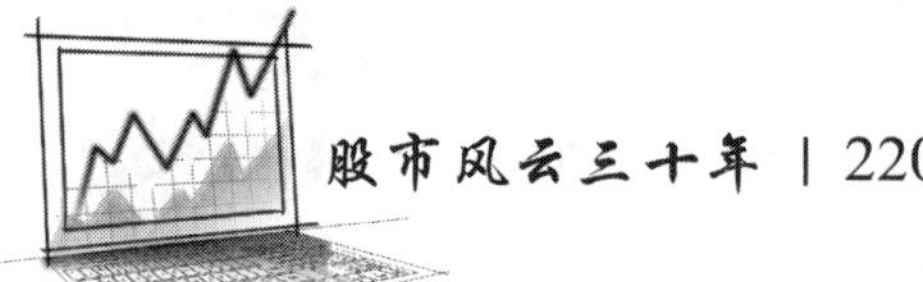

者合法权益的原则使得改革试点的成功成为可能，这将提高投资者信心，使我国证券市场摆脱目前困境，避免被边缘化。有业内专家表示："流通股含权"预期的兑现，可以大幅减轻国内市场估值水平与国际接轨压力。因此，股权分置改革试点不是加剧市场结构分化的过程，而是减轻了市场结构调整的压力。

三一重工：首尝股改"螃蟹"

股权分置改革第一单花落民营企业三一重工，的确让人有些意外，不过也确实在情理之中。按照三一重工总裁向文波的话说，三一重工自上市后开始与证监会探讨和沟通股改问题，并一直在寻找合适的机会。

"争当第一个吃螃蟹的人"，是三一重工从创业时就设立的宗旨。随后的十几年，三一重工一直在"中国改革的试验田"中发展和壮大。因此，当中国股票市场发生重大制度变革时，三一重工的管理层显示出"该出手时就出手"的魄力。

三一重工一直以来的积极态度给证监会留下了深刻印象。同时，三一重工的股权相对集中，有良好的业绩，在股票市场上形象良好，且作为民营公司，决策程序比较简单，这些都促成了三一重工进入首批试点。

作为第一家股权分置改革的试点公司，三一重工采用了非流通股股东向流通股股东支付对价的方式。而此后这一方式基本成为股权分置改革的标准。

按照三一重工的方案，非流通股股东将向流通股股东支付 2 100 万股公司股票和 4 800 万元现金，如果股票部分按照每股 16.95 元的市价（方案公布前最后一个交易日即 2005 年 4 月 29 日收盘价）计算，则非流通股股东支付的流通权对价总价达到了40 395万元。按照非流通股股东送股之后剩余的15 900万股计算，非流通股为获得流通权，每股支付了约2.54元的对价。

此后，紫江企业公布的方案是非流通股股东将向流通股股东支付17 899万股公司股票，相当于流通股股东每10股获送3股，以市价每股2.78元计，流通权对价价值约为49 759万元，按照非流通股股东送股后剩余的66 112.02万股计算，相当于非流通股每股支付了0.75元的对价。

清华同方流通股股东每10股获转增10股，而非流通股股东以放弃本次转增权利为对价换取流通权。虽然非流通股股东表面上没有付出股票或现金，但由于其在公司占有股权比例的下降，从股权稀释的角度考虑，非流通股股东实际支付了价值5.04亿元净资产的股权给流通股股东。

此外，三一重工宣布，公司将在本次股权改革方案通过并实施后，再实行2004年年度利润分配方案。由于其2004年度还有10转增5派1的优厚分配预案，因此持股比例大幅上升的流通股股东因此也就享有更多的利润分配权。紫江企业的非流通股股东除了送股外，还做出了两项额外承诺：对紫江企业拥有实际控制权的紫江集团承诺，在其持有的非流通股股份获得上市流通权后的12个月期满后的36个月内，通过上交所挂牌交易出售股份数量将不超过紫江企业股份总额的10%，这较证监会《关于上市公司股权分置改革试点有关问题的通知》中规定的时间有所延长；在非流通股的出售价格方面，紫江集团承诺，在其持有的非流通股股份获得上市流通权后的12个月禁售期满后的12个月内，通过上交所挂牌交易出售股份的价格将不低于2005年4月29日前30个交易日收盘价平均价格的110%，即3.08元。无疑，这些个性化条款是保荐机构和非流通股股东共同协商的结果，对出售股份股价下限的限制和非流通股分步上市期限的延长在一定程度上减缓了这部分股份流通给市场带来的压力，也反映出大股东对公司长期发展的信心。

此后，围绕着三一重工每 10 股补偿 3 股和派 8 元的补偿方案，市场各方进行了充分的博弈。三一重工董事长梁稳根针对全流通试点的看法更是引起了著名的“猪论”风波，他本意是以此比喻两类股东利益不一致，却被曲解成大股东与流通股东争利，因此饱受诟病。有公关公司建议自然淡化，但三一重工希望能向投资者澄清事实，必要的时候要向投资者道歉。于是，向文波以调侃的方式“大猪向小猪道歉”，这一危机才化解。

随后，三一重工将补偿方案修改为流通股股东每 10 股获 3.5 股股票和 8 元现金，三一重工最终以 93.44%赞成的比例高票通过了股改方案，成为当之无愧的股改第一股。三一重工的知名度从业内迅速扩展到全国，董事长梁稳根因此当选 2005 年度中央电视台年度经济人物，随后更多的荣誉也接踵而至。

原本和三一重工同属于首批股改公司的清华同方，提出的方案因流通股赞同率仅为 61.91%，未能达到参加表决的流通股份的 2/3，最终未获通过。清华同方因此成为第一家股改方案被否决的上市公司。时隔 7 个多月之后，清华同方第二次提出股改方案——流通股股东每 10 股获得 3.8 股。直到 2006 年 1 月 23 日，清华同方第二次股改以 93.6%赞成率获得通过。

开弓没有回头箭，股改制度性框架迅速搭就。2005 年 8 月 23 日，证监会、国资委、财政部等股权分置改革领导小组成员单位联合发布《关于上市公司股权分置改革的指导意见》；9 月 4 日，证监会发布《上市公司股权分置改革管理办法》；9 月 9 日，国务院国资委发布《关于上市公司股权分置改革中国有股权管理有关问题的通知》。9 月 12 日，股权分置改革正式进入积极稳妥推进阶段，两市 40 家公司同时发布了股权分置改革公告，股改战役全面打响。

2005 年 11 月 21 日，中小企业板最后一家公司黔源电力的股改方案获得通过，至此中小板 50 家公司全部完成股改，成为我国证券市场历史上第一个与国际市场接轨的全流通板块。

2005 年 11 月 10 日，由证监会、国资委等五部委组成的股权分置改革领导小组在京召开座谈会，强调以股改为契机落实“国九条”。11 月 16 日，证监会主席尚福林要求各方加快推进股权分置改革。次日，国家重点股改公司名单排定，明确中央企业控股的 39 家重点公司由国务院国资委负责推动，11 个重点地区的 135 家重点公司由地方政府负责推动，全面股改提速。

汇率改革：人民币启动升值之旅

2005 年，除了股权分置改革外，中国金融市场的另一件大事就是人民币汇率形成机制的改革，而这也被看作 2006 ~ 2007 年A股市场大牛市的另一个触发因素。

1997 年金融危机之后，我国贸易一直保持顺差。2005 年 1 ~ 6 月份累计贸易顺差已达 396.5 亿美元。影响我国出口强劲增长的主要因素有：外商直接投资的不断增大；加工贸易的作用日趋发挥；低廉的劳动力成本和出口退税政策；同时人民币币值低估也是出口增长的重要因素之一。虽然出口为我国GDP的增长做出了巨大贡献，但是贸易收支长期不平衡不利于我国经济持续增长，如引起外汇储备增长过快等。至 2005 年 6 月底，我国外汇储备达到 7 109.73亿美元。

2002 年年末以来，日本等少数国家开始在国际社会上散布“中国输出通货紧缩论”，2003 年，这种论调进一步升级为人民币升值的呼声。美国在人

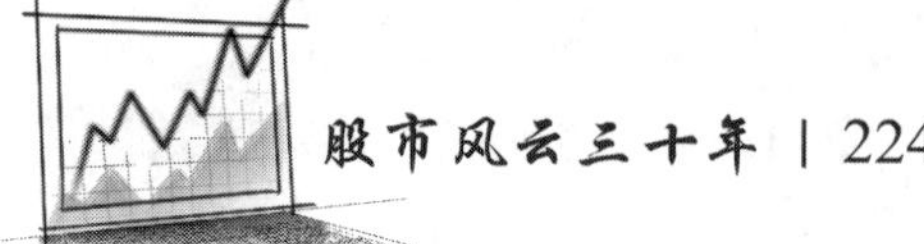

民币汇率之争中扮演了主要角色。美国将其经常项目赤字归罪于人民币币值低估。美国财政部长斯诺和美联储主席格林斯潘先后的讲话，都呼吁人民币升值。而后美国“健全美元联盟”又提出欲通过“301条款”促使人民币升值。另外，美国国会议员提交法案，动议向所有在美出售的中国产品征收惩罚性关税27.5%，除非人民币做出相应金额的升值。

2005年7月21日中国人民银行进行了一项重大的金融改革——完善人民币汇率形成机制改革。这次改革出其不意，却又在情理之中。

此次改革的具体事宜包括：第一，自2005年7月21日起，我国开始实行以市场供求为基础，参考一篮子货币进行调节，有管理的浮动汇率制度。人民币汇率不再钉住单一美元，形成更富有弹性的人民币汇率机制。第二，中国人民银行于每个工作日闭市后公布当日银行间外汇市场美元等交易货币对人民币汇率的收盘价，作为下一个工作日该货币对人民币交易的中间价格。第三，2005年7月21日19:00时，美元对人民币交易价格调整为1美元兑8.11元人民币，作为次日银行间外汇市场上外汇指定银行之间交易的中间价，外汇指定银行可自此时起调整对客户的挂牌汇价。第四，现阶段，每日银行间外汇市场美元对人民币的交易价仍在中国人民银行公布的美元交易中间价上下3‰的幅度内浮动。中国人民银行将根据市场发育状况和经济金融形势，适时调整汇率浮动区间。同时，中国人民银行负责根据国内外经济金融形势，以市场供求为基础，参考一篮子货币汇率变动，对人民币汇率进行管理和调节，维护人民币汇率的正常浮动，保持人民币汇率在合理、均衡水平上的基本稳定，促进国际收支基本平衡，维护宏观经济和金融市场的稳定。

这次人民币汇率制度改革归纳起来主要有两点：

一是人民币对美元当日升值2%。这一调整幅度主要是根据我国贸易顺差程度和结构调整的需要来确定的，同时也考虑了国内企业进行结构调整的适应能力。二是实行更富有弹性和灵活性的有管理的浮动汇率制度。一篮子货币，是指选择与中国贸易和投资密切的若干主要货币，对不同货币设定不同的权重，组成一个货币篮子。国家根据国内外经济金融形势，以市场供求为基础，参考一篮子货币计算人民币多边汇率指数的变化，对人民币汇率进行管理和调节。外币之间的汇率变动会影响人民币汇率，同时市场供求关系也是汇率形成的又一重要依据。

此次人民币汇率制度改革意义重大，其内容不仅包括海内外呼吁的人民币升值，更令人关注的是汇率形成机制的变革，可谓是中国金融改革又一里程碑。虽然汇率改革给中国带来了一些负面影响，但是人民币升值的幅度却在中国可以承受的范围之内。另一方面，改革带来的正面影响相当显著，给中国经济长期持续平稳的发展奠定了坚实的基础。对于资本市场而言，基于人民币升值下的资产重估成就了A股市场自诞生以来最为波澜壮阔的一轮牛市行情。

拯救券商：中央汇金强势注资

2005 年，对于国内的证券行业而言，可谓黎明前的黑暗。又一批券商在黎明前的黑暗中倒下。

2005 年 1 月 5 日云南证券清算组发布公告，云南证券因挪用巨额客户交易资金而被责令关闭。从 2004 年 4 月 2 日收市时起，太平洋证券托管云南证券所属证券营业部及相关经纪业务部门。

5 月 27 日，鉴于北方证券严重违规经营，存在巨大金融风险，为维护证券市场及金融秩序稳定，保护投资者合法权益，根据《证券法》和国家有关

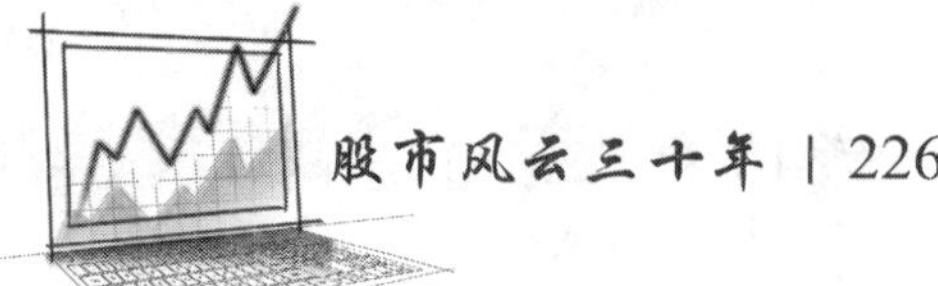

规定，证监会委托东方证券于5月27日收市后托管北方证券经纪业务及所属证券营业部。

5月31日，证监会下发《行政处罚决定书》，取消亚洲证券的证券业务许可并责令其关闭，证监会已从2005年4月29日收市后委托华泰证券对亚洲证券经纪业务及所属证券营业部、服务部进行托管。

8月5日，武汉证券因严重违规经营，被广发证券正式托管。

8月26日，甘肃证券因严重违规经营，被海通证券正式托管。

证券行业已经从全行业亏损的尴尬境况进一步恶化至面临生死存亡的境地。在这样的背景下，国家启动了拯救证券行业的行动。

2005年6月13日，央行向有关部门请示，拟定对华安证券和申银万国证券给予再贷款支持；6月16日，中央汇金投资有限公司决定对银河证券注资。

历史上，央行曾多次向券商提供再贷款。上次再贷款的对象为“问题”证券公司。2001年以来，由于证券市场的持续低迷，券商危机急剧增加，先后有鞍山证券、大连证券、佳木斯证券、富友证券、新华证券、南方证券、德恒证券、恒信证券、中富证券、汉唐证券等券商出现严重违规和出现支付危机。央行先后向鞍山证券、新华证券和南方证券分别发放了15亿元、14.5亿元和80亿元的再贷款。由于央行的再贷款，使这些券商客户的利益得到保护，避免了兑付危机，有效地化解了可能出现的金融风险。但2002年8月，证监会宣布撤销鞍山证券；2003年12月，新华证券也被证监会撤销；2005年4月29日，南方证券宣布关闭，央行向这三家证券公司发放的109.5亿元再贷款收回的希望极其渺茫。据央行金融稳定局统计，2004年央行共向各类券商提供了150亿元再贷款。

相比再贷款的紧急融资性质，注资起到了事前防范的作用。中央汇金投资有限责任公司（下称中央汇金公司）是 2003 年 12 月 16 日成立的，经国务院批准组建的国有独资投资公司，代表国家对中国银行和中国建设银行等重点金融企业行使出资人的权利和义务。

在中央汇金公司成立之初，其定位是“作为出资人，将督促其战略投资对象落实各项改革政策，完善公司治理结构，力争使股权资产获得有竞争力的资产回报和分红收益”。中央汇金公司注资国有银行和与银建投资一起注资银河证券都说明其在维护金融稳定局势中的重要作用。

2005 年 8 月 30 日中央汇金公司与申银万国证券公司签署备忘录，中央汇金公司将向申银万国注资 25 亿元，并提供 15 亿元流动性支持。注资后申银万国注册资本金将增到 67 亿元，中央汇金公司持股比例 37.3%，成为申银万国的第一大股东。

9 月 1 日中央汇金公司与国泰君安证券公司签署备忘录，中央汇金公司将采用市场化方式对国泰君安进行股权增资并提供流动性借款。国泰君安将向中央汇金公司定向发行 10 亿股股份，发行价每股定价 1 元人民币。增资后中央汇金公司成为国泰君安的第二大股东。

9 月 21 日由中信证券和中国建银投资有限责任公司（简称中国建投）发起设立的中信建投证券有限责任公司在京召开创立大会暨首届股东会，中信建投证券的创立，是对国务院批准的华夏证券重组方案的落实。原华夏证券的全部证券业务及相关资产被中信建投证券有限责任公司受让。

9 月 28 日中国建银投资证券有限责任公司在深圳举行开业庆典，公司注册资本为 15 亿元，是中国建投通过竞拍购买原南方证券的相关证券类资产，并以此为基础设立的一家全新证券公司。南方证券由此获得新生。

9 月 29 日，中国证券投资者保护基金有限责任公司正式挂牌开业。保护基金来源于沪深交易所在风险基金达规定上限后的 20% 交易经手费、券商缴

款、申购新股冻结资金利息、捐赠等方面。其初始规模包括财政部专户储存历年冻结资金利差余额63亿元，以及央行专项再贷款600多亿元。

至此，国内证券行业基本脱离危险区，加之行情走暖，将全行业从奄奄一息拉回到休养生息的阶段。

第17章 | 资产重估

新老划断：政策倒逼股改加速

进入2006年，股权分置改革的速度开始加快。与此同时，长期丧失融资功能的A股市场也期待着新股发行和再融资的重新启动。2005年7月，证监会研究中心主任李青原就曾表示，市场对股权分置改革存有许多误解和不正确的预期。其中一个说法就是要等到全部近1 400家上市公司全部完成股权分置改革后才能启动资本市场新老划断、恢复新股发行等工作。

“这是不可能的，全部上市公司完成改革至少需要三五年，等到那时市场早就死掉了。”李青原在接受《东方早报》采访时候愤愤表示，“资本市场新老划断、新股恢复发行等工作有望在一年之内启动，市场应该对此持有清晰预期。占总市值近60%～70%的200～300家上市公司完成股权分置改革后，只要市场承受能力合适，新股发行等工作即可开展。”李青原同时认为，不能以当前的股价来判断改革成败。

李青原的观点曾在当时引起各界的广泛争论。首都经济贸易大学教授刘纪鹏随即在《经济导刊》发表《股改应以股价论成败，新老划断要慎重》一文，观点与李青原截然相反。刘纪鹏教授认为，在“国九条”的指导下推出的以对价形式进行股权分置改革的方向是正确的，它摒弃了四年来非流通股按市价减持自然并轨对股市的困扰。检验这场股权分置改革的重要标准就是大盘上涨，至少要高于现有的点位，应以股价论成败。股市长期缺失融资功能将严重制约国民经济的发展和金融改革的推进，但解决这一问题又不可操之过急。因为新老划断的界限意味着全流通式新股发行的开始，不能仅仅在超过市值 60%的 200 家公司的股改一完成就实施。尽管这次股改的方向是正确的，但是如果我们连续在操作上出现技术问题的话，也会导致“一着不慎，满盘皆输”的结局。

尽管争议声不断，但股改速度的加快却是不争的事实。从管理层来看，政策开始向已股改的公司倾斜。

2006 年 1 月，商务部、证监会、国税总局、工商总局、外管局联合发布《外国投资者对上市公司战略投资管理办法》(简称《投资办法》),《投资办法》规定，国外投资者对已完成股改的上市公司和股改后新的上市公司两类对象进行战略投资，可以采取有条件的定向发行和协议转让以及国家法律法规规定的其他方式。

也是在 1 月，《上市公司股权激励管理办法》正式发布。证监会通知称，已完成股权分置改革的上市公司，可遵照《办法》实施股权激励。

2006年2月，管理层开始就再融资和IPO的管理办法向券商征求意见。

截至 2006 年 2 月底，随着第 22 批股改公司的确定，完成股改和进入股改程序的上市公司总数已达 628 家，占沪深两市所有上市公司（不含纯B股公司）的 46.24%。而当周公布的这批公司的总市值为 20 107.04 亿元，至此，占两市总市值的比例已超过 50%，顺利完成了市场人士此前预期的在 2 月底实现市值过半的目标。

2006年4月17日，管理层发布了向社会公开征求意见的《上市公司证券发行管理办法》。以此为标志，作为“新老划断”重要步骤的恢复再融资工作提上日程。市场最为关注的“新老划断”将启动。

按照管理层的部署，“新老划断”分三步走。第一步，恢复不增加即期扩容压力的定向增发，以及以股本权证方式进行的远期再融资；第二步，择机恢复面向社会公众的其他方式的再融资；第三步，择机选择优质公司，启动全流通条件下的首次公开发行。

证监会主席尚福林表示，股改已进入攻坚阶段，任务非常艰巨，应适当加快改革进程，争取尽可能多的公司在年内完成改革。股改已经取得重要的阶段性成果，市场对于在新机制下恢复融资功能反应积极，但启动“新老划断”，并不意味着股改已经大功告成。

2006年5月15日，证监会发行审核委员会2006年第1次会议召开，中国长江电力股份有限公司发行认股权证事宜获通过。在G长电发行认股权证事项获得批准同时，G申能等公司的再融资事项也正在加速。

经过广泛征求社会各界的意见后，2006年5月18日，证监会正式发布《首次公开发行股票并上市管理办法》(简称《上市办法》)，并开始实施。与征求意见稿相比，《上市办法》增加了两款规定，其余修改不大。同时，与IPO重启相关的一系列配套规则集中出台。《上市办法》的出台标志着“新老划断”全面启动。

中工国际：IPO重启后的疯狂

IPO的再度破局是从中小企业板开始的，第一单最终被中工国际工程股份有限公司（简称中工国际）摘得。2006年5月25日，中工国际刊登了首次公开发行6 000万股股份的招股意向书，并拟于6月19日在深交所上市。中工国际拟于5月26日开始询价，6月5日开始发行。

6月5日当天，市场对IPO首单反应平静。大盘在下位运行之后，尾市逐渐拉升，最终收报 1 951.43 点，微涨 0.03%，但成交大幅萎缩，沪市成交 232 亿元，尚不到5月15日、16日“鼎盛交易日”的一半。

这家总部位于北京中关村的公司主营业务为国际工程承包以及相关技术设备进口，中国工程与农业机械进出口总公司为其第一大股东。A股上市公司河北宣化为中工国际第二大股东。

2006 年 6 月 19 日，深交所里寂寥了一年多的三楼大厅热闹非凡。华灯炫目，镁光灯此起彼伏，红地毯上人潮涌动，来自深交所、证监局、中工国际、保荐机构、承销机构、银行界和国内外新闻界的 200 余人，共同参加了中工国际的上市庆典。

“作为全流通体制下第一家发行上市公司，中工国际深感意义重大，责任重大，我们有信心凭借资本市场的助力，依托优势，加速发展，以优质的业绩回报股东，回报投资者，回报社会，让我们共同分享中工国际更加灿烂美好的未来。”中工国际董事长任洪斌郑重地表示。

深交所理事长陈东征则表示：“中工国际上市标志着中国资本市场的股权分置改革已经取得了阶段性的重大胜利，中国资本市场开始步入了全流通的时代。作为市场的组织者，深交所不但要为上市的企业提供最优质的服务，更重要的是要适应全流通时代的到来，按照新修改的证券法、公司法对上市公司加强一线全面监管，这是保证资本市场信心的一个因素。”

中国股市历来有“逢新必炒”的传统，中工国际也不例外，新股热度甚至超出了所有人的想象。

6 月 19 日 9 点 30 分，在任洪斌敲响的上市钟声中，背后的大屏幕跳出中工国际的开盘价——17.11 元，较发行价涨幅达 131.22%。掌声和欢呼声四起，嘉宾们举杯相庆。

当天，中工国际以 17.11 元开盘后，大部分时间股价在 16.3 ~ 18.2 元之间

小幅波动。但下午1点50分后，中工国际的股价突然出现快速拉升。此后30分钟内，股价一路突破20元、30元、40元，最高上摸到50元的高位，最高涨幅达575.68%，收盘时该股价回落至31.97元。

中工国际也创下自T+1制度实施以来，新股上市首日换手率的最高纪录。全天中工国际成交4 515万股，换手率达到94.05%。另外，该股当天466.22%的震荡幅度也创下了近年来新股上市首日的又一纪录。

深圳证券交易所6月19日的公开信息显示，国信证券深圳红岭中路、东方证券杭州体育路、招商证券深圳振华路3家营业部的席位和银河证券的一家机构席位，成为中工国际主要的买入席位。而中信证券的机构专用席位则成为主要的卖出席位。

我国全流通发行第一股以这样的高姿态走来，也是一个悲哀。接下来的5个交易日，中工国际连续“一”字形跌停，直到第6个交易日，跌停板才告打开，全天下跌8.11%。至此，中工国际已经从31.97元的高位腰斩至17.37元。

中工国际的下跌并没有结束。此后，经过短暂的反弹，中工国际重归下跌之路。直到8月1日最低跌至13.6元，才运行到一个阶段性的底部。而在50元买入中工国际的投资者，已经损失达70%以上。

针对该股票交易的异常情况，深交所立即启动应急机制，对中工国际股票的异常交易行为采取相应的监管措施，并于次日按照证监会的要求，展开进一步调查。

2006年6月20日和21日，深交所连续召开监管会议，听取了初步分析情况汇报，并于6月21日成立了专门的调查组，开始对中工国际股票的异常交易行为进行全面调查。调查组首先对相关营业部、相关账户和相关投资人的交易情况进行分析，并密切监控其后续交易情况。

6月22日，调查组再次向37家会员发出会员监管函，调阅相关账户的开户资料和资金往来凭证资料，涉及营业部606家、账户4 934户。6月23日，深交所派出6个工作小组，联合北京、上海、浙江、江苏、广东、深圳6地证监局对其所在地共28个营业部进行现场检查、实地取证和调查，共涉及1 078个证券账户。

随后，深交所于6月24日召开了专题会，对调查取证情况进行分析研究。初步调查显示，6月19日下午1点50后，买入成交的证券账户共4 876户，涉及营业部1 529家，共成交477.7万股，占全日成交的10.58%。

深交所调查结果还显示，买入价格在20元及以上的证券账户有4 560户，涉及营业部1 484家，共买入426.83万股，占全日成交的9.46%。

通过对初步调查结果的分析，深交所发现，中工国际股票交易存在以下特点：其一是参与买入的证券账户数量多，分布地区广；其二是买入成交涉及的4 876个证券账户当中，持股市值相对偏小；其三是该4 876个账户中共有2 062户参与过权证买卖，占比42.29%，这些账户共买入222.77万股，占期间成交量的46.63%。这些特点在客观上加大了深交所调查的难度。

中工国际的疯狂表现，也给监管部门带来一个新课题：如何做好全流通条件下市场交易行为的监管。

资产重估：催生“黄金十年”梦想

伴随着IPO的恢复，市场并没有出现像刘纪鹏等学者担忧的“一着不慎，满盘皆输”的局面，相反市场逐渐认可了股改带来的红利效应，加之在人民币持续升值的背景下，资产重估理论开始占据上风。

资产重估论在国内的代表人物为券商中的学者高善文。

2006年3月，高善文等发布了第一份主题报告，第一份主题报告的基本思想是：中国从2005年10月以后连续加速的货币供应量将主要表现为各种资产价格的全面重估；其中资产的定义包括股票、债券、房地产、土地和古董等。

到2006年6～7月，股票市场已经出现了比较明显的上涨，上证指数达到1 700点附近，全国的房地产市场也表现出价格全面加速上涨的势头，资产重估论开始引起一定的注意，并引来不少批评。反对者认为中国股票市场的上涨主要受益于股权分置制度的变革，受益于上市公司利润的强劲增长，受益于人口年轻化过程的人口红利等基本面因素，不能使用资产重估的提法来解释和把握。

在此背景下，高善文等人发布了第二份主题报告。第二份主题报告的基本思想是：中国的资产重估过程远未结束，债券市场将继续上涨；考虑全球经济周期变动的原因，中国周期性行业和公司盈利的同比增长率将会大幅度上升，保守估计，2006年4季度到2007年1季度利润增长率不低于30%。

不过，高善文在《新财富》杂志撰文也认为，资产重估过程在很大程度上就是资产价格的泡沫化过程；就中国资本市场当时的情况看，股票市场无疑存在相当明显的泡沫；从长期的角度看，市场高估值水平是无法维持的，并很可能在未来某个时候通过股价剧烈下跌的方式来完成修复。

高善文认为，资产泡沫的崩溃会对经济带来很大的危害，这一过程造成大量财富的蒸发和消失，也会带来财富的重新分配，并影响到消费和投资等一系列经济活动。然而，更为严重的危害也许在于：资产价格的重估过程会系统性地降低和损害金融机构、住户部门和企业部门的风险防范和控制体系，并在泡沫破灭的时候造成微观经济主体资产负债表的严重破坏，从而放大、加剧和延长泡沫破灭的负面影响，基本的原因可能在于人性的贪婪会在持续的股价上升中战胜人性的恐惧，从而使得风险暴露超出自身的承受能力。这其中危害比较严重的是对银行资产负债表的破坏，这会在比较长的时间内影响经济的融资过程。

问题是，站在 2006 年的时点上看，资产重估过程可能还没有结束，股票市场的泡沫还在进一步吹大。

当然，市场中并不是所有人都认可资产重估理论。也有一些分析师从基本面角度解释中国股票市场的上涨，因此"大国崛起""黄金十年"之类的提法开始出现。

2006 年年末，东方证券提出迎接"黄金十年"的口号，认为A股市场将迈入"黄金十年"。其主要理由包括从宏观经济来看，发布"十一五"规划以来，建设和谐社会与创新型国家日益成为我国未来经济社会发展的重大战略举措，中国开始进入产业升级的关键阶段，经济增长更趋成熟和可持续性。2008 年奥运会将举办，也是一件标志性事件，因为举办奥运会往往代表着举办国开始具备经济起飞的基础或已进入经济起飞阶段。日本在 1964 年举办奥运会之后，国民经济进入产业升级阶段，1965 ~ 1975 年，经济迅速腾飞。韩国的经验也大抵如此。

"黄金十年"派认为，证券市场在经历重大转折之后，迈入了发展的春天。市场的健康发展比指数一时的涨跌更为重要。大扩容、大创新、大发展是后综合治理时代中国资本市场的基本主题。证券市场在股权分置改革之后，各方利益主体开始有了共同利益基础，而上市公司纷纷推出股权激励政策，进一步完善公司治理。在新的监管形势下，上市公司会更加诚信。同时大量蓝筹公司的上市为市场注入新鲜血液，证券市场将更能代表中国经济的增长。而金融创新将为不同的风险偏好者提供更多的选择，证券市场开始成为各类投资者的乐园。

东方证券认为，未来十年，中国将成为全球重要经济中心之一。在人民币长期稳步升值和中国经济长期看好的背景下，国际资金加速流入的趋势很难避免。当年中国证券网发布的统计数据表明，2006年流向新兴市场40%的资金流到了中国。而从国内环境来看，结构性因素难以短期内消除，居民储蓄率将长期居于高位，巨额外贸顺差所带来的流动性充裕的局面也将持续很长时间。总之，在中国经济快速可持续发展，资本市场制度变革和大扩容，以及全球流动性聚焦中国的合力下，中国A股将迈入发展的“黄金十年”。

高善文研究了日本和我国台湾地区在20世纪80年代后期资产价格重估的历史经验，认为尽管基本面的因素确实重要，并有助于解释和预测资产价格的变动，但中国2006年以来所经历的资产价格上涨，仍然主要归因于资产重估过程。

不管是资产重估论还是“黄金十年”的提出，都对于未来的资本市场表现出相当乐观的判断。正是在这种群体乐观的叠加之下，A股市场继续高歌猛进。

银行助力：上证指数再创历史新高

2006年下半年，A股市场继续走高，其速度比上半年更加凶猛，很重要的一个原因在于大盘蓝筹股的再度启动。而其中，两大银行股的助力功不可没。

全流通IPO第一股中工国际上市后，中国银行的IPO很快获批。作为国有银行改革的重要组成部分，高层力推国有四大银行尽快上市的战略在情理之中。

当时任职摩根大通的亚太区投资银行董事总经理孟亮曾表示：“加入世

贸之后竞争加剧，将迫使企业致力于提高核心业务的竞争力。”因此，随着中国入世过渡期的终结，在2006年前后完成上市、夯实资本金成为许多银行的当务之急。

2006年7月5日，中国银行登陆A股市场。上市首日收盘价格为3.78元，较3.08元的发行价格上涨22.73%，可谓平稳上市。但此后，中国银行股价却一路走低，最低跌至3.22元，已逼近发行价格。在这种背景下，中国工商银行（下称工商银行或工行）启动上市进程。

10月27日，工商银行上市交易，上市首日收盘价格为3.29元，较3.12元的发行价格涨幅仅为5.45%，距离破发仅一步之遥。次日，更是创下3.25元的低点。

就在市场猜测两大银行股是否会迎来破发的时候，奇迹再次上演。

11月开始，两大银行股联袂上扬，并带动其他大盘股走强。至11月23日，工商银行上涨至4元，中国银行上涨至3.75元。大盘在两股带动下上攻至2 062点，距离历史高点已是咫尺之间。

经过短暂停歇后，两大银行股继续高歌猛进。2006年12月14日是一个值得纪念的日子。当日上证指数收盘于2 249点，终于超越了2001年的高点2 245点，中国股市时隔5年半后，终于再次刷新了历史的高点。当日，工商银行收盘于4.27元，中国银行收盘于3.85元。

2006年12月25日，工行市值达到2 142亿美元，超越汇丰银行，成为全球第三大上市银行。29日，工行市值跃升至2 511亿美元，赶超美国银行，晋级“亚军”，距离市值“冠军”——花旗银行2 740亿美元也仅一步之遥。

两大银行股的这一波涨势一直持续到2007年年初。2007年1月4日，工商银行最高涨至6.79元，中国银行最高涨至5.97元，两大银行股上市之后的第一波暴涨行情才宣告暂停。

当时市场在讨论，工商银行市值接近花旗银行是否合理，这一度成为工商银行下跌的理由。中国第一怎么能够和全球第一相提并论呢？然而，当时参与争论的人们，即使是认可工商银行市值超过花旗银行的人也不会想到，经过了2008年金融海啸的洗礼后，工商银行的市值已经等同于几十个花旗银行，甚至连北京银行的市值也在花旗银行之上了。

第 18 章 | 蓝筹泡沫

一路高歌：股民唱起“死了都不卖”

2007年伊始，股市延续了2006年的上涨行情，上证指数先后刷新2 500、2 600、2 800等高点，不断创出新高。与此同时，海外股市、大宗商品价格也不断上涨，可以说，在全球流动性泛滥的大背景下，资产价格的疯狂还在延续。

当老太太们的基金翻番时，当套牢几年的老股民们扬眉吐气时，当大量的房产抵押贷款入市时，学术界逐步发出了自己的声音。

“股市有风险喽！”一个更夫在夜里鸣锣。“股市有泡沫喽！”更多的更夫跟了上来。大众投资者对学者艰涩的观点并不领情。

比较早的发布看空观点的券商派学者是银河证券的左小蕾。2006年，左小蕾便开始看空中国股市，曾写下《切记好了伤疤忘了痛理性对待股市大涨》《资金助股市大涨快速变化有违资本市场发展规律》《市场应警惕股市系统性风险量增更需质变》《股价岂能放卫星价格重估不是价值重估》《不要与政策博弈》等系列文章表达唱空观点。然而，股市并不理会左女士的观点，继续高歌猛进。市场中甚至开始流传“左小蕾遭银河证券解聘，银河证券机构客户、大户撤出”之类传言。尽管大多为捕风捉影，但可见市场对于空头观点并不领情。

与此同时，市场中传唱着一首股民自编的歌曲《死了都不卖》，更是道出当时市场的疯狂。歌词如此道：

> “把股票当成是投资才买来，一涨一跌都不会害怕掉下来。不理会大盘是看好或看坏，只要你翻倍我才卖。我不听别人安排，凭感觉就买入赚钱就会很愉快。享受现在，别一套牢就怕受失败，许多奇迹中国股市永远存在。死了都不卖，不给我翻倍不痛快，我们散户只有这样才不被打败。死了都不卖，不涨到心慌不痛快，投资中国心永在。就算深套也不卖，不等到暴涨不痛快，你会明白卖会责怪，心态会变坏。到顶部都不卖，做股民就要不摇摆，不怕套牢或摘牌，股票终究有未来……”

据说，此歌作者为龚凯杰，为一普通股民。此歌传唱后他一夜成名，成为网络红人，但在现实的炒股生涯中，他仍然摆脱不了小散户的命运，信息严重不对称，真假消息满天飞，各种陷阱防不胜防。一年后，市场泡沫破裂之际，央视再次采访龚凯杰时，他奉上了一首新作，叫《只要不亏》。歌词令人唏嘘不已：

> “睁开眼的每一天，我想起了我的股票。我看着那暴跌的线，问为什么它那么跌？每次毅然去交易，依然没有看到赚钱，假如这亏损是天意，我想我不会再哭泣。股市里的风险，谁能够去清楚了解，保护我们的神仙，半夜里现出了丑陋的脸。多年的积蓄投资股市，渴望的收益却没增值。套牢让人心憔悴，暴跌快停止，暴跌停止重新开始。翻看曾经熟悉的价位，买的股票只要不亏，是我想要

的结尾，死了都不卖，等着牛市转回来。套牢的每个后悔日子，回忆着激情高涨的开始，依然坚强看好了，价值的投资，价值投资重新开始……”

2007年上半年，央行不断上调准备金率和存贷款利率，但都没能够阻止市场的疯狂上涨。

A股市场的高歌猛进也引起了管理层的担忧。2007年5月8日，中国人民银行行长周小川在瑞士出席G10央行行长会议时表示，中国股市的泡沫令人担忧，中国人民银行正监控资产价格以及通货膨胀。

2007年5月14日，证监会发布《关于进一步加强投资者教育、强化市场监管有关工作的通知》，要求牢固树立保护投资者合法权益的意识，进一步增强做好投资者教育工作的主动性，将投资者教育工作的重点放在向投资者充分揭示风险和真实、准确、完整、及时地披露信息上来。

5月23日，证监会宣布，在对操纵证券市场、内幕交易等重大证券违法行为的调查中，证监会可以对涉及的相关账户的证券买卖行为采取一定限制措施，限制证券买卖的时间可长达15个交易日。受限账户包括被调查事件当事人及其实际控制的资金账户、证券账户和与当事人有关的其他账户。

5月24日，证监会强调进一步加强投资者教育。

这些信号无不传递出一个重要的信息，管理层已经认为A股市场连续上涨孕育着巨大的金融风险，然而，疯狂的股市依旧对此视而不见。

“5·30”暴跌：“半夜鸡叫”引发股灾

2007年5月29日，上证指数收盘于4 334.92点。就在很多市场人士认为

A股市场将奔6 000点大关而去的时候，惊人的事情发生了。

2007年5月30日凌晨，财政部宣布将证券交易印花税由1‰上调至3‰。

市场愤怒了，因为此前的5月23日，财政部及国家税务总局官员在接受媒体采访时否认会上调证券交易印花税。

财政部选择在凌晨发布这一消息引起了市场的猜测，媒体将这一行为戏称为“半夜鸡叫”。

5月30日开盘后，两市股指随即出现雪崩式的下跌，上证指数大跌281.84点，深证成指大跌829点，两市近900只个股跌停，跌幅在5%以上的个股更是超过1 200只，并创出了4 292.7亿元的历史天量。接着的几个交易日，A股开始连续下跌调整，沪指由“5·30”前的4 334.92点一直回落至3 404.15点，其间不少个股经历了连续三个跌停。

管理层“半夜鸡叫”的举措确实有些意外，但也在情理之中。“5·30”之前，由于题材股、概念股和垃圾股的全面上涨，导致市场泡沫四处飞散，管理层出于对市场风险骤然增大的担忧，先后多次和市场打招呼，希望投资者保持理智，但市场完全不理，最终逼迫管理层突然大幅提高印花税，从而使得市场出现急跌。2007年上半年进场的大批散户投资者在一周时间内由账面盈利转为深度套牢。

当时，市场人士对于管理层上调印花税的做法也是评价不一。

经济学家刘纪鹏在《中国经济时报》撰文认为，面对股市暴跌，需要反思。既然政策制定者的目的并不是要人为导致股市暴跌，但为何会出现这种结局。从宏观角度说，这和本届政府倡导的创建和谐社会出现了不一致的效果。此次印花税政策调整的目的不是打压股市，而是为了股市的健康持续发展，让当前的股市由“快牛”变“慢牛”。因此，要达到这一目标，只需不断调整缰绳的力度就可以了，而不是把“快牛”打断一条腿，变成“瘸牛”

放慢速度，让刚刚得到休养生息的证券业难以复苏。

经济学家韩志国则在《北京商报》撰文指出："在全球股市大幅降低市场交易成本以吸引更多的资金入市并追求更高的市场效率的大背景下，中国股市的管理者却发出了与市场发展趋势与改革趋势完全背道而驰的市场信号与政策信号，以异乎寻常的方式与耐人寻味的幅度提高了股票交易的印花税，并引起了股票市场的剧烈震荡，数以万亿计的国民财富也随之灰飞烟灭……"

"5·30"过后，管理层实施了以密集发行开放式新基金为代表的"纠错"行为。管理层希望通过机构投资者相对理性的投资理念，将资金从垃圾股、题材股引入到蓝筹股中来。然而，结果又如何呢?

蓝筹癫狂：基金催生新庄股时代

"5·30"大跌打击了绝大部分个人投资者过度膨胀的自信心。与此同时，在拆分、大比例分红等迎合市场的基金销售策略下，基金行业继续发展壮大。截至2007年6月末，国内基金的总资产管理规模已经达到1.8万亿元人民币，其中投资股票总市值达到1.3万亿元，占A股市场流通市值的25%。这一比例与2006年2季度时候的不足15%，有较大幅度的提升。加之近两个多月市场上涨超过40%，基金业的资产规模已经突破了2.5万亿元，向3万亿元逼近。

基金股票池主要锁定在蓝筹股，其对指数的影响程度更为明显。基金在进一步巩固其市场主力地位的同时，"一基独大"局面也促使市场进入基金博弈时代。相对于公募基金来说，其他的投资主体包括私募基金甚至QFII的话语权都在逐步丧失。中国A股市场正在由群雄逐鹿转向"一基独大"。

曾经在A股熊市中，游资也是股市里面呼风唤雨的力量。以“银河证券宁波解放南路营业部”和“国信证券深圳红岭中路营业部”为代表的涨停敢死队成为漫漫熊市中不可多见的亮点，也是财经媒体记者们津津乐道的谈资。然而，熬过熊市，游资的身影却不再如先前那般活跃，虽然偶尔也会在一些小盘股中重现昔日锋芒，但和基金之类将工商银行、中国人寿等巨无霸拉至涨停板的壮举相比，已是黯然失色。更多的游资开始选择跟随基金，研究和分析基金的投资理念和操作手法。

曾经QFII大肆唱空国内A股市场的时候，财经媒体将其定位为“阴谋论”。而到了 2007 年 8 月末，市场已经完全消化了“5·30”的影响、上证指数站在 5 000 点之时，公募基金却依旧在大肆唱多。尽管媒体对此也颇有微词，但基金并不承认自己的投资行为有什么阴谋。实际上，基金的“阴谋”已经十分明显了，那便是——挟蓝筹以令诸侯。蓝筹股是基金眼中的阿拉丁神灯，同时也是基金不承认自己的投资属于“类庄股运作”的最佳理由。庄股都是业绩差的。既然是价值投资，怎么会和庄家扯上关系呢？

业绩因素并不足以把基金和庄家划清界限，更重要的是基金的投资行为是否有操纵股价的做法。证监会在 2007 年 5 月发布了《关于切实加强基金投资风险管理及有关问题的通知》，其中要求基金公司不得为了追求基金净值排名或短期收益，进行不合理的资产配置。同时应当高度重视基金投资的流动性风险，关注投资组合中单一证券与行业的集中度，对市场交易状况和投资者行为相关联的流动性风险要加强评估与监测，提高投资组合流动性压力测试的频率。这无疑表明，那些由于基金过分集中持仓而丧失流动性的基金重仓股的风险是不能忽视的。

事实上，随着以基金为代表的中国机构投资者的队伍不断壮大，基金投资行为表现出的羊群效应不但没有丝毫地减弱，反而变本加厉。

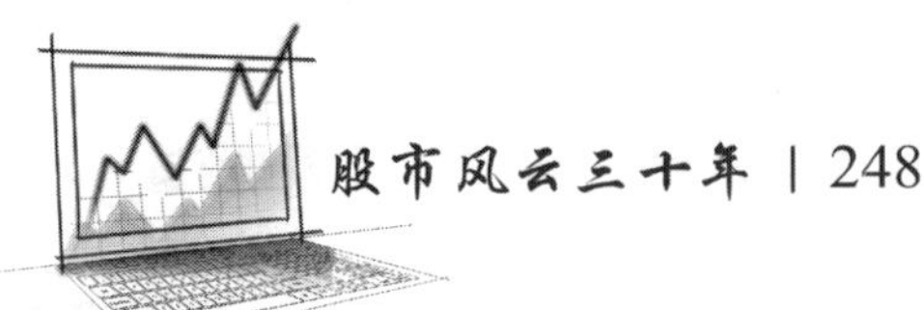

在中国，基金公司中的投资总监、基金经理和研究员作为投资领域的“精英”，多为二十世纪六七十年代出生的金融、财经类院校毕业硕士、博士，其中很多不乏是同学、校友或同事，虽然散落在各个基金公司，但师出同门，交流甚广。在基金界，便有北大系、五道口系、国泰君安系等派别的称谓。他们的信息渠道相似，网站相连，电话相通，某种程度上加大了“一买都买，一抛都抛”的跟风概率。在重仓股票巨幅波动时，基金经理们都会互相沟通信息，了解各自的持仓情况。

公募基金习惯了中国特色的羊群效应，其操作行为和方向进一步雷同，那么有预谋的羊群效应就等同于“类庄股运作”的模式，这和以往的联合坐庄并不存在本质区别。2007 年下半年，A股市场板块中的基金重仓股联动、板块之间的轮动表现得十分明显，这足以成为基金“类庄股运作”最真实的证据。正是基金的疯狂，将A股市场中的大盘蓝筹股带入到了“新庄股时代”。

林园、但斌：“中国巴菲特”涌动市场

2007 年的牛市也催生了新一批的“股神”式人物。与早期“庄家”不同，新生代的“股神”往往崇尚价值投资，因此大多被冠以“中国巴菲特”的称谓，林园和但斌是其中的代表性人物。

林园，1984 年毕业于某卫生技术学校临床医学专业。同年进入深圳市红十字会医院做了一名医生。1986 年调入深圳博物馆工作。博物馆工作期间，他曾在南京某知名学府进修电子工程专业。1989年，林园开始接触股票。

据媒体报道，1990 年，林园家人共同筹集了 8 000 元，进入股市。林园买入 30 股深发展的股票，他以 88.45 元买入深发展股票，之后反复操作，短

短几个月盈利 12 万元。随后的两三年，他大胆而幸运地收集到大量别人不愿意要的原野、锦兴、琼民源、深华新等原始股，这些股票上市后均翻了十几倍到几十倍，到1992年林园的股票市值已超过了1 000万元。

1995 ~ 1998 年，林园称其在此期间的主力品种为深发展和四川长虹，几年下来，盈利水平一直在 9 倍左右。长虹和深发展确实在此期间上涨 9 倍，但他竟然如此惊人地从市值最低持有到最高。2003 年，林园重回A股市场，据称，截至2005年年底，其持有的股票市值已超过4亿元。

林园一直对外坚称其投资理念是“价值投资”“长线投资”，因此媒体还送给他一个雅号——“中国的巴菲特”，林园也由此成了中国股民心目中的“股神”，经常参加各种投资论坛，在各大财经网站开通博客，向广大的投资者推荐股票。不过，在林园逐渐被“神化”的过程中，外界对其所讲述的炒股暴富的质疑声也越来越大。

另一个因坚持价值投资而被称为“中国巴菲特”的人是但斌。

但斌，1967年生，原名程建斌，后随姑父姓但，名斌。1990年大学毕业，在开封化肥厂供水车间当一名钳工。1992 年到深圳，开始接触股票，学习投资，师从《股市动态分析》创始人王师勤。

在涉足证券行业后，但斌先后就职于国泰君安证券和大鹏证券。在1992 ~ 2001年的10年中，但斌主要通过技术分析的方法来指导投资，并取得了不错的业绩。

但斌尤其偏好和擅长波浪理论，甚至用技术分析的眼光去看待中国的历史。但斌认为，可以用波浪理论来白描中国历史：1 浪的起点为夏朝，1 浪经过商、周、春秋、战国，顶点应该在秦汉时达到；2 浪调整经历了三国、晋朝、十六国、南北朝；3 浪顶点为隋朝、唐朝，此刻，东方文明盛极一时；之后 4 浪调整历经了五代十国、宋朝、元朝；5 浪顶点可能在明朝到达，1 浪

到5浪构成了中华民族第1波文明史。从中国第1波文明结束开始，由于新大陆的发现，文明的中心逐渐西移，中国开始了漫长的2浪调整时期并日益感受到强大的世界历史的挑战。2浪经历了清朝、中华民国，历时约360年。而今，中华民族巨人般的3浪的步伐正在向前迈进。

2000年，但斌撰写的《迎接千禧年、一月上演大逆转》《B股——十年磨一剑》还曾获得国泰君安证券投资研究奖励基金一等奖。当时，国泰君安董事会办公室在公告中这样评价——“但斌综合运用技术分析、基本面分析等手段，从去年以来持续发表了大量趋势预测文章，准确地预测了今年的大牛市和B股行情，对其中的几次调整也有较好的预测。”

但斌真正意义上的价值投资开始于2001年。伴随着互联网泡沫的破灭，出现了全球性的股灾。当时，但斌的投资主要是在香港市场，他和他的同事们在香港市场中选择了包括一些高速公路在内的上市公司进行投资。而这一次成功的投资让但斌最终坚定了价值投资的理念。虽然他并不否认技术分析有一定的合理性，并且在一定范围内也可以取得很好的应用，但是它并不能构成财富的基石。

同时在2001年，但斌离开国泰君安加盟大鹏证券。在大鹏证券的资产管理管理公司担任首席投资经理期间，但斌主要负责上海社保与深圳社保等资金的股票组合投资。但斌在任的2001～2003年，恰是A股股票市场处于最严重的熊市期间，然而但斌管理的社保基金收益率始终名列前茅。

但斌的业绩没能够挽救没落的大鹏证券。最终，在2004年资本市场最寒冷的时刻，但斌离开了大鹏证券。

离开大鹏证券后，但斌和钟兆民一起成立了东方港湾投资管理有限责任公司（下称东方港湾）。在公司的定位上，但斌表示东方港湾专注于中国优秀企业的长期股权投资。

在投资理念中，但斌一味强调买入持有而忽略安全边际。2007 年年末，但斌出版个人专著《时间的玫瑰——但斌投资札记》，阐述中国股市黄金时代的投资哲学。

但斌的辉煌终止于2008年。2008年，但斌管理的信托产品出现了大幅亏损，在阳光私募中排名落后。媒体对此称“时间的玫瑰”凋零了。

2007 年 10 月，A股市场攀升至6 000点上方，10 月 16 日，上证指数最高冲至 6 124 点的历史最高峰。此后，市场开始震荡调整，然而，与历次市场见顶后相似，当时市场主流观点认为这仅仅又是一次牛市中的调整。其中的代表人物是当时担任招商证券首席策略分析师的赵建兴。

2007 年 12 月，在招商证券 2008 年证券投资策略报告会上，招商证券研发中心认为，劳动生产率加速提升导致资本稀缺，劳动力价格加速重估导致繁荣深化，因此，2008 年A股市场或会从理性繁荣走向全面沸腾。在理性繁荣状态下，上证综指的波动区间可能在 4 500 ~ 7 500 点，在非理性状态下，上证综指的波动区间则可能在4 500 ~ 10 000点。在会议上，招商证券提出了大型化时代的行业配置，即“招商99金股”指数化的投资组合。

“资本稀缺与繁荣深化”是招商证券 2008 策略报告的主题。研发中心策略研究小组赵建兴在主题报告中指出，劳动生产率的快速提升使资本成为相对稀缺的生产要素。从长期和全局的角度来看，中国崛起需要巨额的资本投入。从短期和结构的角度来看，中国的劳动生产率仍具有极大的提升空间。未来 6 ~ 7 年内，劳动力价格重估将推动中国居民消费结构快速转变，由此带来相关行业利润率走高和固定资产投资扩张，产业结构调整仍将快速进行，这正是中国经济持续繁荣的原动力。在这个背景下，企业利润的增长方式，将从收入扩张下的三费节省，转变为价格提升下的毛利复苏。与这个背景相应的是，A股市场则可能从理性繁荣走向全面沸腾。

尽管赵建兴已经认为当时A股市场泡沫有所加大，但他依旧相信这种泡沫仍属理性范畴，在居民入市潮将继续加速、QFII和港股直通车的分流非常有限的背景下，再加上市场扩容压力缓解和人民币升值加速的条件，便很容易催生非理性繁荣。

《证券时报》记录了赵建兴的观点——“散户跑不赢基金，基金跑不赢指数”在这一轮牛市中得到了印证，在长期牛市中投资者非常容易产生保守的持仓倾向，即使是机构也不例外。而主动投资要承担额外的交易与冲击成本，更重要的是，在行业与板块快速轮动的时期，他们或者无法跟上热点切换而追涨杀跌，或者思路受限而错失机会。因此，招商证券坚持“指数仍将是最好的投资方向”。

赵建兴也许不会想到，他会因为提出“万点论”而在中国证券市场的历史进程中留下名字。当时，距赵建兴加入招商证券研发中心开始他的证券研究生涯，已过去整整四个年头。在下沉的泰坦尼克号上狂欢的结果是，一年之后，赵建兴不再担任招商证券的首席策略分析师，而以高级策略分析师的身份继续留下来。

第19章 | 金融海啸

2008

“教父”清盘：赵丹阳不玩了

2007 年岁末，在投资者还对于新一年行情憧憬时，曾经的“私募教父”、赤子之心资产管理公司总经理赵丹阳在其公司网站上发表了“致投资者的一封信”。

在那封信中，赵丹阳写道：“对赤子之心的投资者而言，今年是艰苦的一年。同任何相关指数相比，我们都远远落后。在此，我们深表歉意……时至今日，H股和A股都已越过我们所理解的范围，我们在H股 10 000 点，A股 3 500 点实现了我们的收益。回头看，我们过早地出局。指数的顶和底永远是个谜。今天，就我们的投资能力，已找不到既符合我们投资标准又有足够安全边际的投资标的。未来一段时间，市场的强劲也许会持续很久，但我们经过慎重考虑，并和两个信托公司沟通后，赤子之心作为顾问的所有信托将尽快清盘。将投资款返还给投资者，便于投资者自由把握未来投资机会……2007 年之后，赤子之心将更理解：什么样的公司值得长期拥有，什么样的公司只能阶段性持有；自我的恐惧和贪婪，宏观经济和通货膨胀。我们需用一生的时间去完善自我的投资理论体系。”

如果说赵丹阳是中国私募基金的一面旗帜，恐怕一点也不为过。这位出身君安系的投资剑客是中国最早借道信托公司发行产品的私募基金经理人。

从厦门大学毕业后，赵丹阳在 1994 年出国从事实业投资与贸易，并于 1996 年进入证券业，从事资产管理。也许正是国外的这段工作经历，让他能够用一种实业投资家的眼光审视证券投资。

2003 年，赵丹阳将公司命名为“赤子之心”，并首度出击香港市场。当时的赵丹阳，曾经豪情满怀地在公司介绍中写道：“我们诞生在中国，也将和中国的企业一起慢慢地走向世界，我们投资于这样的企业，所以中国强，则赤子强；中国富，则赤子富，我们的命运就这样和国家的命运联系在一起了。

“从海外看中国，中国资本市场的开放是未来十年改变中国，乃至亚洲－太平洋平衡最重大的事件，我们有幸成为当事人，为之兴奋击节——此举引来我们的使命：赤子之心，做多中国，自香港始。”

有人曾对赵丹阳说，在商言商，用这种名字政治性太强，没必要。但赵丹阳不这样认为，他说商业无国界，商人却是有国度的。

正是抱着这样的一种信念，赵丹阳和他的赤子之心先后推出了投资于海外上市中国概念股的“赤子之心中国成长投资基金”和投资于国内A股市场的“深国投・赤子之心（中国）集合资金信托”“深国投・赤子之心投资哲学集合资金信托”等多个基金产品。2003 ~ 2005 年，A股市场漫漫熊途，但赵丹阳操盘的赤子之心系列产品却取得了不俗的回报，深受业界好评。在A股市场跌至 1 000 点一带的时候，赵丹阳表示，基于中国强劲的基本面，A股未来3 ~ 5年会达到3 000 ~ 5 000点。

在 2005 年一片看空气氛中，赵丹阳做出这样的判断，无疑具有超出常人的眼光和视野。

3 000 点的第一目标位，A股市场仅仅用了不到两年的时间，这无疑让这位沉稳、警觉的职业投资人有些踌躇了。终于，他选择了大幅减仓，然而

此后市场依旧快速上涨，并一度突破6 000点大关，超出了赵丹阳最乐观的预测。

压力之下，赵丹阳选择了离开。

这是一个执着、自信、倔强、顽强的职业投资人。他的身上几乎集中了成功投资者必须具备的全部优点，但也正缘于此，2007年注定不属于赵丹阳。当遍地股神的时候，真正的智者只能被大众所抛弃。

也许对赵丹阳来说，离开是一种最好的选择。毕竟，他太累了。

《经济观察报》首席记者孙健芳曾多次采访过赵丹阳。作为他的好朋友，孙健芳觉得赵丹阳的离开是一件好事。她说："从朋友角度上，我认为好事，毕竟他的心太累了；从行业的角度来说，大家应该习惯这种行为，只不过他是显性的。"

当时的市场并没有意识到，这一次，赵丹阳又对了。

平安阳谋：天量融资令市场醒悟

2008年1月21日星期一，中国农历节气——大寒。传统上被认为这是一年中最寒冷的一天。

就在这一天，中国平安发布公告称，公司拟向不特定对象公开发行不超过12亿股A股股票，同时公开发行不超过412亿元分离交易可转债。上述募集资金净额将全部用于充实公司资本金以及用于投资获有关监管部门批准的项目，主要考虑与保险、银行和资产管理等核心业务的战略匹配，及能够为公司业务的规模扩展和经营能力带来明显益处等方面。

消息公布当日，中国平安的股价应声暴跌，并最终封于跌停板，受此拖累，上证指数当日下跌5.14%。次日，受次贷危机升级以及世界经济可能放缓导致外围市场大幅下跌的影响，上证指数大幅下挫 7.22%，包括中国平安在内的近千只股票封于跌停板。

尽管此轮突如其来的暴跌与周边市场的震荡有着密切的联系，但绝大多数投资者依旧认为，中国平安推出的天量再融资方案才是最直接的导火索。按照中国平安目前 80 ~ 90 元的价格，增发 12 亿股意味着募集资金 960 亿 ~ 1 080亿元，加之分离交易可转债的融资，总额近1 500亿元。一旦实施的话，这必将成为A股市场有史以来最大规模的再融资。

经过前期的调整，中国平安的A股股价已经由最高位的 149.5 元下跌至最低 75 元一带，近乎腰斩。市场对于中国平安的再融资给予悲观的回应是有道理的，不仅在于中国平安对于融资的目的没有进行清晰和充分的解释，更重要的是本次融资规模之大将严重考验市场资金的承受能力。如果大盘蓝筹股纷纷效仿平安的话，势必将对A股市场的估值走向带来持续的影响。

在中国平安A股股价跌破 80 元的时候，公司董事长马明哲在公司内部骨干员工的工作会议上表示，公司股价不是靠炒作，而是靠实力的，我们平安战略清晰、财务稳健，在今后很长一段时间都会强有力的增长，不必担心股价的波动。

对于中国平安的再融资方案，机构投资者恐怕是最为头疼和恼火的。广发基金管理公司副总经理朱平直言不讳地表示，中国平安就是压垮大盘的最后一根稻草。它给市场最深刻的启示就是估值过高的时候势必存在再融资的风险，其对市场的震慑力不容小视。

私募基金经理人但斌则保持着往日的乐观，在但斌看来，中国平安在全球金融市场处于"黑暗"时刻，利用千载难逢的机会走一条"捷径"屹立于全球是具有非凡眼光的。一贯宣扬坚持投资理念的公募基金与私募基金对待平安的增发采取了截然相反的态度。

中金公司保险行业研究员周光则认为，由于中国平安融资金额巨大，而且是股权融资，未来也很可能用于某个特定的兼并收购项目，那么就不应将本次融资与其他投资混在一起，尤其是不能将其与由聚集的保费所产生的投资混为一谈。投资者有权要求更高的投资收益率。由于A股市场目前估值水平非常高，很多公司都有再融资的冲动，但是这可能存在管理层利益和股东利益冲突的问题。管理层希望抓住机会把公司做大做强，但这种愿望不一定总能和股东利益最大化相吻合。

尽管市场对于平安的天量再融资方案有着不同的解读，但现实的市场走势告诉我们，A股市场长达两年多、涨幅超过6倍的牛市已经结束了。

次贷危机：来自大洋彼岸的海啸

十多年前，有一个故事流传广泛，伴随着国内房地产市场的迅猛发展，这个故事更是频频被人提及。故事讲的是一名中国老太太攒了一辈子的钱，到了去世之前才攒够了买新房的钱；而美国老太太则先贷款，住进了新房，直到去世之前才还清全部贷款。

故事的内容很简单，意思也很明了。通过消费贷款，美国老太太享受了几十年的美好居住环境，而中国老太太，却因为保守的观念，一生都不得不坚守在简陋的房屋里，最终将新房子这笔财富留给了子女。

此后的十几年，这个故事被房地产商顶礼膜拜，甚至改变了一代中国人的住房消费观念。年轻人为住上新房而考虑贷款。中国的房地产信贷市场开始逐步发展起来。

2007年以后，不仅是中国老百姓，全世界的人都开始对这个故事重新思考。过度透支未来的消费终于让美国人尝到了苦头。而此刻，美国人开始羡慕中国人了。从某种意义上来说，始自大洋彼岸的美国、由次贷风波引发的金融危机其实是美国文化的危机。

所谓次贷，是指美国房贷机构针对收入较低、信用记录较差的人群专门设计出的一种特别的房贷。相对于风险较低的"优质"贷款而言，这类贷款人的还贷违约风险较大，因此被称为"次贷"。

2001～2005 年，美国房市在长达 5 年的时间里保持繁荣，这也刺激了抵押贷款机构超常规发展的欲望。受利益的驱动，一些银行等放贷机构纷纷降低贷款标准，使得大量收入较低、信用记录较差的人也加入了贷款购房者的大潮，成为所谓的"次贷购房者"。

2005 年 8 月，美国房价达到历史最高点，此后美国不少地区房价开始回落。到 2006 年，房价上涨势头停滞，房市开始大幅降温。房价下跌使购房者难以将房屋出售或者通过抵押获得融资。

与此同时，美联储为抑制通货膨胀持续加息，加重了购房者的还贷负担。在截至 2006 年 6 月的两年时间里，美联储连续 17 次提息，利率先后提升了 4.25 个百分点。由此，美国出现了大批"次贷购房者"无力按期偿还贷款的局面。

2006 年年末至 2007 年年初，次贷风险开始浮出水面。

2007 年 2 月 13 日，作为美国第二大次级抵押贷款公司——美国新世纪金融公司发出 2006 年第四季度盈利预警。接下来，汇丰控股为在美次级房贷业务增加了 18 亿美元坏账准备。

面对来自华尔街 174 亿美元的逼债，新世纪金融在 2007 年 4 月 2 日宣布申请破产保护，裁减 54%的员工。

2007 年 6 月 7 日，美国第五大投资银行贝尔斯登宣布，旗下两只基金停止赎回。惊恐、疑惑的投资者很快发现，这两只基金持有大量与次贷有关的

证券。

在美国，个人向银行等放贷机构申请住房抵押贷款，放贷机构再将住房抵押贷款作为一种资产“卖给”房利美和房地美等机构；后者将各种住房抵押贷款打包成“资产支持证券”，经由标准普尔等评级公司评级，然后再出售给保险公司、养老金、对冲基金等投资者。这个过程被称为“资产证券化”。

在美国住房市场繁荣时期，上述过程运转流畅，购房者、放贷机构、负责打包资产支持证券的投资银行和购买这部分证券的投资者，各取所需，皆大欢喜。但这场在美国房地产市场泡沫中形成的投机盛宴注定不能长久。随着越来越多的次贷购房者无力偿还贷款，损失开始弥漫，最终波及持有次贷证券的各类投资者。

到2007年8月，随着大量次贷形成坏账，基于这些次贷的证券也大幅贬值，次贷危机全面爆发。由于金融创新和金融全球化的发展，从美国花旗银行到德国德意志银行，从英国汇丰银行到瑞士瑞银集团，全球各地的投资银行、保险公司、养老金和对冲基金均发现自己手中持有大批次贷支持证券。由于这部分证券缺乏流动性，其价值和风险均难以判断。不少金融机构为满足有关资本充足率和风险控制方面的要求，开始抛售资产，停止发放贷款和储备资金。一时间，银行系统惜贷气氛浓厚，全球主要金融市场出现了严重的流动性短缺，这种现象又被称为“信贷紧缩”和“信贷危机”。

2007年8月3日，贝尔斯登称，美国信贷市场呈现20年来最差状态，欧美股市全线暴跌。8月5日，贝尔斯登总裁沃伦·斯佩克特辞职。

2007年8月6日，美国第十大抵押贷款机构——美国住房抵押贷款投资公司正式向法院申请破产保护，成为继新世纪金融公司之后美国又一家申请破产的大型抵押贷款机构。

2007 年 8 月 9 日，法国最大的银行巴黎银行宣布卷入美国次贷危机，全球大部分股指下跌，金属原油期货和现货黄金价格大幅跳水。

2007 年 8 月 11 日，世界各地央行 48 小时内注资超 3 262 亿美元救市，美联储一天三次向银行注资 380 亿美元以稳定股市。8 月 14 日，美国、欧洲和日本三大央行再度注入超过 720 亿美元救市，亚太央行再次向银行系统注资。

2007 年 8 月 31 日，美联储主席伯南克表示美联储将努力避免信贷危机损害经济发展，布什承诺政府将采取一揽子计划挽救次级房贷危机。

2007 年 9 月 17 日，原美联储主席格林斯潘首次承认，美国房市存在泡沫，并警告说美国房价有可能超出大多数人预料，出现两位数的降幅。为应对金融动荡，美联储等西方国家央行开始采取联手行动，向金融市场投放资金，以缓解流动性不足，增强投资者信心。

2007 年 10 月 13 日，美国财政部帮助各大金融机构成立了一只价值 1 000 亿美元的基金，用以购买陷入困境的抵押证券。

2007 年 11 月 9 日，历时近两个月后，美国银行、花旗银行和摩根士丹利三大机构达成一致，同意拿出至少 750 亿美元帮助市场走出次贷危机。

2007 年 12 月 18 日，美联储提交针对次贷风暴的一揽子改革措施。

进入 2008 年，形势进一步恶化。

2007 年 9 月 ~ 2008 年 4 月，美联储连续 7 次降息，将基准利率由 5.25% 大幅削至 2%。除此之外，美联储还宣布降低直接面向商业贷款的贴现率，并通过向投资银行开放贴现窗口、拍卖贷款等方式，持续向金融市场投放资金。尽管如此，次贷危机仍在向美国经济基本面扩散：失业上升、消费下降。2007 年四季度美国经济下降了 0.2%，为 2001 年三季度以来最糟糕的表现。

在第一个高危期中，美国第五大投资银行贝尔斯登陷入困境，最终被摩

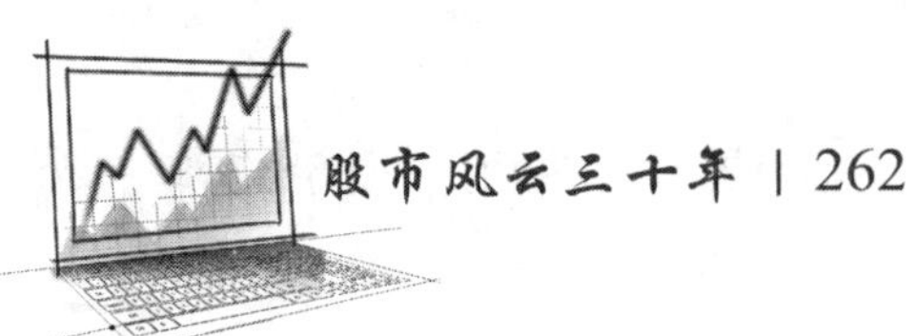

根大通银行收购。2008 年 3 月 14 日，美联储宣布，对陷入困境的贝尔斯登提供紧急贷款。但贝尔斯登最终没能“挺”下去。两天后，即 3 月 16 日，在美联储极力撮合下，贝尔斯登以每股 2 美元的价格将自己卖给了摩根大通银行。美联储则为这笔并购案提供了大约300亿美元的担保。

美联储主席伯南克和财政部长保尔森事后说，之所以对贝尔斯登采取断然措施并提供政府担保，主要当时市场对贝尔斯登破产没有任何精神准备，而贝尔斯登与其他金融机构有千丝万缕的联系，其一旦破产，将对整个金融体系造成无法预料的打击。

接下来事态的发展明显超出了外界的预料，也证明西方主要金融机构负责人对当时金融形势的判断过于乐观。

进入 2008 年 7 月，美国金融市场再度紧张起来：投资者开始担心美国住房抵押贷款市场巨头房利美和房地美可能陷入困境。

“两房”是私有企业，但又作为“政府授权企业”享有各种优惠。次贷危机爆发后，有政府担保背景的“两房”地位更加突出。同时，为谋求更大市场，“两房”也大举扩张，发放了更具风险性的贷款种类，这导致亏损不断扩大并形成影响全球金融市场的危机。新华网统计，在 2007 年，“两房”亏损达到了 140 亿美元。9 月 7 日，美国政府再度出手，出资 2 000 亿美元接管“两房”。

但“两房”问题只是第二个高危期的一个序曲，随后不到一个月时间内，美国多家重量级金融机构陷入困境，局势演变成一场全面的金融危机。

雷曼倒掉：一个时代的终结

接下来的时间，美国第四大投资银行雷曼兄弟（简称雷曼）站在了风口浪尖。9 月 11 日，雷曼兄弟股价下跌超过 40%，收盘时每股 4.22 美元；而在当周的周一，其股价为 17.62 美元；时间再往前推，其 2008 年年初的股价到达过 66 美元。

雷曼兄弟命悬一线，在许多华尔街人士看来，这家拥有 158 年悠久历史的公司已接近倒闭。

《21 世纪经济报道》曾这样描述破产前的雷曼兄弟："当天，记者来到纽约曼哈顿岛上的雷曼兄弟总部大楼，电视台的卫星转播车停在马路对面，几台摄像机正对着大门口拍摄，记录此刻雷曼员工们的表情。

"而纸质媒体的摄影记者，则希望用相机捕捉这家《财富》世界 500 强企业的'最后时光'。举着相机的甚至有从不远处时代广场上赶过来的游客。

"据一位雷曼内部员工介绍，美国媒体驻扎于此已经有 3 天了，要'等着看雷曼怎么倒下'。在交易时段中，不断有人出来抽烟并讨论着自家公司的前途。

"在午歇和下午下班后，打着领带、身着正装或者衬衣的员工们三五成群，相邀去某一家餐馆或者在大楼外就地讨论。旁边的记者则拿着纸笔，迅速做着记录，美国的商业报纸最近每天都开辟多个版面专门报道这家公司。

"也有不少人在打手机，'都完蛋了'，一位刚刚走出大楼不远的员工边走边说。另一名员工则徘徊在大楼的拐角处，'放松些，放松些，什么事情都没有发生'，他看起来还是比较严肃，'你放松了吗？'"

雷曼的规模四五倍于贝尔斯登，许多纽约的金融人士认为，这是一家在效率与管理方面都与高盛非常接近的公司。同时，雷曼在许多市场上都扮演着重要的角色，雷曼的安危事关这些市场的安危。

比如，雷曼是美国抵押贷款证券市场上最大的承销商，目前在市场上交易的此类证券多为雷曼发行，如果雷曼突然倒闭，将给抵押贷款市场的前景带来巨大的不确定性。

到了9月12日，雷曼已经岌岌可危。各种传言在华尔街散播，竞争对手们也停止了与它的交易。前一天，保尔森找到野心勃勃的巴克莱银行总裁鲍勃·戴蒙德，让他飞去曼哈顿开会。这个紧急会议旨在为奄奄一息的雷曼寻求解救方案，与会者都是华尔街的重量级人物。

事实上，保尔森的A计划是让美洲银行吞并雷曼。在这个联姻计划失败后，他转向巴克莱银行。保尔森面临的第一个问题是华尔街不愿意提供资金援助。由于每个巨头都遭受了惨重的损失，没有人愿意再次尝试10年前格林斯潘为拯救一家倒掉的纽约对冲基金而做的努力。这样，第二个问题也随之出现：英国政府已经提出其只能在私有资本或美国财政部强有力的财务担保下，才支持巴克莱对雷曼的竞投。英格兰银行尤其不支持巴克莱在没有担保的情况下进行交易，认为英国的银行缺乏资本，巴克莱正在进行它无法消化的交易。

最终，保尔森的一切努力化为泡影，英国第三大银行巴克莱在得知美国政府拒绝提供财政担保后决定退出拯救雷曼兄弟公司的行动。大约3小时后，美国银行也宣布退出，转而收购美林公司。

2008年9月15日，雷曼兄弟公司申请破产保护。同日，美国第三大投行美林公司被美国银行收购。

9月14日夜间，雷曼兄弟公司在曼哈顿纽约时报广场附近第七大道的总部门口人来人往，不少公司员工携带着纸盒子、大手袋、行李袋甚至拉杆箱走出大楼，一些人拿着印有公司名字的雨伞和装在画框内的美术品，一些人眼睛湿润，更有一些人低声哭泣，相互拥抱道别。大楼对面，各电视台的直播车排成一排。

雷曼的破产也“创造了历史”，成为美国有史以来规模最大的破产申请案例。在雷曼兄弟破产几天之后，美国的金融市场立刻陷入一种可怕的无序状态。贷款和相关活动被冻结，美国最大的金融保险公司AIG被迫拿出几十亿美元的储存现金作为抵押；一个持有大量雷曼兄弟公司股份的货币市场基金称其已经“濒临倒闭”；投机商人迅速地把资金从股市中撤走。为了避免重蹈雷曼兄弟的覆辙，雷曼的老对手美林证券主动投到美国银行账下。美国银行以每股 29 美元的价格，通过换股方式收购美林，收购价仅有其股价峰值的三成。为了挽救更多的金融企业，美联储大开绿灯，高盛公司和摩根士丹利在那段时间成功收购了多家公司。

天量计划：世界“感恩”中国

面对西方世界的动荡，大洋彼岸的中国虽然受到的影响较小，但在全球经济全球化的大背景下，中国显然难以独善其身。

更重要的是，尽管实体经济所受冲击不大，但A股市场却已经提前反应，股指跌幅超过 7 成，远远超过了欧美市场的跌幅。

终于，在雷曼兄弟破产后的两个月，中国政府出手了。

2008 年 11 月 5 日，国务院总理温家宝主持召开国务院常务会议，研究部署进一步扩大内需促进经济平稳较快增长的措施。

会议认为，近两个月来，世界经济金融危机日趋严峻，为抵御国际经济环境对我国的不利影响，必须采取灵活审慎的宏观经济政策，以应对复杂多变的形势。当前要实行积极的财政政策和适度宽松的货币政策，出台更加有力的措施，扩大国内需求，加快民生工程、基础设施、生态环境的建设和灾后重建，提高城乡居民特别是低收入群体的收入水平，促进经济平稳较快增长。会议确定了当前进一步扩大内需、促进经济增长的十项措施。初步匡算，要实施十项措施的相关工程建设，到2010年年底约需投资4万亿元。为加快建设进度，会议决定，今年四季度先增加安排中央投资1 000亿元，明年灾后重建基金提前安排200亿元，带动地方和社会投资，总规模达到4 000亿元。

对此，市场解读为“中央出台了4万亿经济刺激计划”，市场应声反弹。

好戏还在后面。

2008年11月28日，也就是11月的第四个星期四，是美国与加拿大的感恩节，而这一年的感恩节注定是不平静的。也许美国人正在准备着感恩节的祈祷，愿上帝能够保佑他们早日渡过金融危机。

上帝还没有出手，大洋彼岸的中国却送上了一份厚重的礼物——降息108个基点，同时降低金融机构存款准备金率100～200个基点。

此前，市场预计央行的降息幅度在27～81个基点，一贯稳健的中国央行此次表现出的是一种实力与果断。

降息不仅会对中国经济产生了重要影响，同样对于深陷金融危机困扰的世界各国来说，也是一个意料之外的惊喜。当时，很多市场分析人士尚未摆脱悲观论调，认为央行大幅降息说明中国经济目前形势十分严峻，悲观情绪反而进一步加重。其实，经济的好坏本来就是客观存在的事实，作为个体有没有对此产生充分的预期并不会改变经济的运行。但强有力的财政政策以及货币政策的出台却会对经济运行产生不可忽视的影响。

央行大幅度降息以及降低准备金率后，流动性拐点逐步出现。央行“双降”为商业银行新增加约4 000亿元可贷资金，比2007年拟定的2008年全年贷款额度3 600亿元的总额还要多。企业资金面紧张的情况也得到大幅缓解，对于降低企业融资成本、提振企业投资信心起到了积极作用。

在降息消息后的几个小时，原油、有色金属等国际大宗商品期货价格迅速出现回升。并且在美国 28 日当日出台一系列经济数据偏空的背景之下，美国股市依旧连续第四个交易日上涨。

对世界其他经济体来说，中国央行降息对于全球金融市场和金融体系的稳定产生了重要的作用，对全球经济抵御受到金融风暴的冲击具有重要意义。

尽管事实证明，全球经济复苏的步伐缓慢，但是，至少金融海啸最坏的时候已经过去了。

第 20 章 | 甲子兴邦

2009

迎战危机：十大产业振兴计划出台

进入 2009 年，尽管A股市场出现了一定幅度的反弹，但整体而言，人们对于未来的经济前景和市场走势依旧持较为悲观的看法。虽然国家已经在 2008 年年底出台了 4 万亿元扩大内需的政策，但工业企业下滑的势头尚未见底，随着危机的进一步恶化，出口大幅下滑已是不争的事实。同时，危机开始从以外贸出口为导向的中小企业向工业行业传导。2009 年实现经济“保八”的目标似乎仍遥不可及。

在这样背景下，以降低企业负担、增加企业收入为目标的产业振兴规划火线出炉。

2009 年 1 月 14 日，国务院常务会议审议并原则通过汽车、钢铁产业振兴规划。强调加快汽车产业调整和振兴，必须实施积极的消费政策，稳定和扩大汽车消费需求，以结构调整为主线，推进企业联合重组，以新能源汽车为突破口，加强自主创新，形成新的竞争优势。加快钢铁产业调整和振兴，必须以控制总量、淘汰落后、联合重组、技术改造、优化布局为重点，推动钢铁产业由大变强。

2009 年 2 月 4 日，国务院常务会议审议并原则通过纺织工业和装备制造业振兴规划。认为加快振兴纺织工业，必须以自主创新、技术改造、淘汰落后、优化布局为重点，推进结构调整和产业升级，巩固和加强对就业和惠农的支撑地位，推进我国纺织工业由大到强的转变。加快振兴装备制造业，必须依托国家重点建设工程，大规模开展重大技术装备自主化工作；通过加大技术改造投入，增强企业自主创新能力，大幅度提高基础配套件和基础工艺水平；加快企业兼并重组和产品更新换代，促进产业结构优化升级，全面提升产业竞争力。

2009年2月11日，国务院常务会议审议并原则通过船舶工业振兴规划。强调加快船舶工业调整和振兴，必须采取积极的支持措施，稳定造船订单，化解经营风险，确保产业平稳较快发展；控制新增造船能力，推进产业结构调整，提高大型企业综合实力，形成新的竞争优势；加快自主创新，开发高技术高附加值船舶，发展海洋工程装备，培育新的经济增长点。

2009年2月18日，国务院常务会议审议并原则通过电子信息产业振兴规划。确立完善产业体系，加快产业升级和增强竞争力；立足自主创新，突破关键技术，提高软件企业自主发展能力；以应用带发展，强化信息技术在经济社会各领域应用，培育新的增长点将为今后三年电子信息产业的三大重点任务。

2009年2月18日，国务院常务会议审议并原则通过石化产业、轻工业振兴规划。会议指出振兴石化产业，必须在稳定石化产品市场的同时，加快结构调整，优化产业布局，着力提高创新能力和管理水平，增强产业竞争力。轻工业振兴规划提出，未来三年将以食品、家电、造纸、塑料、皮革、五金、电池、照明电器、洗涤、轻工装备等行业为振兴重点，而产业振兴的目标是，到2010年，轻工重点行业结构调整和产业升级取得明显成效。

2009年2月25日，国务院常务会议审议并原则通过有色金属产业和物流业振兴规划。有色金属产业调整和振兴，要以控制总量、淘汰落后、技术改造、企业重组为重点，推动产业结构调整和优化升级。我国物流业总体水平落后，严重制约国民经济效益的提高。我国必须加快发展现代物流，建立现代物流服务体系，以物流服务促进其他产业发展。

十大产业振兴规划，涵盖了解决就业、产业技术升级和结构调整等诸多方面，这些振兴经济发展的一揽子计划为三年后我国产业结构升级打下坚实基础。产业振兴规划与 4 万亿元投资计划有着很大的区别，它主要是给政策、给思路，着力点在于产业升级，并让市场发挥作用。这也是对上一轮经济增长方式的一次修正，也可以说做了多年来国家想做而又未做的事情。

释放流动性：宽松政策引发天量信贷

在十大产业振兴计划的刺激下，相关板块上市公司股价轮番上涨，并带动A股市场出现一波显著的反弹。与此同时，宽松的货币政策令市场流动性重新变得充裕起来。

2009 年 2 月，央行在《中国货币政策执行报告》(2008 年第四季度）中指出 2009 年央行将进一步落实国务院有关金融促进经济发展的政策措施，把促进经济平稳较快发展作为金融宏观调控的首要任务，认真执行适度宽松的货币政策，进一步理顺货币政策传导机制，确保银行体系流动性充足，促进货币信贷合理平稳增长，引导金融机构优化信贷资金投向。

在宽松货币政策的影响下，2009 年上半年，贷款投放规模创出空前的“天量”，人民币各项贷款上半年累计增加 7.37 万亿元，同比多增 4.92 万亿元，新增贷款规模不仅创下有史以来同期最高水平，还超过以前各年度全年贷款投放规模。除四五月份外，2009 年上半年其余各月贷款投放规模均超过万亿元。

《国际金融报》报道，一位金融监管官员说，2009 年上半年的天量信贷主要有三个特殊因素：其一，政府融资平台贷款，表现为中长期贷款中的基建类项目贷款；其二，个人住房贷款；其三，票据融资。

如此天量规模的信贷也引发了一些学者对于金融风险的担忧。因为从过往的经验看，银行信贷如果在某一时段增长过快，通常和日后的不良贷款相关。信贷的过快增长，银行可能会存在不审慎的情况。

央行在此间的报告中也曾指出，信贷增长的质量仍需进一步提高。快速增长的货币信贷与相对缓慢的实体经济存在反差，有一定合理性，但也要防止经济波动加大的风险和不良贷款反弹风险。同时，我国产能过剩矛盾较为突出，若只有“保”没有“压”，经济结构调整速度可能放慢，应坚持“有保有压”，把扩内需与调结构更好地结合起来。此外，近期银行贷款多集中于政府项目，这虽有利于较快拉动投资，但也要合理评估地方政府的负债能力，并观察分析对社会投资的带动效果。

随着央行和银监会进行政策性微调，2009 年 7 月以来，人民币贷款猛增势头告一段落，月度新增贷款规模回落到较为合理的水平。而与此同时，A 股市场持续了10个月的反弹也随之告一段落，开始进入震荡调整的格局。

此外，宽松的货币政策造就了房地产市场的一轮繁荣。房价迅速上涨，部分地区房价刷新了 2007 年金融危机之前的新高。关于房地产市场的争论声再度出现。

2009年全年来看，新增人民币贷款共计9.59万亿元，几乎是2008年新增人民币贷款规模的两倍。

重启IPO：国有股转持社保定新规

随着市场的逐步回暖，因金融危机而暂停的IPO面临全面恢复。一些在2008年就已经过会的公司终于等到了上市的一天。然而，并非所有的公司都是幸运者，不幸往往会在不经意间出现。曾经于2008年3月5日首发过会的宁波立立电子股份有限公司（下称立立电子）在上市前夕因为媒体报道而遭暂停上市。2009年4月3日，证监会发审委否定了立立电子的首发申请，撤销立立电子公开发行股票核准决定，这是证监会首次做出发行撤销决定。而在一年前因此辞职的原易方达基金管理公司副总经理江作良再次被推上了风口浪尖。

早在2008年6月20日，易方达基金发布公告称，公司副总裁兼投资总监江作良已向公司提出辞职，并获得公司董事会的批准。

对于辞职的原因，当时公告解释说，江作良在2000年易方达基金公司尚未成立之际，即以个人身份，作为发起人参与一家未上市公司的股权投资，该公司已于2008年经证监会发审委审核通过，将于近期公开发行上市。经向有关法律人士咨询，该投资行为与国内法律法规没有冲突。尽管如此，为了回避该公司上市后可能存在的利益冲突，同时为了消除公众疑虑，江作良本人经慎重考虑，决定辞去易方达基金公司副总经理和投资总监的职务。

这家未上市公司正是立立电子。立立电子IPO申请已于2008年3月5日获得证监会通过，6月18日拿到证监会标为2008年655号的核准发行批复。

2008年10月7日，由证监会牵头，成立了包括审计署、国务院国资委、监察部、浙江省人民政府等多部门组成的联合调查组，开始对立立电子展开调查。

在证监会做出发行撤销决定后，立立电子有部分股东把矛头指向了江作良，认为是他的辞职造成了立立电子最终未能成功上市。立立电子不得不将已募集的资金按发行价加算银行同期存款利息退还给投资者。

值得注意的是，保荐机构中信建投因“经查，无不勤勉尽责的行为”而未受到任何处罚。发行人立立电子遭到撤销IPO申请的结局被市场认为“受到相应的处罚”。

相对于立立电子而言，桂林三金毫无疑问是幸运的。

2009 年 6 月 10 日证监会正式公布《关于进一步改革和完善新股发行体制的指导意见》，完善询价和申购的报价约束机制，杜绝高报不买和低报高买，同时把网下网上渠道分开、对网上申购设置上限，以提高中小投资者的中签率。

2009 年 6 月 18 日，A股市场IPO在暂停 9 个月后重启，首单落定为中小板公司。桂林三金药业股份有限公司成为自 2008 年 9 月以来第一家获准新股发行的公司。自此开启了2009 年天量融资的序幕。

上市当天，桂林三金的表现延续了A股市场“逢新必炒”的传统。集合竞价阶段高开 64%，开盘后便受到各路资金热捧，仅 18 分钟过后，就因盘中涨幅超 20%，被临时停牌 30 分钟。复牌后，桂林三金涨幅缩小，“打新族”纷纷开始套现，午盘涨幅 85%。午后该股窄幅震荡，成交开始萎缩，盘面显示超大户和大户参与兴趣不浓，人气明显没有早盘强劲。最终该股收盘涨幅 81%，报收 36.01 元。

在桂林三金上市后的第二天，6 月 19 日，财政部、国务院国资委、证监会、全国社保基金理事会宣布，股权分置改革新老划断后，凡在境内证券市场首次公开发行股票并上市的含国有股的股份有限公司，除国务院另有规定的，均须按首次公开发行时实际发行股份数量的 10%，将股份有限公司部分国有股转由社保基金会持有，社保基金会对转持股份承继原国有股东的禁售

期义务，并延长三年禁售期。

上述政策则意味着，十多年前就曾谋划的国有股减持充实社保的政策终于变为了现实。划转部分国有股充实社保基金成为管理层积极应对未来人口老龄化高峰时期养老金缺口的实际行动。

中国政法大学经济研究中心教授刘纪鹏对新浪财经表示，这次国有股划转社保和8年前有很大不同，这次划转要按照限售股解禁条件锁定三年，而8年前国有股减持后上缴社保基金，社保直接套现。当时对市场冲击很大，导致了市场跌破千点。但是股权分置改革后，在实现全流通发行的情况下，将国有限售股划转社保，社保也要遵守锁定期限，所以这次“划转”和8年前的“减持”完全不同。

十年磨一剑：创业板终成正果

随着IPO恢复，另一件资本市场的大事则越来越近，那便是创业板的起航。

创业板是地位次于主板市场的二板证券市场，以美国纳斯达克（NASDAQ）市场为代表。创业板在上市门槛、监管制度、信息披露、交易者条件、投资风险等方面和主板市场有较大区别；其目的主要是扶持中小企业，尤其是高成长性企业。

如果从1998年12月国家计委向国务院提出“尽早研究设立创业板块股票市场问题”算起，建立创业板的梦想已经持续了整整十年。

1999年1月15日深交所向证监会正式呈送《深圳证券交易所关于进行成长板市场的方案研究的立项报告》，并附送实施方案。当年8月20日，中共中央、国务院出台《关于加强技术创新，发展高科技，实现产业化的决定》

称，要培育有利于高新技术产业发展的资本市场，逐步建立风险投资机制，适当时候在现有的上海、深圳证券交易所专门设立高新技术企业板块。

2000 年 4 月，证监会向国务院报送《关于支持高新技术企业发展设立二板市场有关问题的请示》，就二板市场的设立方案、发行上市条件、上市对象、股票流通以及风险控制措施等问题提出了意见。同年 5 月 16 日国务院讨论证监会关于设立二板的请示，原则同意证监会意见，将二板市场定名为创业板市场。

2000 年 9 月 15 日，中联重科在深交所上网发行后，停止了在主板市场的新股发行。

此后创业板的发展陷入停滞。2001 年 11 月 7 日，时任国务院总理的朱镕基表示，吸取中国香港与世界其他市场的经验，把主板市场整顿好后，再推出创业板市场。在证券市场未整顿好之前，如果贸然推出创业板市场，担心会重复出现主板市场的错误和弱点。当时人民网报道，同年 11 月 22 日，时任全国人大常委会副委员长的成思危表示，内地创业板短期内不会推出。他说，应先整顿主板市场，建立风险投资基金，再推出创业板。

不过，深交所并没有放弃创业板的梦想。2002 年 11 月 28 日，深交所在给证监会《关于当前推进创业板市场建设的思考与建议》的报告中，建议采取分步实施的方式来推进创业板建设。

2003 年 10 月 14 日，十六届三中全会通过《中共中央关于完善社会主义市场经济体制若干问题的决定》，明确提出："建立多层次资本市场体系，完善资本市场结构，丰富资本市场产品。规范和发展主板市场，推进风险投资和创业板市场建设。"创业板再度被提上议事日程。

2007 年 8 月 3 日，深圳创业投资协会副会长王守仁表示，《创业板发行上市管理办法》（草案）已经送交国务院审批。8 月 22 日《创业板发行上市管理

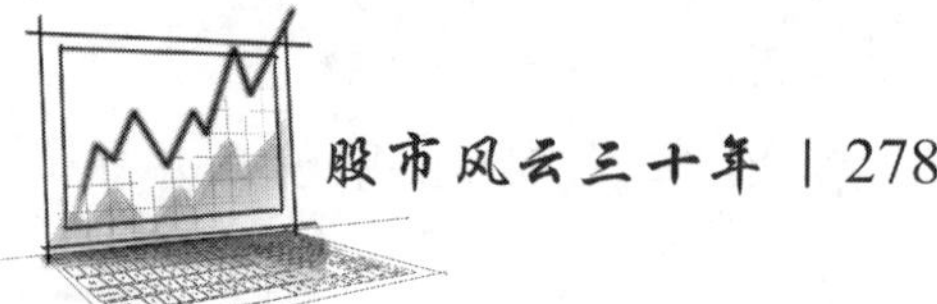

办法》（草案）获得国务院批准。

2008年1月17日，在全国证券监管工作会议上，证监会主席尚福林再次明确创业板的推出时间，“争取在今年上半年推出创业板”。

金融危机再度延后了创业板的起航。直到2009年10月23日，筹备达10年之久的创业板才真正开板。10月23日15点15分，中国创业板开板仪式在深圳五洲大酒店举行。会议由深圳证券交易所理事长陈东征主持，证监会副主席姚刚随后宣读了有关于创业板设立的批复文件。

之后，科技部副部长刘燕华致辞。刘燕华说，创业板市场的正式开板，对支持企业自主创新，科技成果转化和产业化，推动经济转型，调整产业结构，培育战略性新兴产业和落实国家自主创新战略都具有重要的意义。工业和信息化部总工程师朱宏任也有致辞。朱宏任在致辞中表示，融资难是中小企业发展过程中反映最为突出的问题，在应对国际金融危机的过程中，帮助中小企业克服融资障碍，形成解决体制机制一直是中央企业的着力点。而创业板的推出，不仅对于资本市场，而且对于中小企业都具有非同一般的意义。广东省委常委、常务副省长黄龙云致辞时指出，创业板的推出必将更加有效地发挥资本市场的资源配置功能，引导更多的社会资源向具有发展潜力的新兴行业和新兴企业集聚，促进全社会创新机制的建立，促进创新文化的积极培育，实现国家创新资源和资本市场的有效结合。

创业板开板仪式上，证监会尚福林主席作主题演讲。尚福林说道：“在举国上下热烈庆祝新中国60周年华诞之际，经过长期充分的准备，经过国务院同意，创业板市场今天正式启动，这是我国资本市场改革发展进程中具有重要意义的大事。建立和发展创业板市场是我国经济社会发展的内在要求。要坚持从实际出发，规划和构建我国的创业板市场。还要加强监管，全力推动创业板市场稳定健康发展。我国资本市场的稳定健康发展，需要我们在科学发展观的指引下不断探索、不断深化认识，巩固和完善市场基础性制度建设，着力培养市场机制，不断加强和改进市场监管。我国创业板市场正式起航了，创业板作为一个全新的板块，更需要我们不断地探索、不断地完善，我们深知创业板的成功不可能一蹴而就，创业板的发展之路也不会一帆风顺，但我们坚信有党中央、国务院的正确领导，有社会各界的大力支持，有市场各方的共同努力，创业板市场一定能够劈波斩浪、扬帆远行！”

创业板开板仪式上，深交所理事长陈东征也发表自己的看法，他说：“深交所要在党中央、国务院推进资本市场改革开放和稳定发展的战略方针指引下，在证监会的直接领导下，竭尽全力为打造中国的多层次资本市场努力拼搏。深交所真诚的欢迎社会各界，特别是广大中小投资者以及新闻媒体的全方位监督……”

创业板开板仪式最后一项：时任广东省委书记的汪洋与尚福林主席共同按动水晶球，启动创业板。在全场热烈的掌声、激动人心的音乐和漫天礼花中，中国创业板市场正式启动，从此扬帆远航！

2009 年 10 月 30 日，首批 28 只创业板股票在深交所集体亮相。“逢新必炒”的传统在创业板上被演绎到极致，这些股票受到资金追捧。由于创业板遭遇过度炒作，28 只股票上市首日均被深交所按照规定进行了临时停牌，创下了中国股市的新纪录。在创业板首日交易中，机构投资者累计买入 1 142.95 万股，占市场比例为 2.63%，其中，证券投资基金、社保基金、保险等未参与买入，而散户的买入比例超过 97%。

在场媒体记录了创业板当事人在看到股价开盘那一刻的表现。其中，华谊兄弟的王中磊与冯小刚在看到华谊开盘价喜悦溢于言表的一刻，恐怕会定格为国内资本市场历史上精彩的瞬间。

第21章 | 博弈转型

2010

风格转换未遂：传统与现实的挑战

经过了2009年近一年的反弹后，市场的悲观情绪逐步淡去，主流研究机构和市场的投资者似乎对2010年的股市行情充满信心。当时，研究机构对于2010年行情主要有两个大方向的判断：一是前高后低，二是风格转换。

此后的事实证明，研究机构的判断再一次成为市场的反向指标。

由于2009年的行情主要以中小盘股票、题材概念类股票为主，因此，研究机构普遍预计2010年市场可能出现风格转换，即上涨的主力可能转换到大盘蓝筹股上面。

一时间，风格转换的声音甚嚣尘上，甚至连2009年私募基金冠军罗伟广也一度赞成风格转换的观点。罗伟广在接受《股市动态分析》采访时表示，“即使货币政策确实意外地实质从紧，在当前估值支撑和半年调整技术面的支撑下，极端跌破3 000的风险是有的，但跌到2 800就是送钱了”。

2010年年初，指数展开了一波小幅的调整，导致市场情绪变化的一个重要原因是央行在1月上调了存款准备金率。同时，温家宝总理在国务院常务会议上提出要保持信贷的节奏，防范金融风险，并提出规范化地方政府融资平台，防范潜在财政风险。

上证指数从年初的3 300点高位下跌至2 900点一带，之后展开反弹，至

4 月中旬，运行至 3 150 点附近，然而在反弹的过程中，并没有出现市场预期中的风格转换，反而继续呈现出中小盘股逞强，大盘蓝筹股示弱的特征。

当时，市场认为出现风格转换的理由主要包括：一是大盘蓝筹股估值水平偏低，而中小盘股估值水平较高，这种估值差异已经达到历史上较高的水平；二是从板块轮动角度来看，大盘股票与中小盘股票确实存在着每隔较长时期便会出现强弱轮动的改变；三是股指期货推出在即，大盘股有望重新得到资金的青睐。

但 2010 年的市场似乎有意向传统的规律挑战。在股指期货临近推出之时，尽管大盘股偶有表现，却往往都是一日行情，并没有体现出持续性。于是，一些市场人士将风格转换的希望寄托在股指期货推出之后。

对冲元年：股指期货大幕开启

2010 年 4 月 16 日，中国股指期货正式推出。此时，距离中国金融期货交易所挂牌成立已经过去了 3 年 7 个月的时间。

股指期货的全称是股票价格指数期货，是指以股价指数为标的物的标准化期货合约，双方约定在未来的某个特定日期，可以按照事先确定的股价指数的大小，进行标的指数的买卖。作为期货交易的一种类型，股指期货属于金融期货范畴，与普通商品期货交易具有基本相同的特征和流程。

20 世纪 70 年代，西方各国受石油危机的影响，经济发展十分不稳定，利率波动频繁，通货膨胀加剧，股票市场价格大幅波动，股票投资者迫切需要一种能够有效规避风险、实现资产保值的金融工具。于是，股票指数期货应运而生。1982 年 2 月，美国堪萨斯期货交易所开办了价值线指数期货合约，宣告了股指期货的诞生。随后，许多交易所都开始了对股指期货的尝试和探

索。同年4月，芝加哥商品交易所开办标准普尔500指数期货合约，1984年，伦敦国际金融期货交易所推出金融时报100指数期货合约。

在我国金融期货的发展历程中，国债期货的诞生远远早于股指期货。如果不是“327”国债事件的影响，早在十几年前，股指期货就会随之问世。但“327”事件后，国债期货中断，股指期货更是被长期搁置下来。

我国股指期货品种的探索开始于2004年11月，当时上海证券交易所开始着手研究开发股指期货。2005年4月8日，沪深300指数正式发布，成为股指期货候选指数标的。2006年9月8日，中国金融期货交易所（CFFEX）在上海挂牌成立。10天后，中国金融期货交易所公布了即将推出的“沪深300指数期货暂定合约”，保证金水平为合约价值的8%。

2006年10月23日，中国金融期货交易所（简称中金所）发布了“关于《沪深300指数期货合约》《交易细则》《结算细则》和《风险控制管理办法》征求意见稿公开征求意见的通知”。10月25日，中金所发布《中国金融期货交易所仿真交易业务规则》。10月30日，中金所开始沪深300股指期货的仿真交易活动。12月19日，金融期货结算会员资格标准初定，会员单位注册资本不低于5 000万元。

2007年2月7日，《期货交易管理条例（修订草案）》终于在国务院常务会议上得以审议并原则通过。

在股指期货就要“千呼万唤始出来”之际，却迟迟不见踪影。

2007年3月5日，十届全国人大五次会议开幕前，证监会主席尚福林在被记者问到年内是否推出股指期货时回答：“我们正在积极准备。”3月7日，中国金融期货交易所总经理朱玉辰在北京表示，目前关于股指期货的各项准备已基本完成，中金所将适时推出股指期货。

2007年4月15日，《期货交易管理条例》正式施行，金融期货终获“准生证”，至此，股指期货上市的法律障碍也彻底清除。6月27日，中国金融期货交易所正式发布《中国金融期货交易所交易规则》及其配套实施细则。此举标志着中金所规则体系和风险管理制度已经建立，金融期货的法规体系基本完备。

就在市场预期2007年内股指期货将成功问世之际，蓝筹泡沫使管理层放缓了股指期货的推出。随之而来的2008年，金融海啸席卷全球，金融衍生工具的负面效应体现得淋漓尽致，股指期货的事情再次搁置。2009年，金融危机阴影逐渐散去，市场得到休整。然而，创业板的重要性显然大于股指期货。于是，股指期货的推出再次延后。直到2010年，股指期货才有机会登陆国内资本市场。

2010年1月8日，国务院原则同意开展证券公司融资融券业务试点和推出股指期货品种，证监会将统筹股指期货上市前的各项工作。

同年1月19日，中金所就《中国金融期货交易所交易规则》及其实施细则修订稿，以及《沪深300股指期货合约》向社会公开征求意见，股指期货的基本规则全线亮相。2月20日，中金所发布沪深300股指期货合约和修订后的交易规则及其实施细则。2月22日，中金所正式受理股指期货交易开户申请。

有分析人士指出，管理层启动股指期货市场，关键是要完善资本市场体系，使得信息传导更有效率、更加全面、更加透明。世界资本市场的经验和现实表明，远期的价格波动包含人们对经济政策、宏观数据、行业动向以及非经济因素等的预期，它的变动可以调节投资者的预期和实际买卖行为。由于股指期货这一工具的出现，不同的投资者就可以依据自己对各种影响市场运行的信息的判断，实施双向操作，规避风险，获取收益。

4月16日，股指期货正式上市交易。

上市首日，市场在投资者的追捧下，各合约均大幅高开，显示出投资者对新生事物的好奇与参与热情，同时各合约均出现正基差，市场成交活跃。全天呈高开低走态势尾市跳水，期现价差过大有所收敛。作为主力合约的5月合约IF1005开盘于3 450点，最高涨至3 488点，最低探至3 413.2点，全天收盘于3 415.6点，较基准价小幅上涨。然而，第二个交易日，沪深300指数出现大幅下跌，股指期货合约全面下挫，IF1005下跌6.81%，第一天介入多单的投资者亏损累累。

有了股指期货，意味着投资者可以做空市场，同时可以利用股指期货与股票或指数基金的组合操作进行对冲和套利。中国股票市场由此进入对冲时代。

此后，指数的下行持续了两个半月，股指期货也随之下跌了两个半月。沪深300指数从4月15日收盘的3 394.57点下跌至7月2日最低的2 462.20点，跌幅高达27%。

关于股指期货是否成为加速指数下挫的助推器，各方存在争议。但不管如何，至此，2010年年初研究机构两大预测均以失败而告终。

盛宴还是泡沫：逐鹿新兴产业

尽管上证指数在2010年上半年出现了大幅下跌，但是代表经济结构调整和转型方向的新兴产业概念的上市公司股价却出现了大幅上涨，而且中小板、创业板的发行市盈率一直居高不下。资金将投资的兴趣集中在了代表未来能够拉动中国经济持续增长的新型行业。

2009年年底，战略性新兴产业领域确定工作刚刚启动，当时初步确定的领域包括“新能源、节能环保、电动汽车、新材料、新医药、生物育种和信息产业”七大产业。这一宏大规划，被业内人士看作继“4 万亿”后中国政府启动的规模最大的产业计划。而这一计划，已瞄准发展结构的根本转变。

从 2010 年年初开始，一份名为《国务院关于加快培育战略性新兴产业的决定》的文件就开始在多个部委及各地方发改委等相关部门广泛征求意见。

2010 年 4 月初，战略性新兴产业总体思路研究部际协调小组成员部委开始了全国调研行动，该小组由国家发改委和科技部、工信部、财政部等 20 个部门组成，小组办公室设在国家发改委高新司。与此同时，战略性新兴产业规划文件起草组也相应成立，负责研究起草《国务院关于加快培育战略性新兴产业的决定》和《战略性新兴产业发展“十二五”规划》。

之后，“高端装备制造业”替换了“新医药”，将“生物育种”扩展为“生物产业”；以“新能源汽车”包含了原来的“电动汽车”，并在其中扩展了“插电式混合动力汽车”一项。

2010 年 9 月 8 日，国务院常务会议审议并原则通过《国务院关于加快培育和发展战略性新兴产业的决定》。其中，会议指出加快培育和发展以重大技术突破、重大发展需求为基础的战略性新兴产业，对于推进产业结构升级和经济发展方式转变，提升我国自主发展能力和国际竞争力，促进经济社会可持续发展等具有重要意义。必须坚持市场基础性作用与政府引导推动相结合，科技创新与实现产业化相结合。深化体制改革，以企业为主体，推进产学研结合，把战略性新兴产业培育成为国民经济的先导产业和支柱产业。

伴随着战略性新兴产业领域的逐步确认，地方上也掀起了一轮发展新兴产业的浪潮，纷纷出台了一系列地方战略性新兴产业发展规划。令外界担忧的是，一些地方政府中意的传统产业，在改头换面后也进入地方战略性新兴产业的范畴。

二级市场上，新兴产业则表现得更为疯狂。尽管代表新兴产业方向的一

批上市公司业绩并不理想，二级市场估值水平过高，但丝毫没有改变资金追逐新兴产业的热情。成飞集成、德赛电池等一批概念股成为2010年市场上耀眼的明星。

这种炒作的盛宴让人不禁回想起1999~2000年的网络狂潮。十年轮回，当资本对价值投资、长期投资的“说教”感到厌烦的时候，又一次选择了趋势投资、概念投资。可见，没有哪种单一的理念可以在市场中长期占据统治地位。历史总会重演，资本在崛起的过程中也在反复上演着逐利的历史。

创业还是创富：创业板周岁引争议

2010年10月，创业板一周岁。经历了十年的蛰伏，创业板在2009年成功开启，一度承载了市场太多的期望。一年后，创业板股票数量已经超过120只，IPO融资超过800亿元，总市值一度达到5 000亿元。

事实上，有资料显示，这些公司首发预计募资总额为276.82亿元，而首发募资总额却比其超出577.80亿元，超募比例高达2.09倍，平均每家公司超募4.82亿元。对创业板而言，超募就是一种常态。

自创业板开板以来，对其高市盈率发行的争议没有停止过。《北京商报》统计显示，创业板的平均发行市盈率高达65倍，远超中小板新股的51倍及主板新股的38倍。其中发行市盈率超过60倍的股票比比皆是。在享受了高市盈率发行后，创业板更需要思考的应该是如何向市场交出一份符合其定位的业绩和估值的答卷。然而，至少在目前，“成长性”对整体的板块而言并不突出。

与此同时，在解禁潮来临前，创业板上市公司高管纷纷“挂冠归去”，让人深感其中急于套现的意图。因为根据相关规定，创业板公司高管自股票上市之日起 12 个月内，不得转让所持本公司股份；且在任职期间每年转让的股份不超过其所持有本公司股份总数的 25%。而高管辞职后，其持有的股份限售期仅为半年。这意味着，高管“辞职”后，可以凭借不再担任上市公司高管从而免除每年减持上市公司股份不超过所持有股份 25%的条款限制。

首先是同花顺董秘方超和原监事易晓梅在企业上市仅 15 个交易日就选择离开，然后是银江股份副总经理章笠中 3 天后步其后尘。2010 年 9 月 10 日朗科科技发布董事长兼总经理的辞职公告使邓国顺成为创业板上匆匆离场的第 36 位高管。

媒体评论人叶檀在接受《每日经济新闻》采访时表示，创业板一夜暴富的神话打消了人们的创业积极性，使之变成“一锤子买卖”，甚至有的创业板公司高管故意辞职套现，再跳到另一家准备上市的企业中，等待下一次暴富的机会。财经评论人士皮海洲在博客中指出，高管们辞职套现带给股市的负面影响不容低估：一是高管辞职套现加剧了创业板原始股解禁的压力，高管辞职套现会被市场看作高管不看好公司发展或公司股价被高估，动摇投资者的持股信心；二是高管的辞职令公司管理层不稳定，对于公司未来的发展造成负面影响。

但从另一个角度来看，创业板上市后的大幅增值并非“一夜暴富”，并认为这种激励机制鼓励人们努力创业。毕竟，能够到创业板上市的企业有可能几经生死，成功者仅是凤毛麟角；而创业板就是鼓励人们去创业，并通过上市以后的大幅升值，对创业成功者进行奖励。

到底是创业板还是创富板，或许在创业板开板周年之际，这是我们必须思考和面对的问题。

2011

第 22 章 | 剑斩顽疾

严打IPO造假：胜景山河撤销上市

2010年末，湖南胜景山河生物科技股份有限公司因媒体报道牵扯出财务造假丑闻，在上市敲钟前被紧急叫停挂牌，开创了监管层严打IPO造假的先河，直接推动了保荐制度推进发行制度市场化改革条文的出炉，成为影响2011年资本市场的重大事件。

2010年10月27日，胜景山河IPO获证监会发审委通过；11月26日监管层核准其发行1700万股，随后胜景山河募集了5.8亿元资金，准备投向年产2万吨多肽黄酒项目，并计划在12月17日正式登陆深圳中小板。

但就在上市前夕，却出了状况。12月16日，《每日经济新闻》头版刊发报道《胜景山河涉嫌酿造弥天大谎》，称胜景山河主营的黄酒产品难觅踪迹、招股书披露不实、涉嫌虚增销售收入等。报道一经问世，立即引起业内各方的高度关注。在报道刊出的当天，证券监管层已明确表示介入调查。

戏剧性的是，该公司董事长还发布澄清公告，坚称“胜景山河17日上市计划不变，胜景山河的上市酒会也会在深圳圣廷苑酒店如期举行”。可当酒会开始时，胜景山河公司负责人已紧急赶往北京，接受证监会问询。

12月17日早上8时，深交所网站仍显示胜景山河当日正常挂牌。

9时，离挂牌不到半小时，深交所网站突然发布公告称，胜景山河暂缓上市。

2011 年 4 月，胜景山河再次上会但被否决。4 月 6 日，证监会发出《关于撤销湖南胜景山河生物科技股份有限公司首次公开发行股票行政许可的决定》，该《决定》认为，胜景山河在招股说明书中未披露关联方及客户信息，构成信息披露的重大遗漏。证监会决定撤销胜景山河IPO的核准决定，同时要求胜景山河按照发行价并加算银行同期存款利息将募集资金返还证券持有人。

至此，胜景山河成为继立立电子和苏州恒久之后，成为中国证券史上第三家“募集资金到位、但IPO最终被否”的拟上市公司。

但事情远未结束，证监会对胜景山河IPO相关中介机构的调查在持续进行中。11 月 29 日，证监会公布调查结果称，胜景山河保荐机构平安证券及其保荐代表人的尽职调查工作不完善、不彻底，对胜景山河的销售及客户情况、关联方等事项核查不充分，未对胜景山河前五大客户进行任何函证或访谈，也没有对会计师工作进行审慎复核。据此，证监会向平安证券出示警示函，并撤销两名保荐代表人林辉、周凌云的保代资格，相关会计师事务所、律师事务所均受到相应的行政处罚。

律师事务所、会计师事务所、保荐人等负责胜景山河IPO的中介机构“集体”被监管部门处罚，这在A股历史上也属首次。而这一史上针对保荐代表人的“最严厉”罚单，无疑为中介机构敲响警钟：签字有风险，保荐当尽责。

胜景山河事件促使社会反思我国证券发行审核制度，证券监管及发行制度的相关改革由此发端。

在胜景山河事件后，证监会于 2011 年 4 月 7 日发布了《关于保荐项目尽职调查情况问核程序的审核指引》，该指引主要是为强化监督保荐机构和保荐代表人做好尽职调查工作，提高保荐工作质量，同时建立了问核机制，进一步落实保荐责任。

此后，2012 年 3 月 15 日，证监会再发布《关于进一步加强保荐业务监管有关问题的意见》，要求保荐机构建立对保荐代表人和项目组成员的问责制度。该意见在重视保荐代表人责任的同时，进一步增强保荐机构的责任，进一步发挥保荐机构的整体作用，推动实现全程有效内控，夯实保荐项目基础。

证监会对保荐机构执业行为的监管，由此得到了进一步加强。

重罚“黑嘴”：汪建中荐股案罚金过亿

除了严打IPO造假外，监管层对于证券投资咨询行业也加大了整肃力度。

证券投资咨询行业在 2011 年看似波澜不惊，但如果承上启下地看，就能窥见一个“拐点”。而这一切，源起于当年的“汪建中荐股案”。

汪建中是北京首放投资顾问有限公司（以下简称北京首放）的法定代表人。在 2003 年风雨飘摇的股市中，北京首放的公开荐股准得出奇，其一般在周五收盘后荐股，到下周一上午股市开盘后其所荐股票总能登上涨幅榜，而且多是位居前列。北京首放因此声名鹊起，汪建中本人也被业内尊称为“老汪”“汪铁嘴”，并受邀成为中央电视台二套《中国证券》栏目的特约嘉宾，北京首放还编了两部“首放实战系列丛书”，由汪建中担任主编。

但与此同时，汪建中也受到业内人士质疑，已经有业内人士公开表示，“单靠研究、预测绝不可能这么精准，背后肯定有资金配合”。

2008 年 5 月，证监会对汪建中和北京首放涉嫌操纵市场行为进行调查，当年 10 月 3 日，证监会通报调查结果，认定汪建中有操纵证券市场行为，并按照规定对汪建中进行行政处罚，没收其超过 1.25 亿元的违法所得，并处以罚款 1.25 亿元，这也是证监会针对个人开出的首张亿元罚单。同时，证监会对汪建中采取终身市场禁入措施，并将该案移送司法机关。11 月，汪建中被北京市公安局刑事拘留，后被批捕羁押。

2010 年 10 月 28 日，汪建中被检察机关指控涉嫌操纵证券市场，在北京市第二中级人民法院受审。由于此案社会关注度相当高，庭审当日前来旁听的除了数十家媒体的记者外，证监会、检察院等部门相关人士也前来旁听。庭审中，控辩双方就汪建中是“先买入后荐股”还是“先荐股后买入”展开了激烈的争辩。

检方指控，汪建中在担任北京首放负责人期间，曾于 2006 年 7 月至 2008 年 5 月，使用其本人及他人名义开立、实际控制 9 个证券账户，以先行买入相关证券，后利用公司名义通过多家媒体对外推荐该股票，并在信息公开后马上卖出的方式，获取个人非法利益。采取上述方式，汪建中“操纵证券市场”达55次，非法获利共计1.25亿元，且情节特别严重。

而汪建中则对“操纵证券市场”的罪名予以否认。他认为自己的行为不恰当，有失公平，但不构成犯罪。汪建中的辩护人高子程律师也表示，汪建中的行为只是利用职务之便，最多是行为不恰当。

庭审持续了整整一天，但案件没有当庭宣判。直到 2011 年 8 月 3 日，法院才宣布判决结果：汪建中犯操纵证券市场罪，判处有期徒刑七年，罚金人民币近1.26亿元。

《上海证券报》报道，在此期间，2011年3月，还有一位股民王某起诉北京首放、汪建中操纵市场，要求民事赔偿，并正式立案。由于汪建中是国内因市场操纵被提起民事赔偿的第一个被告人，此案也备受各界关注。

该案在当年 7 月 25 日开庭审理，汪建中辩称，除去证监会认定操纵的 38

只股票，北京首放其他时间推荐的股票均为合法业务，投资者据此操作，风险自担。而王某作为原告出示的证据无法证明其交易的股票与北京首放实战掘金报告有直接因果关系。

汪建中案在2011年掀起轩然大波，对于监管层、证券市场从业者、投资者都具有重要的警示作用。

在2011年之前，各种媒体上的股评信息、荐股报告等名目繁多、数量巨大，但其中良莠不齐，混杂着类似于汪建中这样的“股市黑嘴”，荐股完全出于自己需要，动机纯为牟取非法利益。

汪建中案也引发了此后证券投资咨询行业的变革，更多的投资者在阅览这些信息时，逐渐学会了分析，进行独立研判，建立了自己的投资理念和原则，不再盲目跟随。

郭氏新政：先给“铁公鸡”拔毛

2011年10月29日，55岁的郭树清正式走马上任证监会主席。作为第六任证监会主席，郭树清的上任拉开了一系列“新政”的序幕，中国资本市场的制度建设翻开新的一页。

此前的民意调查显示，投资者对于郭树清的最大期待在于A股市场需要逐步由融资功能向投资功能回归，而保护投资者利益、加大上市公司分红力度正是实现这种回归的重要前提。

郭树清履新后证监会的表态，更是点燃了众多市场人士和投资者的殷切期望——2011年11月9日，证监会发布公告，要求上市公司树立回报股东意识，完善分红政策及其决策机制，决定加强对上市公司利润分配决策过程和执行情况的监管。

站在当时一些人的视角来看，郭树清“第一把火”选择烧向证券市场长年一毛不拔的“铁公鸡”，似乎有点“立威”的意思。但站在十年后的今天来回顾，却不得不说此举意在长远，直指制度建设要害。

中国资本市场的投资价值源自什么？这是一个全世界投资者都在追问的问题，每个人都有自己的判断标准，但最根本的参考标准之一是股息率，巴菲特非常在意这一点。中国上市公司的股息率非常低，约为 1%，公司可分配利润中的现金股利支付率约为25%，远低于美国等境外市场。

从 2001 年起，监管层就意识到资本市场重融资、轻回报的顽疾，并先后出台了 4 项管理办法或规定，甚至将公司再融资与公司之前的分红事项相挂钩，但所取得的效果仍不理想。投资者想取得收益只能去股市中博取差价，价值投资理念仍然不能在中国资本市场践行。

《京华时报》报道，在 2010 年年报过后，相关统计显示，沪深两市共有 373 家上市公司在 5 年内未分派任何红利和红股。其中，有 225 家公司属于 2009年和2010年连续实现盈利却依然一毛不拔。

但在当时的市场思维中，股息率绝对不是中国大部分投资者决定投资的参考标准。他们靠的是对国家领导人讲话精神、国家宏观产业政策的前瞻性研究，以期先人一步购买某只股票，在价格上涨中出货、获利。在这方面，公募基金等机构投资者并不比中小投资者更高明。

郭树清显然了解投资的真谛。

但是，“强制分红”及其他的一些“郭氏新政”却也面临着一些压力和阻力。有人直指，郭树清对内幕交易采取“零容忍”态度，清理垃圾场，清理屠宰股民的屠宰场，都是阻人发财的做法，会令既得利益者非常不满；而郭树清倡导专业机构秉持价值投资理念，希望散户股民长线投资、价值投资，也必然会减少券商的佣金收入。

不过，这丝毫没有影响郭树清推行新政的步伐。

事实上，强制分红政策立即从首次公开发行股票的公司开始，在公司招股说明书中细化回报规划、分红政策和分红计划，并作为重大事项加以提示。

随后几家发布IPO招股书的公司，均在申报稿中的“重大事项提示”栏对分红政策做了特别强调的说明。

比如，新华保险在招股书中表示，“除了10%的年分红比例外，公司应在股东大会批准利润分配方案后及时向股东支付利润，倘若有延误，公司应就延误期间内未付金额向有关股东支付利息”。

苏州通润则承诺“每年以现金形式分配的利润不少于当年实现的可供分配利润的25%，或者最近三年以现金方式累计分配的利润不少于最近三年实现的年均可分配利润的75%”。

新政成效显著。据证监会披露，上市公司2011年现金分红水平显著提高。沪深两市共2 403家上市公司披露了2011年年报，其中1 645家提出2011年度利润分配方案，占全部上市公司数的68.46%。其中，纯现金分红的公司1 100家；现金分红、转增股本、送红股均有的公司31家；既有现金分红又有送股的公司44家；既有现金分红又有转增股本的公司425家；仅转增股本的公司45家。

披露现金分红方案的1 600家公司中，预计分红金额为5 577.45亿元；加上54家上市公司2011年中期已实现现金分红490.41亿元，扣除既有中期分红又有年度分红的41家上市公司，2011年度共有1 613家上市公司提出现金分红方案，占全部上市公司数的67.12%，比上年提高了6.39个百分点。

此后，证监会新政频出：严打内幕交易、降低规费、推出退市制度、发展场外市场，等等。例如，在2011年至2012年间，证监会三次大幅度降低A

股交易经手费、过户费、期货交易手续费，合计为证券市场和期货的投资者降低手续费高达155亿元。

再如，2012 年 6 月，证监会推出了主板、中小板和创业板《上市公司退市制度方案》，在倡导价值投资、打击恶炒方面，使得A股向前迈进了坚实一步。

据《21 世纪经济报道》统计，在郭树清履新证监会的第一年（2011 年 11 月至 2012 年 10 月），证监会共发布了 70 余项关于资本市场的新政，平均每周发布新政数量超过 1.35 项，为证券行业和资本市场随后的大发展奠定了基础。

而至今仍为业内人士所津津乐道的是 2012 年 5 月在京召开的证券公司创新发展研讨会。在这场由监管层最高领导和证券业全体掌门人齐聚一堂的罕见盛会上，郭树清旗帜鲜明地鼓励券商创新发展，彻底从监管、经营两个维度解放了证券业。

一位业内人士对媒体表示，2012 年是证券业最幸福的年份，是真正体会到证券行业还有不被金融行业边缘化的年份，也是相信从此可以不靠天吃饭的年份。

此外，在严打内幕交易方面，郭树清上任不久就亮明了态度。在中小企业融资论坛上，郭树清表示，证监会对内幕交易采取“零容忍”态度，呼吁投资者多向证监会提供内幕交易线索。郭树清有句名言：“小偷从菜市场偷一棵白菜，人们都会义愤填膺；但是若有人把手伸进成千上万股民的钱包，却常常不会引起人们的重视。这就是内幕交易的实质，也是防范和打击这种犯罪活动的困难之所在。”

剑斩顽疾，应是对郭氏新政最好的总结与概括。

创业板退市制度：一石激起千层浪

郭树清履新后的“第二把火”烧向了创业板退市制度。

关于创业板退市，业界在此之前已呼吁多年，证监会和深交所的领导也在多种场合下重申推出的必要性和迫切性，但总是“只闻楼梯响”，个中原因是相当复杂的。

2011年之前的A股市场风气之一，便是炒重组、炒借壳。

当时《南方周末》的一项统计显示，在A股市场，有超过九成的公司获得过政府补贴，无论央企、民企；无论盈利、亏损，概莫能外。据中国注册会计师协会发布的2010年年报审计情况，在纳入统计的1 570家上市公司中，1 454家收到政府补贴，占比高达92.61%，涉及总金额高达464.4亿，平均每家上市公司获补贴3 187.09万元。而2007年深市主板有91家公司非经常性损益占净利润比例超过50%，占比高达18.6%。

壳资源炒作成风，ST公司重组乱象，市场恶炒绩差公司……退市制度的推出，除了涉及多方利益主体，还必须同时推动相关法律法规的修订完善，建立行政与司法的有效衔接。

从一个简单的例子就可以体会到要扭转这种市场风气的难度：2012年2月15日晚，*ST建通发布公告披露其2011年年度报告，2011年净利润5 240.7万元，实现扭亏为盈。原因是，该公司于2011年10月收到廊坊市财政局给予本公司8 000万元人民币的经营性财政补贴，已计入2011年当期损益。

廊坊市财政局为何要给*ST建通如此高的财政补贴？其中对地方利益的考虑或许是主因。更可怕的是，在这样的市场风气下，不少上市公司，基本靠补贴为生，如同企业界的“植物人”，只要拔去输血管、氧气管，这些的公司就没有生存的可能。

可以说，非经常性损益，尤其是政府补贴，已经颠倒了上市公司的美丑标准，让退市机制形同虚设，使证券市场中僵尸公司队伍日渐壮大。

“此前证监会第一刀完善分红是‘奖优’，而创业板退市制度是‘惩劣’，推出创业板退市制度对于弘扬正确的投资理念，遏制题材股的无序炒作，提高上市公司危机意识，建立健康的股东文化等都有很好的促进作用。”英大证券研究所所长李大霄在当时的一次媒体采访中如此评价。

应该说，郭树清履新后快速把创业板退市制度建设作为突破口，恰是其深思熟虑的结果，也做了相当多的幕后准备。

2011 年 11 月 18 日，证监会召开媒体通气会透露，深圳证券交易所已经提出了完善创业板退市制度的初步方案，拟从增加退市标准、完善恢复上市审核标准、缩短退市时间、改进退市风险提示方式、设立单独的板块和退市后的去向安排等六个主要方面对创业板退市制度进行完善。该方案将在进一步论证的基础上尽快向社会公开征求意见。

而退市制度研究、制定和推出的流程都比以往快了很多，仅仅 2~3 个月后，2012 年 3 月 5 日两会期间，在现场接受媒体临时采访的郭树清，提出主板退市制度将在 2012 年上半年推出。而此时距创业板退市制度征求意见稿推出仅三个多月时间。实际上，后来的主板退市制度征求意见稿在 4 月 29 日正式推出，距离郭树清的承诺仅仅过去了不到两个月时间。

不得不说，郭树清是一位市场改革派，他称在推进市场化改革的进程中，自己始终是一个理想主义者。郭树清在证监会任上 500 多天，让人印象最深的还是郭树清“铁腕”和雷厉风行的形象。

在推出创业板退市制度这件事上，郭树清是“说到做到”，兑现承诺的速度惊人。有投资者称，郭树清给人的“梦想”能快速“照进现实”。

2012

第23章 | 资管时代

养老金入市：摸着石头过河

郭树清上任证监会主席后，多次在公开场合提及培育多元化投资群体，鼓励社保基金、企业年金、保险公司等机构投资者增加对资本市场的投资比重，积极推动全国养老保险基金、住房公积金等长期资金入市等相关话题。

在今天看来，养老金投资资本市场实现保值增值，是一件平常的事情。但不要忘了，在大众没有吃过“螃蟹”之前，总是有些担忧的。由于A股持续低迷，引导长期资金入市被市场解读为“救市”。但郭树清在2012年2月15日举行的中国上市公司协会成立大会上，特意对此做了澄清，称这是一种误解，完全不符合事实，实际上两者之间是一种相互依赖、相互促进的关系，“离开股票和债券市场，养老基金、住房公积金的保值增值很难实现，这是世界范围内的共同经验”。

2012年2月，国务院同意广东省先行先试，将1 000亿元企业职工基本养老保险基金结余资金委托全国社会保障基金理事会投资运营。

消息传出，引发了很多讨论，公众最为关注的是：如果投资运营亏损了，那我们的养老金怎么办？

要理解当时为什么一定要开启养老金入市的尝试，就不得不先说广东当时的养老保险基金情况。

根据广东省财政厅在 2012 年初提交人大的报告称，2011 年，广东省养老保险基金滚存结余 2 892.61 亿元，比上年底增长 27.07%。基金资产质量良好，其中 98.37%纳入各级财政专户管理，包括银行定期存款 2 441.81 亿元，占基金资产总量的 85.81%；债券投资 26.15 亿元，占基金资产总量的 0.92%；活期存款和暂付款等 377.51 亿元，占基金资产总量的 13.27%。

显然，广东养老保险基金绝大多数资产都是银行存款，债券投资占比少得可怜。在这样的投资下，基金收益率仅有 3.5%左右，已明显低于 2011 年的同期通货膨胀率，养老金资产呈现隐形缩水。通过扩大投资范围来实现养老金的保值增值，已是刻不容缓，各方动作都非常迅速。

最终的试水方案为：全国社保基金理事会受广东省政府委托，投资运营广东省城镇职工基本养老保险结存资金 1 000 亿元。双方于 3 月 19 日在北京签订了委托投资协议，资金将分批到位，委托投资期限暂定两年。这一数额占当时广东养老基金资产总量约 27.5%，占当时广东整个社保基金滚存结余总量中的份额，也将近两成。

后据广东省社保局官员透露，1 000 亿资金于 2012 年 9 月全部到位。

接受委托的社保基金理事会，一直负责全国社保基金的投资运营，截至 2011 年底，全国社保基金总资产达 8 689 亿元，基金成立 11 年来年均收益率为 8.41%，比同期通胀率高出 6 个百分点。显然，其投资运营经验是令人放心的。

但由于是“摸着石头过河”，所以广东方面亦相当审慎。

2012 年 6 月，在审议省社保基金预决算报告时，广东省财政厅和社保部门向省人大常委会说明，这 1 000 亿养老基金委托全国社保基金理事会投资运营，“能够保证只赚不亏、旱涝保收”，其保底收益率比存银行要高。如果实际收益达不到保底收益率怎么办？由社保基金理事会补足差额。

这番表态一度也引发市场争议，任何投资都是有风险的，如何能保证只赚不亏呢？当然，在最初启航时，基于审慎原则，社保基金理事会也强调，社保基金将坚持更为审慎的方针，新增资金将更多配置到固定收益类产品中，确保实现基金保值增值。

此后，社保基金理事会新闻发言人进一步表示，一些媒体和个人把“委托投资运营”误读为“委托入市”，理解为入“股市”，这是不准确的，并再次强调，该项资金将主要投资于国债、银行存款、企业债、金融债等有固定收益的产品。

既然养老金将更多地投向固定收益类产品，那么“救市”一说便也不攻自破。毕竟养老金是老百姓的保命钱，安全比增值更加重要。

不过，这笔委托有关投资的各项细节并未公开过。直到2013年初的《关于广东省社会保险基金2012年度决算和2013年第一季度预算执行情况的报告》中，才首次确认，这千亿资金的年化收益率为6.72%。按照广东省人大财经委员会的测算，这一收益不仅高于（当时）两年定期存款利率，也高出2012年广东省社保基金平均年收益率（3.94%）将近一倍。

养老金入市的“广东经验”初见成效。

随着运营经验的丰富，山东随后也开启了养老金入市的进程，而广东、山东两省的试点经验也为后来开展委托投资的省份提供了模板。

这些宝贵经验为后续相关法规的出台提供了充足的借鉴。2015年8月23日，国务院正式发布《基本养老保险基金投资管理办法》，对养老金的投资管理进行规范。《办法》明确，养老基金实行中央集中运营、市场化投资运作，由省级政府将各地可投资的养老基金归集到省级社会保障专户，统一委托给国务院授权的养老基金管理机构进行投资运营。《办法》同时还明确，投资股票、股票基金、混合基金、股票型养老金产品的比例，合计不得高于养老基金资产净值的 30%；参与股指期货、国债期货交易，只能以套期保值为目的。

自此，养老金的投资管理终于有规可依。

根据中国证券报的统计，截至 2019 年底，全国已有 22 省与社保基金会签署基本养老保险基金委托投资合同，签约规模超过 1 万亿元。

新三板试点扩大：沪张江、鄂东湖、津滨海

2012 年 8 月 3 日，证监会有关负责人宣布，经国务院批准，决定扩大非上市股份公司股份转让试点。

首批非上市股份公司股份转让扩大试点除中关村科技园区外，新增上海张江高新产业开发区、东湖新技术产业开发区和天津滨海高新区。在此之前，试点只有北京中关村科技园区。

这也就是后来被人们称为“新三板”的市场相关建设方案——“全国中小企业股份转让系统”将设立，为试点园区企业提供股份报价、转让等服务，首批进入试点的为包括北京中关村在内的四个国家级园区。

当时国务院给“新三板”发展的定调是：按照“总体规划、分步推进、稳妥实施”的原则，设立全国中小企业股份转让系统，逐步将条件比较成熟的园区纳入试点范围，为试点园区的非上市股份公司提供股份报价、转让等服务。“新三板”定位于为成长性、创新性中小企业提供股份转让和定向融资服务，这将有利于加强对经济薄弱环节的支持，促进民间投资和中小企业发展。

中国资本市场的新兴事物，往往初始阶段仅见其“新”，时间久了才能见其“深”，这里的“深”指的是规划者的深谋远虑。

“新三板”也一样，要理解规划者的立足，就不得不看看最初的中关村公司股份转让试点。

到2012年的时候，从中关村公司股份转让试点情况看，试点6年来挂牌公司100多家，定向增资总额只有17.29亿元，公司单次融资规模也只有几千万元。同时其二级市场流动性并不高，2011年平均换手率只有2.93%，涉及的资金量非常有限。

流动性的缺失，使得所谓的市场呈现出一种半死不活的状况，既不太容易实现融资功能，也难言投资机会。

“新三板”的扩容带来的影响在后面的年份逐渐体现，后来证监会市场部副主任王娴在出席公开活动谈到场外市场建设情况时表示，从中关村试点经验看，场外市场的建设将资本市场服务范围从原有的中型及以上企业扩大到中小型企业，尤其是迅速成长的高科技中小企业，从而形成了场外市场和交易所市场明确的分工。

更为重要的是，挂牌企业在中关村代办系统挂牌之后获得了资本市场服务，体现出了规范效应、融资效应、并购效应和广告效应。另外，场外市场建设还为VC和PE等机构投资者提供了更好的资本市场环境。

而在新增三个园区所在的地方看来，这是地方与资本市场联结的一个契机。以上海为例，早在2009年12月，上海市政府就向证监会、科技部致函，商请支持张江高新企业进入代办股份转让系统试点并积极推进扩大试点相关工作。上海此举的主要目的是有效对接全国性场外市场，为中小板、创业板培育、储备和输送优质资源。到2011年4月底的时候，张江高新区已有48家企业明确挂牌意向，17家已与券商签约。而张江高新区管委会也出台了一系列的资金支持、挂牌辅导政策，例如对企业改制为股份有限公司的给予总额不超过30万元的一次性补贴。对未上市股份公司进入代办股份报价转让系统挂牌的，按实际发生费用给予最高50万元的资金支持。

在2012年初开幕的上海市第十三届人民代表大会第五次会议上，当时的上海市市长韩正做政府工作报告时明确表示，2012年将推动张江国家自主创新示范区进入代办股份转让系统（即“新三板”市场）扩大试点。

对于上海来说，此举就是要使上海成为各类人才创新创业发展的福地，将继续把推进科技创新放在重要位置，以张江国家自主创新示范区扩区为契机，将制定张江国家自主创新示范区建设的规章、规范和落实先行先试政策。

更深远的影响在于，这一步棋可以进一步优化园区内项目、资金、服务平台等资源配置，全面推进股权激励、财税等改革试点！

历史的脚步看似在一天天平凡中前行，而当我们多年后回顾起来时，又会发现重大的联结与转折，往往在初期已经预设。

可以看到，数年后张江高新区在管理体制，简化环节、规范标准，加强和改进张江管委会的服务协调功能，对各分园区充分下放审批权等方面有了长足的进步。并且，通过整合政府科技投资公司，优化强化对创新创业企业的风险资金投入，也鼓励支持了区县结合产业优势实施创新热点计划，培育了有区域特色的创新产业集群。

大资管时代：全面竞争来临

“大资管”一词在2012年之前出现的频率远没有现在多。

事实上，资产管理放开，以“放松管制”和“起点公平”为特征，以渠道扩充整合、资管牌照放开、投资范围拓宽为抓手的金融行业变革正是在2012年拉开序幕。

这是一场多角度、多角色的好戏——涉及资产管理业务的政策壁垒纷纷清除，各类金融机构全面介入资管领域。

2012年风起云涌，由此“大资管”格局奠定，混业经营时代来临。不得不说，中国资本市场这一变革完全是时代浪潮之下的“大势所趋”。

我们可以来回顾一下资产管理的初衷和起源：资产管理发源于19世纪初，由于投资者和需求者之间的错配需求以及信息不对称性、风险偏好不同等因素的存在，缺乏资产管理经验和能力的资产所有者为实现资产的增值，偏向于将资产委托给专业资管机构代为管理。而各国资产管理在各历史时期也经历了不同的模式。

到2012年的时候，随着国民财富的增加，中国资产管理市场日趋成熟和庞大。中国民生银行联合麦肯锡发布《2012中国私人银行市场报告》就指出：中国可投资资产达1亿及以上的高净值人士在未来数年间的复合年增长率将达到20%！而根据瑞士发布的2012年《全球财富报告》，截至2012年年中，中国超高净值人士（资产净值超过5 000万美元）就已经达4 700名，百万富翁的人数已达93万名。

随之而来的问题是，财富管理将以怎样的形式拓展？

面对如此庞大的资产管理市场，2012年监管部门陆续推出新政，如券商资管新政十一条、放宽公募基金投资范围、保险业资管放松以及首次允许期货公司加入资管阵营等。

在2012年面对这些资管新政时，可能还不容易体会到时代浪潮之汹涌，但多年后回顾起来，正是这些政策的推出，使资产管理行业步入进一步的竞争、创新、混业经营的大资管时代。具体来看：

大资管时代启航汽笛之一：期货公司获资管业务准入资格。2012年5月，《期货公司资产管理业务试点办法》出台，并迅速于2012年9月开始实施。在此之前，期货公司仅仅依靠手续费收入的单一盈利模式生存，而在此之后，期货公司向着多元化方向发展，为期货公司的长期稳定发展打下了制度基础。

大资管时代启航汽笛之二：保险资管业务范围拓宽。保监会在 2012 年 7 月就颁布了《保险资金委托投资管理暂行办法》，这个政策放宽了保险业的资管业务范围，允许保险公司在更大的范围内开展资管业务。

大资管时代启航汽笛之三：证券公司获得私募证券投资基金综合托管资格。在 2012 年之前，私募证券投资基金综合托管业务均由商业银行垄断。证监会在 2012 年 8 月明确鼓励证券公司开展资产托管、结算、代理等业务，为专业投资机构提供后台管理增值服务。此后数年中，证券公司的资管业务范围拓宽，在整个金融市场中的地位也明显提升。

这三声汽笛不过是大资管时代启航的一个环节，后面我们看到：期货公司获准开展资产管理业务、基金公司借道专项资产管理计划进军PE领域、券商资管规则修订、私募基金合法地位获得《证券投资基金法》的承认，这些政策都奠定了大资管时代的基础。

换言之，大资管的大形势可能在后面的年份才看得明显，但解除束缚、拔锚启航，却是在 2012 年——自此以后，资管行业进入一个竞争、创新、混业经营的大资管时代，各种主体轮番上演，包括银行、保险公司、证券公司、信托公司、期货公司、第三方理财公司、互联网金融在内的各个市场参与者，逐渐淡化了行业壁垒。

利率市场化：转捩点

2012 年 6 月，央行将存款利率浮动区间的上限调整为基准利率的 1.1 倍，同时贷款利率浮动区间的下限调整为基准利率的0.7倍。

2012年的这一调整之所以是中国资本市场的一个重大进程，则必须从“承上启下”的全面视角看，方得真切。

利率市场化，是指金融机构在货币市场经营融资的利率水平由市场供求来决定。它包括利率决定、利率传导、利率结构和利率管理的市场化。

实际上，它就是将利率的决策权交给金融机构，由金融机构自己根据资金状况和对金融市场动向的判断来自主调节利率水平，最终形成以中央银行基准利率为基础，以货币市场利率为中介，由市场供求决定金融机构存贷款利率的市场利率体系和利率形成机制。

从1996年6月人民银行放开银行间同业拆借利率开始，到2015年放开存款利率浮动上限为标志，我国利率市场化历时近20年才宣告初步完成。中国利率市场化改革经历了四个阶段：

一是准备阶段（以外汇利率和货币市场利率为锚，1996～2003）；

二是发展阶段（先贷款后存款，2004～2012）；

三是全面开放阶段（专攻存款利率，2013～2015）；

四是深化阶段（实现利率并轨，2015至今）。

为什么说2012年在利率市场化改革中扮演了至为关键的角色？其实在2005年3月，国内金融机构同业存款利率就全面放开。2007年1月，上海银行间同业拆放利率（Shanghai Interbank Offered Rate，简称Shibor）正式投入运行，当时央行就希望其能成为货币市场的重要参考利率。

然而，在2012年之前的长达5年的时间里，2007年美国次贷危机后，我国利率市场化进程曾一度停滞。所以，2012年存款利率浮动区间的调整，事实上是停滞5年之后的“再出发”。

不难发现当时的政策制定者也必须有足够的推进勇气——就在2012年

初，多家券商的宏观研究报告还认为“2012 年利率市场化改革不会有大动作”。

甚至，在2012年“两会”时，温家宝总理做政府工作报告时指出，2012年要“深化利率市场化改革”，但从当时金融市场各方的态度来看，都认为利率市场化在2012年很难有大的突破。

中国银行业协会发布的 2011 年《中国银行家调查报告》，涉及“关于推行利率市场化的时间窗口”调查显示，仅有 16.9%的银行家认为是 2012 年或2013年，55.0%的银行家认为是未来3到5年。

然而，一年之后的 2013 年 7 月，金融机构贷款利率管制便全面放开，金融机构贷款利率的下限取消，金融机构可自主确定贷款利率水平，贷款利率完全实现了市场化，但金融机构形成风险定价能力的水平高低不一。与此同时，票据贴现利率管制也一并取消，改变了原先在再贴现利率基础上加百分点确定的方式，由金融机构自主定价。

2014年11月，为加速推进利率市场化改革，存款利率浮动区间的上限调整至基准利率的1.2倍，并对基准利率期限档次作了适当合并。

2015 年，存款利率上限又先后缓步提升至基准利率的 1.3 倍、1.5 倍。上述政策出台后，当时的大部分银行都是将存款利率上浮到顶，足见存款的“均衡利率”远高于当时的上限。

2015 年 10 月 24 日，央行决定对商业银行和农村合作金融机构等不再设置存款利率浮动上限。

作为中国利率市场化改革的一个转捩点，2012 年留下了很多值得回味的东西，也对后来整个金融市场产生了重大影响。

在 2012 年 7 月的利率市场化改革之后，中国银行业机构存款利率中的表现与贷款利率截然不同：尽管央行赋予了商业银行一定的贷款利率下浮区

间，但实际的贷款利率上浮占比更高，下浮的占比非常低。

当商业银行获得存款利率上浮的自主权后，商业银行在一年以内的存款利率绝大多数均明显上浮。这也表明：过去的管制利率确实压低了存款均衡利率，让商业银行获得了管制带来的成本优势和超额利润。

2013

第24章丨光大乌龙

全年IPO暂停：1849点“寒冬”

中国股市在历史上的二十多年里，一共暂停了8次IPO，而2013年则停了整整一年，是A股历史上最长的一波IPO暂停。

事实上，IPO暂停在当时也是不得已而为之，A股在2011~2012年绵延下跌，虽然已经处于相对底部，但在通胀预期和经济下滑的阴影下，却似乎永远看不到底。

2013年全年暂停IPO带来了什么？是带来了市场的稳定上涨吗？这或许是人们此后回顾当年这一举措所应该思考的。事实上，在谷底艰危的2013年，中国资本市场展开了一轮反思和探索。

客观地说，不顾市场承受力、大量发行新股，毫无疑问会使市场的供求结构失衡。特别是当股市比较低迷、活跃性不足的时候，频频的IPO会加剧股市资金的短缺程度，对市场情绪也有极大影响。

从历次暂停IPO的背景来看，基本上都是在股市跌跌不休、失血严重的情况下采取的应急性措施。而每次股市经历了长时间下跌之后，股民们就会产生严重的“IPO恐惧症”，此时呼吁暂停IPO的声音也最为强烈。

然而，从某种角度看，IPO暂停确实带来了市场的稳定和上行吗？即以2013年为例，市场的低点恰出现在年中，上证指数在2013年6月跌至最低

1 849 点，彼时已经暂停IPO有相当长时间。而 2013 年 6 月以后，市场也只能说是略有企稳。

事实上，2013 年里，虽然IPO停摆，但A股市场上的抽血机一直未少。《股市动态分析》统计的数据显示，当年至少有 406 家公司通过定向增发实现再融资，累计融资额度超过 8 000 亿元。

这一数额无疑巨大。据安永发布的《全球IPO趋势》报告，2013 年全球共有 864 宗IPO交易，融资总额约 1 630 亿美元，折合人民币约 9 800 亿元。这意味着，仅定向增发一项，A股的融资规模就几乎是全球一年的IPO总和。

而从历史上 8 次暂停IPO的效果看，也并非每次暂停之后股市就会止跌反弹甚至反转：

第一次暂停IPO（1994 年 11 月 1 日 ~ 1995 年 1 月 24 日）期间，股市以下跌近 18%报收；第二次（1995 年 6 月 30 日 ~ 1995 年 10 月 10 日）、第四次（2001 年 9 月 10 日 ~ 2001 年 11 月 29 日）、第五次（2004 年 9 月 9 日 ~ 2005 年 2 月 3 日）暂停IPO期间，股市也是不涨反跌。到 2013 年，已经是第八次暂停IPO，而这次在暂停IPO长达 9 个月之后，股市仍是死气沉沉，在 2 000 点上下反复挣扎，丝毫未现反弹或者反转的信号。

这样的统计结果，与人们惯常认为的“IPO暂停是市场维稳的良方”大相径庭。在后来学者的探讨中，对IPO暂停与市场的关系，也有了更为理性的思考，不再简单认为IPO是市场止跌的“灵丹妙药”。

更深层次的逻辑，需要考虑市场整体生态的影响：发行新股是资本市场融资功能的正常体现，人为暂停IPO是一种典型的行政干预，破坏了股市的基本功能正常发挥。

客观对比，我们也可以看到中国资本市场对于IPO的暂停或重启过于敏感，且认知上有一定的偏差。

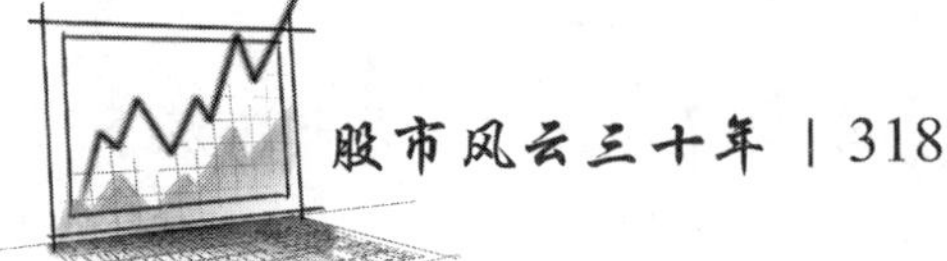

从国外成熟股票市场发展的经验来看，并未见因为IPO过多导致的大盘崩盘，也没有采取停止IPO的做法。

《中国经济时报》的统计，以美国股市为例，2012 年，纽交所与纳斯达克交易所共有 128 家企业首发，共融资 449 亿美元，IPO数量及融资额均超越了 2011 年。在 2013 年第二季度，美国两大交易所共通过 48 宗IPO、融资 120 亿美元，占全球交易总宗数的 32%、全球融资总额的 35%，融资额与 2013 年第一季度相比上升近40%（32宗交易、融资86亿美元）。

但从实际情形来看，美国股市不断创出新高。

如果IPO不能常态化、顺畅化地进行，市场就犹如被人为地进行了时间层面的割裂，结果是：暂停IPO的时候看上去能稳定人心，但又极容易形成新股发行的“堰塞湖”。待到市场稍微回暖，IPO开闸后新股集中推出，又会在心理上对市场产生严重冲击。

回顾 2013 年这段市场低谷时期的经验，恰是中国资本市场反思后前行的动力。此后也可以看到，监管层对于IPO常态化有了更深化的认知，不得不说2013年的经验起到了相当的作用。

六月钱荒：银行间市场“旱情”严重

当我们回顾 2013 年A股市场谷底的举步维艰时，不难发现，2013 年的 1 849点“市场底”与当时6月间的“钱荒”不无关系。

这场波动始于2013年6月初，在4 日 ~ 8 日经历了第一轮货币市场利率的显著上升期，19 日 ~ 24 日又经历了利率第二轮上升期。在市场波动最高点 6 月 20 日，质押式回购隔夜、7 天、14 天加权利率分别为 11.74%、11.62%、9.26%，质押式回购隔夜利率更是一度摸高至 30%。6 月 24 日，上证综指下跌 196 点，收于 1 963 点，大跌 5.3%。其后，随着央行向多家银行提供流动性，几家大行拆出头寸，6 月 25 日后利率逐步回落，市场渐渐趋于平稳。

这场钱荒的产生并非没有端倪，主要原因便是市场主体与宏观调控政策的博弈。

每年 6 月都是金融机构重要的考核和信息披露时点，一些金融机构通过加快贷款投放、同业扩张等方式提前布局以获取巨额利润。2013 年前 5 个月，M2 月均增速达到 15.7%，明显超出年初确定的 13%左右的预期目标；而 6 月上旬，新增人民币贷款 9 458 亿元，24 家重要金融机构新增贷款 7 639 亿元，按这样的扩张速度，6 月全月信贷超过 2 万亿甚至 3 万亿元都极有可能。

这和党中央、国务院要求的坚持稳健货币政策、不搞大水漫灌的政策中枢是明显背离的。

6 月 17 日，人民银行向各商业银行发送《中国人民银行办公厅关于商业银行流动性管理事宜的函》（银办函〔2013〕376 号，特急），要求“加强对流动性影响因素的分析和预测，做好半年末关键时点的流动性安排”并“激活存量”。

18 日，人民银行货政司组织 21 家全国性商业银行召开货币信贷形势分析会，要求商业银行加强流动性管理，改变流动性永远宽松的预期，改进自身流动性管理。

19 日，国务院总理李克强主持召开国务院常务会议，明确指出“现在货币信贷增速偏高”，强调要把稳健的货币政策坚持住、发挥好，合理保持货币总量。

连番政策表态下，“挤泡沫”终于成为市场共识，金融机构开始陆续抛售票据。6 月底到 7 月初，市场利率逐渐回落，宣告这场博弈的结束。

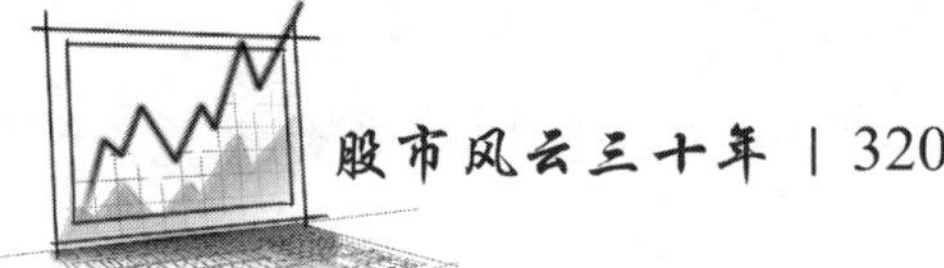

之所以这场“钱荒”堪称2013年资本市场大事件，原因在于“钱荒”影响的不仅仅是商业银行，包括基金、券商、信托在内的整个金融业均有波及。

事后总结起来，“钱荒”的原因较为复杂，但主要包括这几个方面：

第一，资金外流。在2013年5月3日，标准普尔指数首次突破1 600点，道琼斯工业平均指数也刷新历史纪录，站上16 000点的高位，一周后，美联社发布新闻称美联储官员正在筹划退出QE的策略。美联储一直以各种不同的口径向市场吹风：“量化宽松政策将逐步退出。”加上美国经济复苏数据的日益走强，美国对全世界资本的吸引力增强，造成新兴国家资金外流。中国也不例外，我国银行结售汇余额逐月下降（2月由于季节性因素除外），从509亿美元下降到5月的104亿美元。

第二，国家外汇管理局在2013年5月5日发布的《关于加强外汇资金流入管理有关问题的通知》在6月底即将实施，迫于外币纳入贷存比考核的压力，一些银行提前开始买入美元补充外汇头寸，以求达到监管标准，这是美元买盘力量增大的主要原因，也在一定程度上加剧了银行间资金面紧张状况。同时，20号文还强调了“对进出口企业货物贸易外汇收支的分类管理”，这实际上是监管层在严查虚假贸易，使得国际热钱流入大幅减少，导致当年5月以来外汇占款增长进一步大幅下降。

第三，随着杠杆率的不断放大，商业银行的人民币超额备付金在逐渐下降，在2013年3月末超额备付金率从3.51%降至2.58%，当年二季度，超储率继续下降，业内人士估计已经降到1.5%左右，银行体系流动性的边际承受力也因此大为下降。

第四，在2013年6月底之前，银监会针对8号文的落实情况展开检查，迫使银行将表外非标资产转移至表内同业资产，直接挤压同业拆借额度。

上述各种因素都对金融市场的流动性产生了一定的收缩压力。而这次市场波动的重要成果，便是货币政策调控模式进入新的阶段，货币政策调节与稳定银行体系流动性和市场利率的能力进一步增强，宏观审慎政策在促进金融机构稳健经营和维护金融稳定方面也发挥了重要作用。

同时，在此期间，利率市场化改革也取得关键进展，中国于 2013 年 7 月放开贷款利率下限，此后又于 2015 年 10 月取消存款利率上限，利率管制基本放开。

禁酒令：白酒股无人问津

2013 年是白酒股最为惨淡的年份。但在此之前的两年，却是极其风光。一线名酒持续拉高白酒价格天花板。以酒类风向标的茅台为例，在 2011 年初一口气提价 20%。而到 2011 年中，白酒企业高端品牌的平均涨幅为 60% ~ 80%。

而此后的快速转变，却要从 2012 年底的酒鬼酒“塑化剂事件”说起。酒鬼酒是我国高端酒行列品牌，在 2012 年 11 月 19 日其被曝由上海天祥质量技术服务有限公司查出塑化剂超标 2.6 倍。对此，酒鬼酒公司却认为检测不够权威，甚至怀疑被检测的酒是否出自酒鬼酒公司。广州市质监局表示，白酒检测标准中没有塑化剂项目的检测要求。受此事件影响，没有停牌的白酒类上市公司仍遭遇资金打压，2012 年 11 月 20 日早盘白酒股大跌之后午后再度暴跌。

当然，就某个白酒企业来说，塑化剂问题会对企业个体造成较大影响，但事件本身却不会对行业造成长期影响，只不过，当时的情况有点“福无双至，祸不单行”。

真正导致白酒板块开启长期深度下跌的，是三公消费从紧以及“禁酒令”的出台。在十八大召开前后，全国反腐情绪高涨，同时2012年底军委“十项规定”、政治局“八项规定”之后，全国各个地方的“禁酒令”纷纷出台。

白酒，原本是具有典型中国特色的宴会用饮料，在高档宴席上白酒几乎是不可或缺的东西。受消费需求激增提振，中国高档白酒价格在2013年之前的几年出现了大幅飙升，部分茅台酒价格过去两年甚至翻了数倍。但是在政府发动了一场声势浩大的反腐禁奢行动后，政府官员被禁止出席高档宴请。市场情况也显示，这项行动使高档白酒销量出现大幅下降，并导致价格大幅下跌。

我们在回顾这段历史时，更愿意探求的是：白酒板块的这一波折，给中国资本市场带来了怎样的影响。

首先，2012年之前的十年，被视为白酒业的黄金十年。然而，从2012年开始，白酒先是卷入塑化剂风暴，再遭遇“禁酒令”，中国白酒行业，特别是高端白酒业，遭遇了前所未有的冲击，白酒业“黄金十年”正在终结。根据当时的数据，作为中国最大的白酒生产区，四川2013年上半年305户规模以上白酒生产企业实现利税220亿多元，出现了有史以来罕见的“负增长”，企业利润增幅也大幅缩减至2%。五粮液、茅台、国窖1573等一线名酒也不得不在萎靡的市场面前低下了头。

当时，各个酒企也试图通过调整产品结构来挽回市场销售——由于市场上不再追捧高端白酒，给中低端市场尤其是处在二三线价位的白酒提供了机会。价位在200~500元的大众消费白酒，仍有潜在发力的可能，所以当时各大白酒企业均发力中低端市场。

不过，这一切似乎阻挡不了二级市场上人们对于白酒股业绩下行的恐慌。

以白酒股标杆贵州茅台来看，2013 年全年的二级市场走势几乎就是单边下跌，甚至没有一个像样的反弹。进入 2013 年四季度后，已经有相当跌幅的白酒股，在恐慌气氛的蔓延下，又再度大幅下行。

这种走势其实是和当时的市场大势略有相悖的，在 2013 年 6 月之后，市场其实已经开始企稳反弹，尽管动能较弱，但格局已定。白酒股的底部，则比市场整体的底部晚了半年出现，直到 2014 年初，白酒股在跌到“白菜价”后，市场才开始重新审视这一板块的价值。

而当时的担忧集中在 2013 年的业绩，以及市场整体销售冷淡的背景下，板块未来的业绩预期并不太好。

如今回顾，白酒股 2013 年的这场风波，其实是大浪淘沙——市场淘汰掉了那些对板块进行短线炒作的投资者，并大大地奖赏了坚持价值投资的长线投资者。白酒板块在2014年后就走出了长牛的格局。

光大乌龙指：风险暴露，是祸亦是福

在 2013 年，程序化投资、量化投资还算是相当罕见的用词，但人们很快就注意到了这个领域。2013 年 8 月 16 日 11 点 05 分，上证指数出现大幅拉升，大盘一分钟内涨超 5%。最高涨幅 5.62%，指数最高报 2 198.85 点，盘中逼近 2 200 点。11 点 44 分上交所称系统运行正常。

当天下午 2 点，光大证券公告称策略投资部门自营业务在使用其独立的套利系统时出现问题。这就是所谓的“光大证券乌龙指事件”。随后的调查，逐渐将这一诡异事件进行了还原：触发原因是系统缺陷。《北京晨报》报道，当时，光大证券的策略投资部使用的套利策略系统出现了问题，该

系统包含订单生成系统和订单执行系统两个部分。但是在交易执行过程中，订单执行系统针对高频交易在市价委托时，对可用资金额度未能进行有效校验控制，而订单生成系统存在的缺陷，会导致特定情况下生成预期外的订单。这就会导致一个可怕的后果：系统可能在特定情况下会源源不断地产生订单。

由于订单生成系统存在的缺陷，导致在 11 时 05 分 08 秒之后的 2 秒内，瞬间重复生成 26 082 笔预期外的市价委托订单；由于订单执行系统存在的缺陷，上述预期外的巨量市价委托订单被直接发送至交易所。问题出自系统的订单重下功能，具体错误是：11 点 2 分时，第三次 180ETF套利下单，交易员发现有 24 个个股申报不成功，就想使用“重下”的新功能，于是程序员在旁边指导着操作了一番，没想到这个功能没实盘验证过，程序把买入 24 个成分股，写成了买入 24 组 180ETF成分股，结果生成巨量订单。

电脑程序终究是由人编写、审核、使用的，对于一个金融企业来说，风险问题更多要归结于风险意识的缺失。光大证券难辞其咎。

随着风险点的暴露，人们发现，该策略投资部门系统完全独立于公司其他系统，甚至未置于公司风控系统监控下，因此深层次原因是多级风控体系都未发生作用。各级风控体系失控具体原因如下：

交易员级：对于交易品种、开盘限额、止损限额三种风控，后两种都没发挥作用。

部门级：部门实盘限额 2 亿元，当日操作限额 8 000 万元，都没发挥作用。

公司级：公司监控系统没有发现 234 亿元巨额订单，同时，或者动用了公司其他部门的资金来补充所需头寸来完成订单生成和执行，或者根本没有头寸控制机制。

交易所：上交所对股市异常波动没有自动反应机制，对券商越过权限的资金使用没有风控，对个股的瞬间波动没有熔断机制（上交所后来表示只能对卖出证券进行前端控制）。

传统证券交易中的风控系统交易响应最快以秒计，但也远远不能适应高频套利交易的要求，例如，光大乌龙指事件中每个下单指令生成为 4.6 毫秒，传统IT技术开发的风控系统将带来巨大延迟，严重影响下单速度，这可能也是各环节风控全部“被失效”的真实原因。

光大乌龙指事件后来进入了漫长的司法程序，最终，证监会认定“光大证券在进行ETF套利交易时，因程序错误，其所使用的策略交易系统以 234 亿元的巨量资金申购 180ETF成分股，实际成交 72.7 亿元”为内幕信息，光大证券是内幕信息知情人，在上述内幕信息公开前进行股指期货和ETF交易构成内幕交易，违法所得金额巨大，情节极其严重。

证监会最终决定给予最严厉的处罚——没收光大证券违法所得，并处以违法所得 5 倍的罚款，罚没款共计 5.23 亿元；对包括杨剑波在内的四名责任人员分别给予警告，处以 60 万元罚款，并对四名责任人采取终身证券、期货市场禁入措施。

杨剑波不服行政处罚，遂起诉证监会，一审、二审及再审听证均围绕本案的错单交易信息是否构成内幕信息、信息是否已在光大证券交易前公开、光大证券的交易是否构成内幕交易的豁免情形以及处罚力度等问题展开。证监会在庭审过程中向法院充分说明了案件事实、相关证据与法律逻辑，在经过法院的严格审查后，行政处罚最终得到了司法认可。

此后，《证券时报》报道，证监会新闻发言人高莉表示，此案再次表明，对扰乱市场、破坏市场秩序、侵害投资者合法权益的行为，证监会绝不手软，严厉惩处，坚决维护市场秩序。无论资本市场违法行为花样如何翻新，

情况如何纷繁复杂，证监会都将始终立足现行法律赋予的权限，能动执法，及时打击违法违规行为，使资本市场违法违规者依法该担的责、该受的处罚一样都不能少。

第25章 | 沪港连通

新“国九条”：为资本市场指明方向

2014年5月9日，周五。国务院正式发布2014年17号文——《国务院关于进一步促进资本市场健康发展的若干意见》（即通常所说的新国九条），使得这个原本平淡的周末，因为这一重大消息而添了许多色彩。

不得不说，当时投资者大声叫好的理由很多：比如，该政策将成为全面深化资本市场改革的纲领性文件。比如，“新国九条”提出要促进直接融资与间接融资协调发展，提高直接融资比重。比如，“新国九条”为今后继续发展多层次股权市场明确了诸多政策措施。

尽管在今天看来，这些政策已经是“过去式”，但要理解中国资本市场在2014年之后的几年运行所围绕的主题，却绕不过对具体政策条款的再回顾：

一、促进互联网金融健康发展——“支持有条件的互联网企业参与资本市场，促进互联网金融健康发展，扩大资本市场服务的覆盖面。”

二、推动混合所有制经济发展——“完善现代企业制度和公司治理结构，完善上市公司股权激励制度，允许上市公司按规定通过多种形式开展员工持股计划。”

三、规范发展债券市场——“加强对债券市场准入、信息披露和资信评级的监管，建立投资者保护制度，加大查处债券市场虚假陈述等各类违法违规行为的力度。”

四、推进期货市场建设——“发展商品期货市场，发展商品期权、商品指数、碳排放权等交易工具；建设金融期货市场。”

五、提高证券期货服务业竞争力——“积极支持民营资本进入证券期货服务业。支持证券期货经营机构与其他金融机构在风险可控前提下以相互控股、参股的方式探索综合经营。”

六、完善资本市场税收政策——“按照宏观调控政策和税制改革的总体方向，统筹研究有利于进一步促进资本市场健康发展的税收政策。”

七、培育私募市场——“建立合格投资者标准体系，明确各类产品私募发型的投资者适当性要求和面向同一类投资者的私募发行信息纰漏要求，规范募集行文。”

八、扩大资本市场开放——“稳步开放境外个人直接投资境内资本市场。”

九、探索符合中国实际的发行制度——“积极稳妥推进股票发行注册制改革，建立和完善以信息披露为中心的股票发行制度。逐步探索符合我国实际的股票发行条件、上市标准和审核方式。”

不难看出，以后中国资本市场围绕的主题正是“新国九条”指出的方向。

历史又是何等的相似。回顾起来，老国九条于 2004 年发布，当年曾催生了一波行情，并为两年后A股市场启动的一轮大牛市打下了坚实基础。而 2014年的“新国九条”，也为后来市场的发展奠定了基础。

在“新国九条”公布后，市场给予了非常高的评价：“新国九条”表面上看是解决资本市场的发展问题，但它实质折射了当时中国经济发展的困境

与难题，折射了我国金融体制改革之艰，折射了我国企业做大做强、提高市场竞争力的迫切希望，是为整个经济通盘发展的考虑。

因为，从全局上看，实体经济是经济发展的载体，它的好与坏直接决定了一个国家的经济水平和国际话语权。当前我国多数实体企业融资难、公司结构不合理、缺乏现代化公司治理的经验和市场竞争力，实体经济的发展问题制约了我国经济社会的前进步伐，制约了市场的创新能力发挥，成为全面深化改革发展的重要瓶颈。

然而，改革中遇到的问题还需用改革的思路来解决。国务院总理李克强曾表示，当发展面临体制障碍难以前行、“山重水复疑无路”时，就必须通过改革扫除障碍、增添动力，才会“柳暗花明又一村”。实践证明，改革是解决中国经济发展的最好办法，是过去几十年被证实放之四海而皆准的真理。

新“国九条”在当时的背景下有深刻的内涵，如果仅将它的理解局限于资本市场本身的发展，可能显得有些片面，它实际上应该称为顶层设计的通盘考虑——从 2013 年的保护中小投资的小“国九条”，到 2014 年 5 月发布整个市场顶层设计的大“国九条”，资本市场被赋予了新的使命、被提升到前所未有的高度，一张立体式的改革蓝图已经呈现。

沪港通：资本市场的国际化

沪港通，即沪港股票市场交易互联互通机制，包括沪股通和港股通两部分。在顶层设计上，沪港通是我国资本市场对外开放的重要内容，有利于推动人民币国际化，有利于促进内地与香港资本市场共同发展，巩固上海和香港国际金融中心地位，从而更好地服务于国家战略、服务于实体经济。

沪港通的推进其实颇为迅速。

2014 年 4 月 10 日，沪港股票市场交易互联互通机制试点获两地证券监管部门原则批准。

9月26日，上交所发布《沪港通试点办法》。

11月10日，证监会及香港证监会公布，沪港通将于11月17日开通。

11 月 14 日，财政部、国家税务总局、证监会联合公布了沪港通试点及QFII等税收政策。

11月17日，沪港通开通仪式在上海和香港交易所同时举行。伴随两个市场同时鸣锣开市，沪股通和港股通首单交易花落伊利股份和长江实业。

沪港通试点的正式启动，意味着沪港两地证券市场成功实现联通，中国资本市场国际化进程迈入了新纪元。

《京华时报》报道，沪港通试点期间，北向沪股通交易总额度为 3 000 亿元人民币，每日额度为 130 亿元；南向港股通交易总额度为 2 500 亿元人民币，每日额度为 105 亿元。但沪港通首日，沪股通和港股通却遭遇冰火两重天。沪股通当天交易额度全部用光，港股通却仅仅用了 16.8%，净买入A股资金是净买入港股资金的7.35倍。

此后一段时间内，港股通热度一直不如沪股通，每日额度从未用完过。直到A股 2015 年连续大涨后，相较而言港股估值偏低从而凸显吸引力，才吸引资金南下。

而在港股市场，却早已是“春江水暖鸭先知”，2014年7月以后，随着相关政策的不断推进，沪港通热潮在席卷A股的同时，也带来了香港股市的强劲上涨——恒生指数当年7月的单月涨幅达到6.75%。

当时有业内人士分析：受沪港通利好影响，港股市场中三大板块成为受益股。其一是券商股，包括内地券商股及香港本土券商股，如中信证券、银河证券、国泰君安国际、海通国际、申银万国等；其二是香港交易所；其三

是港股大幅折价的A+H股，如浙江世宝、山东墨龙、洛阳玻璃等。

数据显示，香港交易所2014年7月的股价从144.5港元上涨至173.5港元，涨幅达到20.07%，成为恒生指数40只成分股中的领涨者。而国泰君安国际的股价在2014年7月暴涨了31.82%，从4.4港元暴涨到了5.8港元。

此外，以香港为重要投资市场的QDII基金顺理成章地斩获了港股起舞的“头茬”收益——嘉实恒生中国企业、银华恒生国企指数分级、易方达恒生国企ETF、汇添富恒生指数和华夏恒生ETF等主要投资港股的QDII基金涨幅都相当可观。

不过，抛开沪港通对资本市场的影响，单论其筹备工作，便值得后来的人们回味。

沪港通的整个测试，分为三个阶段——全天候测试、接入测试以及全网测试。早在2014年8月11日，上海证券交易所就启动了港股通业务全天候测试，首批申请加入港股通业务的25家券商参与测试。

这一测试针对的主要是香港股市，即沪港通中的港股通部分——首批可供测试的港股市场标的共计14个品种，包括长江实业、九龙仓、汇丰控股、港铁公司、恒基地产、和记黄埔、银河娱乐、昆仑能源、联想集团、恒安国际、新鸿基地产、工商银行等。中国结算为参与测试的境内证券公司开立了测试用的港股通专用资金账户，并给每个资金账户初始化100亿元资金。尽管“赴港”的资金还只是账面上的数字，港股通也只是处在周密而稳妥的测试阶段，但其对市场的影响早已令不少港股“梅开知春近”。

在整个测试期间，全天候测试环境一直保持开放，而上交所会员只有在完成全天候测试后，方可申请全网测试。全网测试时间为2014年8月30～31日和9月13日。也就是说，当时沪港通业务的技术层面的工作，需要在正式开通公布前两个月完成。

沪港通的筹备工作其实还不单单是技术层面，其配套措施也需要加速具体化和可操作化：除正常交易行为外，测试当中还增加了涉及风球（香港台风信号）场景下的交易、结算安排，内地节假日而香港工作日或内地工作日而香港节假日情况下的交易、交收安排等内容。此外，测试内容还包括公司行为，比如发放现金红利、送股或派送权证、股东大会投票、公司收购等。

在沪港通正式开通之前，上交所和港交所还分别进行了沪港通正式启动前的最后一次通关测试，传统营业厅、手机、互联网下单全数参与，测试内容涉及开户、管理、日常交易、行情等，所有数据均以 14 日的收盘价作为参考。

可以说，在今天我们已经稳定运行的沪港通业务中，包含了当年相当多的筹备和设计工作。沪港通试点启动后，总体运行平稳有序，经受住了市场检验，各方面反应正面，实现了预期目标。两年后的2016年12月5日，深港通正式开通，标志着中国资本市场在法制化、市场化和国际化方向上又迈出了坚实一步。

“杠杆牛”上半场：成交量突破万亿

在 2014 年 7 月之前，上证指数延续了 2013 年以来的低迷走势，在 2 000 点附近徘徊。当时的人们很少意识到，正是从这个时候开始，A股即将展开一轮惊心动魄的“杠杆牛”。

而2014年下半年，恰恰只是“杠杆牛”的上半场。

当时的大背景是，房企库存大，楼市悲观，宏观层面担心房企和经济硬着陆风险。然而，当时大多数人都认为，我国经济增长 7%左右、物价上涨幅度 3%左右的上下限完全可控；金融体系、房地产体系以“稳”字当先，

没有发生系统性风险的可能；混合所有制改革稳步推进，国有大型企业并购重组好戏在后头；创业创新蔚然成风，政策支持力度空前；“一带一路”倡议统筹国内国外资源和市场，激发国内经济活力，拓展盈利空间。

甚至一些主流媒体和分析师，也都认为这些积极因素还没有在股市中充分得到反映。

其实，很难说中国上市公司的盈利水平在2014年或者后续的2年中有很好的增长——也就是说，在基本面上仍然难以找到足够的支撑，至少是无法找到指数迅速翻倍、个股翻倍再翻倍的支撑。

毋庸讳言，始于2014年7月的牛市，背后的推动力仍然是资金，是资金的迅速涌入造成了市场的快速上行。而这些资金，有很多是通过融资融券、场外配资、银行信贷入市的。这场资金的狂欢中，市场参与者被账户的盈利裹挟前行。

2014年末，上证综指轻松超越3 000点，在短短半年的时间上涨超过50%。这个牛市，其实是“杠杆牛”。

但是，在当时，“杠杆牛”的提法是被排斥的。由于市场很快地体现出了盈利效应，各种“快速暴富”的故事在民间已经流传，各路投资者似乎瞬间觉得“杠杆”十分亲切。

《英才》杂志是这样记录的，“他们对于市场上一些冷静的声音进行了反驳：‘融资融券是成熟市场常用的手段和工具，用不着扭扭捏捏。只要明确融资比例，严格按规则办事，就不必过分纠结。强化“杠杆牛”等概念，隐含的意思是中国上市公司没有成长性。’”

伴随着市场上非理性的声音被放大，越来越多的资金借助杠杆入市，到2014年末，沪深两市成交量已轻松突破万亿大关，融资融券余额也在不断创出新高。

不得不说，从 2014 年中期开始至 2014 年末这段时间，资金入市的节奏加快，呈现出了资金推动型牛市的特征，它和A股此前历次牛市从表面上看是非常类似的，所以包括监管层在内的各个主体其实放松了警惕性。

针对杠杆率问题，主流媒体、管理层当时也多次表示："融资余额占市值的比例为 2.8%，还处在较低水平。""融资交易占每天的交易额平均是 15%，虽然相对过去是扩大了，但总体上还是可控的。"

一方面是"整体可控"，另一方面是"财富效应"，资本的躁动已经无法压抑。更有甚者，场外配资、伞形信托如火如荼地在半明半暗处发展起来。

在盛宴当中，也并非没有清醒者，但在 2014 年的主流声音中，监管更倾向于定位为稽查交易是否合规。

对于信用融资资金的入市，人们更愿意相信：参照国际经验，股票信用交易有助于平衡市场供需，而不是相反。历史数据显示，信用融资者往往也是市场中最为活跃的交易者，对市场机会的把握，对信息的快速反应和对股价的合理定位都会起到非常好的促进作用，信用融资者成为价格发现、功能实现的主要推动力量。

殊不知，过于快速的杠杆资金形成，已经在为后面的市场运行埋下隐患。

阿里巴巴赴美敲钟：资本的选择

2014年，是互联网进入中国的第20个年头，亦是快速扩张的一年——阿里巴巴赴美上市，成为全球规模最大的IPO；阿里、腾讯、百度、京东，进入世界互联网公司市值排行榜的前十位。

美国时间2014年9月19日上午，阿里巴巴正式在纽交所挂牌交易，阿里巴巴股票代码为BABA。截至当天收盘，阿里巴巴股价暴涨25.89美元，相比发行价68美元上涨了38.07%，阿里巴巴市值当时就达2 314.39亿美元，超越Facebook市值成为仅次于谷歌的第二大互联网公司。

尴尬的是，中国互联网企业为海外投资者带来了可观的收益，但是为中国互联网贡献了几乎全部利润的本土投资者，却只能“望洋兴叹”。

不得不说，阿里巴巴尽管是赴美上市，表面上看与中国资本市场无关，但正是这种“无关”，当时引发了国内资本市场精英们的思考。

那么，阿里巴巴美国上市的原因是什么?

从客观角度分析，马云作为阿里巴巴的老板——他优先考虑的是所有股东的利益，要保证所有股东的利益最大化。但是马云和中国的企业投资家只拥有阿里巴巴股份的百分之三十，在现实的利益面前，马云最先考虑的就只能是阿里巴巴的最大股东：日本软银有限公司。

在当时，也并非没有呼吁阿里巴巴在国内上市的声音，但阿里巴巴在中国上市，首先要考虑的是时间成本，因为在中国上市要花费的时间是很久的。公司在上市前要考虑“整改期”和证监局“辅导期”，从申请到正式挂牌平均需要1~2年时间。假如要经历这么久的时间，阿里巴巴耗不起这个时间成本。

相反，在美国，只要阿里巴巴严格遵守规则，按照正确步骤，其上市准备的时间比较短，相比较而言，时间成本花费得比较少。因此站在资本的角度，阿里巴巴选择在美国上市是非常明智的选择。

这，就是资本的选择。

阿里巴巴赴美上市在此后相当长的时间内都引发了中国证券业的反思。比如说上市门槛问题，企业要想在A股上市，当时必须满足：A股主板和中小板最近3个会计年度净利润为整数且累计超过人民币3 000万元；创业板需要连续盈利，近两年净利润累计不少于 1 000 万元。但是，对于阿里一类的创业公司来说，它们在早期都面临资金匮乏的状况，无法满足A股上市要求。

另外，在一些具体的制度设计上，A股市场上的创始人很可能会被其他股东或者融资者合起来踢出局，这对创始人是很不利的。而在美国上市，创始人在拥有股权的同时，还拥有相当大的投票权，有利于创始人管理和控制企业。

具体到阿里巴巴，有国际投行人士指出，（赴美上市）允许创始人马云保持对公司的控制权。尽管不拥有相当大比例的股份，阿里巴巴的首次公开募股前董事会成员名单，允许马云和联合创始人蔡崇信继续控制公司。

当时亦有报道称，马云的首选交易所是香港，但“不是基于多数股权”的控制方法是得不到认可的。然而，纽约证券交易所和美国一般允许公司使用股票类别来维持对上市公司的控制。即使计划持有大部分股份的外国公司，股票类别结构也提供了筹集资金的机会，而不会给新股东任何重大权力。

简单地说，阿里巴巴去美国上市很重要的原因就是美国允许同股不同权。阿里巴巴在上市时，没有采用AB股，但也是“同股不同权”的逻辑——阿里巴巴的招股书里有个规定，要求董事会成员必须由阿里的合伙人来指定。

阿里的合伙人是一个组织，有二三十个人，都是阿里的创始人和重要员工。因为公司的重大决策都是由董事会投票的，所以控制了董事会席位，就控制了这个公司的决策权。从“同股同权”到“同股不同权”的转变，其实就意味着，公司能做什么决定，不再是由资本说了算，而是由公司的创始人说了算。

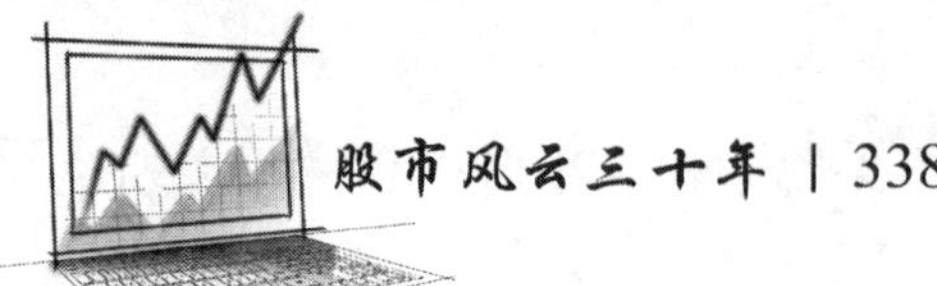

当然，在美国上市也并非绝对完美，仍然存在很多风险——比如做空风险是常常会出现的，阿里巴巴此后也一度面临过市值大幅度缩水。

但中国互联网企业纷纷选择赴美上市，“用脚投票”说明了资本的真实意图：当时，美国的资本市场对它们的吸引力相对更大。

第 26 章 | 配资爆仓

“杠杆牛”下半场：场外配资爆仓

2015年传统农历新年过后，上证指数徘徊在3 200点附近，此时，距2014年7月2 000点，已经上涨超过60%。

但是，市场并未注意短期上涨过于迅猛的风险，或者说，即使对风险有所警惕，却被市场成交量、个股的疯狂而牵动，转而忽视了这种风险。

在A股强大赚钱效应的驱使下，融资融券业务更加如火如荼，券商在这项业务上的收入猛增，也刺激了券商对风险的“包容”。

更为夸张的是，当时市场上的诸多参与者已经远远不满足于券商融资融券业务提供的有限“杠杆”，转而向外部配资——大大小小的配资公司如雨后春笋般纷纷成立，股民借钱炒股的门槛大大降低，杠杆幅度甚至可以达到10倍。

配资公司的火爆，后来被认为是促使这轮牛市“突然死亡”的最大祸首。

实际上，这类配资公司大多没有固定办公场所，没有牌照，不受监管，但凭借“伞形信托”关系与民间资金渠道，却能扮演提供超额杠杆的角色。于是乎，越来越多资金以配资方式涌入股市，大盘开启非理性的飙升。

2015年2月以后，上证指数从3200点开启了冲刺模式，到2015年6月，已经站上 5000 点，4 个月涨幅接近 60%。而到了 2015 年 6 月，指数事实上已经比一年前上行超过 150%。

个股几乎是鸡犬升天，市场上的参与者已经不关注基本面和业绩，而转向追踪资金的涌动。面对疯狂甚至失控的指数，证监会才意识到事态的严重性，开始着手清查违规的场外配资。

2015 年 6 月 12 日，这是一个周五，沪指报收 5 166 点，监管层对券商发出内部通告，暂停场外配资新端口的接入，并且要求券商开始清理场外配资。

6 月 15 日周一开市，大盘下跌 103 点，跌幅达 2%。虽然跌得狠，但由于当时市场过于疯狂，资金恋战情绪浓重，大部分人认为这一下跌仅是技术性调整，不少投资者依旧往里冲。

6 月 16 日，大盘再跌 175 点，跌幅 3.47%，但依然有不少人选择“逢低入场”。

6 月 19 日，周五，大盘大跌 307 点，跌幅达到 6.42%。这一跌完全出乎市场意料，各大媒体开始讨论巨幅波动的合理性。

端午之后的大盘短暂反弹两天，但 6 月 25 日再跌 162 点，跌幅 3.46%，同时中小盘股票大面积暴跌，市场赚钱效应消耗殆尽。

6 月 26 日，又是一个黑色星期五，大盘深跌 334 点，创业板成为重灾区，暴跌达 9%，2 000 多只个股以跌停报收。经过这一天，大部分股民已陷入深套，一些金融专业人士也不得不狠心斩仓出局——因为他们知道更狠的还在后面。

其实，A股市场上的一些道理往往简单而朴素，但是历次轮回中，人们对这些道理的忽略也是惊人的一致——欲使其灭亡，必先使其疯狂，用在 2015 年的大震荡中，也恰当不过。

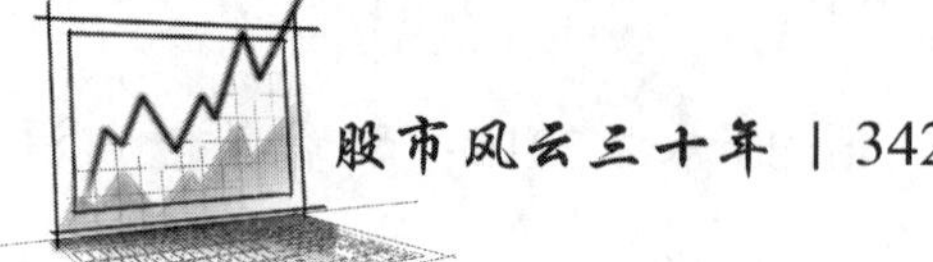

在大盘出现暴跌后，中国人民银行公布降息 0.25 个百分点，同时定向降准——这给了当时还在市场中搏杀的资金一些希望。

“双降”的消息无疑是一种典型的利好，但 2015 年 7 月 1 日开市后，A股一反常态，短暂高开后一路低走，权重股纷纷跳水，题材股相继跌停，沪指盘中连破 4 200 点、4 100 点、4 000 点、3 900 点四大关口，收盘勉强报收 4 053 点。大盘在 2015 年创下年内 5 178 的高点之后，10 个交易日跌逾千点，跌幅达20%。

与此同时，“救市”的呼声在市场上此起彼伏。

不得不说，2015 年之前，市场上累积了过多的杠杆资金，这在A股市场此前的牛市中是未曾出现过的。监管层控制市场泡沫的意图并没有问题，但在具体的执行操作中，因为“杠杆牛”的特殊性，泡沫的消退过于迅速，也引发了一系列连锁反应。

在 2015 年 7 月 1 日前后，监管层也紧急发布暖意喊话，如“回调过快不利于股市平稳健康发展”，同时公布养老金入市比例，大盘在 6 月 30 日飙升 5%，暂时站上 4 200 点。

不过，对于已积压深重的“杠杆牛”，这种利好作用转瞬即逝。7月 1 日，大盘杀了个“回马枪”，沪指再度大跌 5.23%，两市约 1 300 只个股跌停，很多股票已经跌破牛市起点价位。

7月 3 日，又是“黑色星期五”，又是千股跌停，又是将近 300 点的长阴，沪指创下 3 629.56 点的调整新低。

而此前那些场外配资很多都迅速爆仓，高杠杆入市的资金损失惨重。

此后，中央汇金出手护盘获得确认，各大主要券商老总赴京共商策略，A股下跌的局面随着时间的推进而逐渐稳定。

可以说，2015 年“杠杆牛”的破灭充分表明：资本市场是一个没有硝烟但无比残酷的战场，是不同资金、不同机构、不同理念互相博弈的战场——中国资本市场在经历了这一轮“洗礼”之后，对于杠杆资金有了全面而清晰的认知，也为后来的稳健前行打下了基础。

十次“降准降息”：经济面临转折点

2015 年A股市场可谓惊心动魄，而伴随着这种剧烈波动，货币政策方面的变动与政策的实效，也是后来者要重点回顾的内容。

先来看看2015年6月A股市场自高点下行后的一些变化：

6月27日，中国人民银行宣布降息0.25个百分点，同时定向降准0.5个百分点。

8月26日，中国人民银行再次下调金融机构人民币贷款和存款基准利率，以进一步降低企业融资成本。其中，金融机构一年期贷款基准利率下调 0.25 个百分点至 4.6%；一年期存款基准利率下调 0.25 个百分点至 1.75%；其他各档次贷款及存款基准利率、个人住房公积金存贷款利率相应调整。同时，放开一年期以上（不含一年期）定期存款的利率浮动上限，活期存款以及一年期以下定期存款的利率浮动上限不变。

10月24日，中国人民银行决定，下调金融机构人民币贷款和存款基准利率，以进一步降低社会融资成本。其中，金融机构一年期贷款基准利率下调 0.25 个百分点至 4.35%；一年期存款基准利率下调 0.25 个百分点至 1.5%；其他各档次贷款及存款基准利率、人民银行对金融机构贷款利率相应调整；个人住房公积金贷款利率保持不变。同时，对商业银行和农村合作金融机构等不再设置存款利率浮动上限，并抓紧完善利率市场化的形成和调控机制，加强中国人民银行对利率体系的调控和监督指导，提高货币政策传导效率。

可以说，资本市场对于降准降息的反应还是比较敏感的，A股市场在2015年下半年，虽说起伏仍较大，但整体方向是趋向于理性，可以说是大震荡的“余波”。

事实上，2015年的降准降息达到了10次，但后来的观察者往往容易忽略上半年的几次：

2月4日，中国人民银行宣布下调金融机构人民币存款准备金率0.5个百分点。同时，中国人民银行宣布对小微企业贷款占比达到定向降准标准的城市商业银行、非县域农村商业银行额外降低人民币存款准备金率0.5个百分点，对中国农业发展银行额外降低人民币存款准备金率4个百分点。

2月28日，中国人民银行自2015年3月1日起下调金融机构人民币贷款和存款基准利率。金融机构一年期贷款基准利率下调0.25个百分点至5.35%；一年期存款基准利率下调0.25个百分点至2.5%，其他各档次存贷款基准利率及个人住房公积金存贷款利率相应调整。

4月19日，中国人民银行决定自2015年4月20日起下调各类存款类金融机构人民币存款准备金率1个百分点。对农信社、村镇银行等农村金融机构额外降低人民币存款准备金率1个百分点。

5月10日，中国人民银行宣布自2015年5月11日起金融机构人民币一年期贷款基准利率下调0.25个百分点至5.1%；一年期存款基准利率下调0.25个百分点至2.25%，同时，将金融机构存款利率浮动区间的上限由存款基准利率的1.3倍调整为1.5倍。

可以说，经历了震荡大跌后，管理层对通过繁荣股市“接济”和“壮大”实体经济的难度有了更清醒的认识。2015年7月以后，关于国有企业改革和国有资本功能的论点，以及“两只鸟论”的提出都透露出一个重要的信号，那就是实体经济壮大是股市繁荣的根基，而不是倒过来。

从 2015 年全年来看，“降准降息”并非只针对股市，而是主要从资金面紧张、融资成本抬升、经济预期恶化和全年GDP或“破 7”这一负反馈机制的“发作”出发。“降准”也有利于增加银行低成本的可贷资金，缓减房贷收紧的趋势。“双降”对于稳定楼市需求特别是改善型需求，加速三、四线城市楼市的去库存化，夯实全国楼市企稳回升的局面，意义非凡。

“互联网+”：资本与创业的热潮

2015 年 3 月 14 日，第十二届全国人民代表大会第三次会议在人民大会堂举行开幕会。李克强总理会上提出制定“互联网+”行动计划。

报告显示，2015 年中国互联网将发生重大变化，互联网移动化、产业化进程加快，移动互联网应用服务将全面深入，产业互联网时代将正式开启，互联网企业将聚力转型，抢占未来产业高地。

不得不说，“互联网+”对中国资本市场和金融市场的影响是非常大的，在 2015 年，“互联网+”的提法是一个前所未有的高度，而“把一批新兴产业培育成主导产业”出现在总理政府工作报告中，在当时也是第一次。

事实上，“互联网+”战略是全国人大代表、腾讯董事会主席兼CEO马化腾在 2015 年向人大提出的四个建议之一，马化腾解释说，“互联网+”战略就是利用互联网的平台、利用信息通信技术，把互联网和包括传统行业在内的各行各业结合起来，在新的领域创造一种新的生态。简单地说就是“互联网+某某传统行业=互联网某某行业”，虽然实际的效果绝不是简单的相加。

站在历史的角度来回顾，这样的“互联网+”的例子绝不是什么新鲜事物，比如，传统集市+互联网有了淘宝，传统百货卖场+互联网有了京东，传统银行+互联网有了支付宝，传统的红娘+互联网有了世纪佳缘，传统交通+

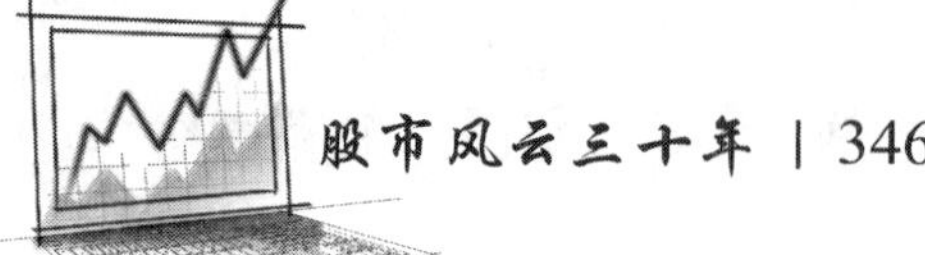

互联网有了快的、滴滴，而传统新闻+互联网有了柴静《穹顶之下》病毒式的传播。

实际上，就是在2015年左右，众创众包、众筹众投、滴滴专车、人人快递等以大众参与为主导的互联网应用创新和商业模式创新不断涌现，引发传统行业生态的深刻变革。海尔“M-LAB创客实验室”、联想“新板凳”搭建了基于互联网的众包研发平台，众筹众投开辟了大众投资广阔渠道，滴滴专车通过拢聚闲置私家车资源深度开发定制出行市场，人人快递初步试水了合作型消费模式。

在2015年前后，互联网创新全面爆发，用户与企业的频繁交互促成用户需求与产品的高度契合，继而加大了用户对应用服务的深度依赖，形成了“需求-应用-服务-更多服务-拉动更大需求”的良性循环。

当时，国务院常务会议明确提出“进一步扶持小微企业发展、推动大众创业万众创新”，大众创新创业的激情得以点燃。随着企业“以用户定产品”意识的提升、互联网用户黏性的增强和参与热情的高涨，未来将有更多的人投身互联网创业大潮，互联网应用创新和商业模式创新将持续火热，加速推动我国各行各业进入全民创造时代。

尽管后来在诸如P2P等领域出现了一些问题，我们仍不得不说，当时在顶层政策设计上仍然是把握了时代发展的主要方向的——O2O服务已成为互联网企业重塑竞争性优势的重要抓手。加大对本地生活信息服务商的投资并购，是当时互联网企业弥补O2O服务短板的主要途径。

腾讯投资大众点评和58同城，阿里投资银泰集团，百度全资收购糯米网，目的都是全面提升线上线下服务对接能力。

物流实力较强的互联网企业更是瞄准社区O2O市场，变社区便利店为展示店、库存店或者配送站，牵手第三方社区服务资源，开创集商品展示、预购试用、便民服务、即时配送为一体的社区网购生活模式。

京东与快客、好邻居、良友等便利店品牌联合拓展社区店面，顺丰推出“518 嘿客”服务站，均为近距离贴合用户、无缝隙传递体验服务。2015 年，互联网企业的方向就是加速整合线下服务，特别是加强与物流公司、社区物业、社区服务团队的合作，积极探索社区O2O新路径。

站在历史的角度，“互联网+”不仅意味着新一代信息技术发展演进的新形态，也意味着面向知识社会创新 2.0 逐步演进、经济社会转型发展的新机遇，推动开放创新、大众创业、万众创新、推动中国经济走上创新驱动发展的“新常态”。

“私募一哥”徐翔：大佬走下神坛

2015 年 11 月 1 日晚间，公安部发布消息称：“泽熙投资管理有限公司法定代表人、总经理徐翔等人通过非法手段获取股市内幕信息，从事内幕交易、操纵股票交易价格，其行为涉嫌违法犯罪，近日被公安机关依法采取刑事强制措施。目前，相关案侦工作正在严格依法进行中。”

其实在 11 月 1 日下午，网络上就已经传出徐翔被捕时的照片——穿着白色阿玛尼外套的男子，在从上海去往宁波的路上被警方控制。

因为徐翔此前一直处于神秘低调的状态，网络上甚至从未出现过他的照片，所以当这张被捕的照片出现在网络上时，坊间议论纷纷。

《北京青年报》报道的一种说法是，泽熙投资 2014 年成立北京公司之后，徐翔主要在北京办公，但是每周末会回上海。2015 年 11 月 1 日徐翔被警方带走时，正在从上海去宁波的路上。

只有高中学历的徐翔，算得上是中国资本市场的传奇人物。他崛起于老家宁波，在1993年时怀揣着几万元开户，由此展开了一段长达22年的股市征程。

这个16岁就进入股海征战的少年，迅速从涨停板敢死队的一员成长为私募界顶尖的投资经理。

市场上一直流传有很多关于徐翔的故事，但大都属于道听途说——因为在2010年之前，泽熙投资尚未成立，徐翔也只是在一个很小的圈子内活动，可以说十分低调，关于其早期证券市场投资的操作手法，难以考证，只能任凭人们想象了。但在2010年之后，泽熙投资成立，通过一些数据、个股，人们可以略窥徐翔的交易路线：2010年成立泽熙投资以后，他管理的泽熙系基金产品一向以大幅超越市场著称，其中泽熙1号和3号的投资收益超过30倍，让同行难望项背。

作为A股市场的传奇人物，徐翔的成功之路一直毁誉参半，他是众多“小散”的偶像，也常常成为被质疑和批评的靶标。

因为“波段操作、追逐题材、快进快出”，这些特征性描述构成了一个在二级市场上的“短线交易高手”徐翔；另一方面，建“老鼠仓”“涉嫌内幕交易”等传闻也一直缠绕着徐翔。

除了二级市场投资，徐翔还频繁参与上市公司定向增发，从而介入上市公司的资本运作中。

在2015年6～7月的股市波动中，徐翔管理的产品业绩更令市场瞠目——自6月15日到8月15日的两个月中，泽熙投资5只产品净值全部逆势增长。其中只在6月26日至7月3日出现过小幅回撤，7月中旬开始泽熙基金的业绩随着市场反弹爆发性增长。

《财新》报道的一种说法是，徐翔在股灾期间曾就是否参与做空接受过调查，但随后泽熙投资对外发布声明，否认参与股指期货交易。因此市场认为徐翔应当是在股灾前有效控制了仓位，并且在国家队大举救市之后成功抄底。

除了业绩方面的大幅超越常人，徐翔的个人特征也是相当明显，他为人低调，甚少接受采访，这种神秘感让外界对他的投资能力更加关注，有关徐翔参与内幕交易的传闻从未间断。

《财新》报道，接近徐翔的人士曾表示，徐翔虽然只有高中学历，但是人情练达，谙熟交易心理。这样的天赋让他成为一个“天生的交易员”，在波动极大的A股市场能够更好地驾驭市场情绪。

在2010年后有限的可观察案例中可以看到，泽熙投资在重庆啤酒、獐子岛等黑天鹅事件中成功抄底，均体现出徐翔过人的交易能力。

另外，除了天赋之外，据说徐翔亦十分勤奋。一些报道将其描述为几乎没有什么爱好和闲暇时间，几乎所有精力都投入到交易和研究中。

在泽熙投资成立后，人们也可以看到泽熙投资有一支精干的研究队伍，专注于上市公司调研。这是因为除了天赋和勤奋，徐翔还需要信息优势。

不过，泽熙投资的整个存在过程，一直就没摆脱过内幕交易的嫌疑——2014年12月19日，证监会新闻发言人张晓军通报了包括中科云网、百圆裤业、宁波联合等在内的18只个股涉嫌市场操纵违法违规行为的执法工作情况，并称已对涉嫌机构和个人立案调查。在这18只股票中，徐翔和泽熙投资的身影若隐若现。

2016

第 27 章 | 熔断风波

熔断风波：生效首日，千股跌停

2015年末，中国股市宣布引入熔断机制。

熔断机制（Circuit Breaker），也叫自动停盘机制，是指当股指波幅达到规定的熔断点时，交易所为控制风险采取的暂停交易措施。具体来说，是对某一合约在达到涨跌停板之前，设置一个熔断价格，使合约买卖报价在一段时间内只能在这一价格范围内交易的机制。

熔断机制是在2015年12月4日发布的。当日，上交所、深交所、中金所正式发布指数熔断相关规定，熔断基准指数为沪深300指数，采用5%和7%两档阈值。该机制在2016年1月1日起正式实施。

不得不说，这是历史上最短命的熔断：到2016年1月8日就暂停实施了。2016年1月8日，经证监会批准，上海证券交易所决定暂停实施《上海证券交易所交易规则》规定的“指数熔断”机制，以维护市场平稳运行。回顾起来，2016年初熔断机制的迅速出台和结束，都给中国资本市场以太多的反思。

当时，有证券从业人员戏称：元旦节后出台的熔断机制，让证券从业者拉了一堆仇恨——牛市赚钱，熊市下班早。当然，这仅仅是戏称，因为证券从业者建立在广大散户亏损痛楚上的幸福感没有维持多久，熔断机制实施四天就被叫停。

看上去，熔断机制更像是一场闹剧。

原本 2016 年 1 月 4 日，是 2016 年的第一个交易日，也是中国证券交易史上里程碑式的日子，从这一天开始，A股交易实施股指熔断机制——根据规定，当沪深 300 指数触发 5%熔断阈值时，三家交易所将暂停交易 15 分钟，而如果尾盘阶段触发5%或全天任何时候触发7%则暂停交易，直至收市。

但当天的低开似乎就不是个好兆头。

很快，在 2015 年已经损失惨重、期待 2016 年开门红的投资者们就遭遇了当头一棒：股指在巨大的抛盘打压下不断走低，接连击破 3 500 点和 3 400 点整数关，终于在午后开盘的 13 点 13 分跌破 5%，触发了熔断；15 分钟后，重新开盘的股市继续下跌，只用了 6 分钟便在 13 点 34 分将跌幅扩大至 7%，触发了7%的熔断阈值，三大交易所都暂停交易直至收盘！

对熔断机制的“初体验”，已经让A股的投资者大倒胃口。

然而，好戏还不算完。在弱势反弹了两天之后的 2016 年 1 月 7 日，沪深 300 指数早早地便在 9 点 42 分便触及 5%跌幅造成熔断，9 点 57 分重新开盘后，仅用了上一次一半的时间便将跌幅扩大至7%！

对证券从业人员来说，开盘不到半个小时，已经是无事可做了，于是各种段子开始在网络上流传——广大证券公司的从业人员多年来终于可以第一次下班回家吃午饭，但他们的老板一定高兴不起来。《新民周刊》报道，由于下跌过于迅速，成交量根本来不及放出，深圳某家中小型券商营业部当日全天的佣金收入只有区区 900 元。

一家券商营业部加起来的佣金收入只有 900 元！这无论如何是无法支撑券商的正常运转的。

而比券商更惨的是股民。《新民周刊》统计，2016 年仅仅前 4 个交易日，市场的市值就损失了 5.6 万亿左右！

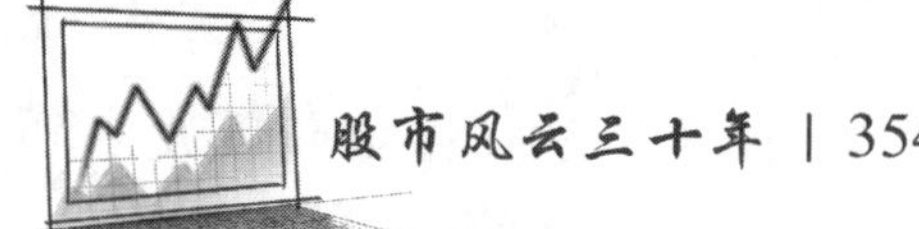

损失惨重的投资者和伤心欲绝的券商都把矛头指向了熔断机制。愤怒的股民刷爆了证监会的官方微博留言，而券商则纷纷上书，请求立即修正熔断机制。

无论是否愿意正视这一点，熔断机制在2016年初的实施，从任何角度来看都不能算成功。不过，这短短的4天试水，也给了监管层、市场参与者很多的经验与思考。

深港通：对外开放再迈一步

在“沪港通”开通后，“深港通”的推出也是势在必行。

实际上，“深港通”的筹备并不比“沪港通”晚多少，两者的先后推出，更多是有着“摸着石头过河”的渐进式考虑。

在2016年12月5日，“深港通”正式启动，港交所行政总裁李小加在深港通开通仪式上指出：“如果沪港通是展开互联互通的第一步，那么‘深港通’开通则为第二步！”

早在2014年8月，证监会出台深圳资本市场改革创新15条力挺深圳发展。未来证监会将在沪港通积累一定试点经验的基础上，支持深、港交易所探索新的合作形式。

2014年8月26日，在前海金融创新政策宣讲推介会上，深圳金融发展办副主任肖志家表示，联通深交所和香港联交所的“深港通”已报批。2014年9月5日，证监会明确表示，在“沪港通”试点取得经验的基础上，证监会支持深港两地交易所进一步加强合作，深化合作的方式和内容，共同促进两地资本市场的发展。

2014年11月，在“沪港通”启动时间定格在11月17日后，市场将目光转向“深港通”和“基金互认”。香港财经事务及库务局局长陈家强于 11 月 10 日表示，“深港通”会是“下一步”。

国务院总理李克强 2015 年 1 月 5 日在深圳考察时表示，“沪港通”后应该有“深港通”。当时市场对此的反应是，如果说 2014 年开通的沪港通是国内资本市场开放的重要一步，那么，有望在 2015 年推出的深港通将成为A股市场国际化的加速器。

2015 年，随着“沪港通”的运行走上正轨，“深港通”、QFII和RQFII大扩容以及A股有望纳入国际指数等系列开放举措，都将加速A股国际化进程。

不过，2015 年虽然各方面对“深港通”都有所期盼，但当年并未推出。直到 2016 年 8 月 16 日，李克强总理在 8 月 16 日的国务院常务会议上明确表示，深港通相关准备工作已基本就绪，国务院已批准《深港通实施方案》。

2016 年 11 月 15 日，深交所、中国结算深圳分公司联合发出通知称，为确保“深港通”业务顺利推出，深交所联合中国结算深圳分公司、香港联交所、香港结算定于 2016 年 11 月 19 日组织全网测试，模拟“深港通”业务开通首日（交易业务启动）运行场景。

最终，经过两年多的筹备，“深港通”终于落地，证监会与香港证监会发布联合公告于 2016 年 12 月 5 日正式启动“深港通”。证监会、香港证监会已订立监管合作安排和程序，及时妥善处理运行过程中出现的重大或突发事件。

作为对外开放的更进一步，“深港通”的推出有着多方面的好处：

一是有利于投资者更好地共享两地经济发展成果。进一步扩大内地与香港股票市场互联互通的投资标的范围和额度，满足投资者多样化的跨境投资以及风险管理需求。

二是有利于促进内地资本市场开放和改革，进一步学习借鉴香港比较成熟的发展经验。可吸引更多境外长期资金进入A股市场，改善A股市场投资者结构，促进经济转型升级。

三是有利于深化内地与香港金融合作。将进一步发挥深、港区位优势，促进内地与香港经济、金融的有序发展。

四是有利于巩固和提升香港作为国际金融中心的地位，有利于推动人民币国际化。

人民币纳入SDR：国庆节的大礼

人民币纳入特别提款权（Special Drawing Right，以下简称SDR）是中国金融市场的大事，虽然人民币是在2016年10月1日正式纳入SDR，但此事项早在2015年11月30日中午12时就已经确定。

国际货币基金组织总裁拉加德当时宣布：人民币满足包括“自由使用”在内的所有入篮要求，并将在2016年10月1日成为继美元、欧元、日元、英镑后，特别提款权中的第五种货币。

实际上，这是自1969年SDR成立以来第一个同时满足出口国标准和可自由使用标准的货币纳入篮子，也是第一个新兴市场国家货币入篮。

SDR是IMF在1969年创设的一种记账单位和储备资产，初期一个SDR的价值相当于0.888 671克黄金，因此，SDR也叫“纸黄金”。

SDR的价值由每天中午美元、欧元、英镑和日元的汇率及比例来计算。根据成员国认缴的份额比例分配，成员国分得的SDR，可以与本国持有的黄金、自由货币一样，列为国家储备资产。SDR成员国在发生国际收支逆差时，SDR可用于换取外汇来偿付逆差或者IMF贷款。

那么，人民币纳入SDR的意义究竟有多么重大呢？

一方面，它代表IMF乃至全球对于中国经济和金融改革的肯定，是对人民币可自由使用和国际化的肯定。另一方面，人民币成为除美元、欧元、英镑和日元外IMF篮子里面的五大国际货币之一后，IMF的188个成员国都会将人民币纳入其官方储备货币当中，这表明继国际贸易计价结算、金融投资交易之后，人民币国际化迈出了成为国际官方储备货币的关键的第三步。不可否认的是，中国作为全球第一大贸易国、第二大经济体，人民币纳入SDR是中国金融体系与国际金融体系接轨的重要过程。

按2016年的数据，在贸易融资上，人民币已经成为全球第二大货币；在支付货币上，人民币成为全球第四大货币；在外汇交易上，人民币排在第六位；在储备货币上，人民币成为全球第七大货币，已经有47个国家将人民币纳入官方储备货币，在人民币纳入SDR后会有更多国家将人民币纳入其官方储备。

其实，根据央广网的报道，早在2014年底，跨境贸易人民币结算业务发生6.6万亿元，同比增长41.6%，对外直接投资1 866亿元，同比增长118%！

人民币纳入SDR对国内金融改革也有着推动的作用：

首先，中国将稳步推进包括利率市场化和汇率市场化在内的各项改革，中国的债券市场无论开放的数量还是质量将进一步提升，这有利于人民币回流机制的建立。加入SDR对我国多层次资本市场的建设也有帮助，会促进资本市场国际接轨及互联互通的建设，中国也会进一步推进资本账户开放，为增加人民币国际使用提供更多更便捷的支持。

其次，央行会进一步增加各项统计数据和政策的透明度，人民币作为世界货币，央行的独立性也将进一步增强。我国已在统计数据的标准及透明度等各方面与国际接轨。

最后，人民币国际化将快速推进，人民币加入SDR后各国官方储备中会

相应增加人民币，人民币国际化会加速推进。

实际上，人民币加入SDR的好处也是双向的，有助于完善国际货币体系。中国在人民币加入SDR后不仅会坚定不移地推进国内的金融改革，而且会在完善国际货币体系方面，尽到自己的大国责任。SDR纳入了人民币，可以增强货币篮子的稳定性和吸引力，在发生金融危机时，为国际货币体系提供更多的流动性支持。中国更加会保持人民币汇率的稳定，也会在提供公共品上承担更多大国责任，这将利好全球金融体系及其稳定。

可以这么说，在人民币纳入SDR后，在建设"一带一路"的过程中，通过建设利益共同体和责任共同体直至最终建立命运共同体，人民币将从区域货币逐步发展为世界货币。

险资举牌大戏：被痛批"野蛮人"

保险资金举牌上市公司，这种事情在纯粹的市场机制中，原本不是奇事。

但A股市场上2015～2016年发生的一系列保险资金举牌事件，以至于到2016年末时险企被直斥为"野蛮人"，却有着相当复杂的背景。

公开资料显示，从2015年6月开始，保险资金开始大举进入A股二级市场，并且频繁举牌，从而引发了著名的"宝万事件"。

进入2016年后，险资举牌活动更加频繁。从2015年6月开始计算，到2016年12月，险资举牌金额已经超过了1 700亿元，涉及上市公司达到了37家。从发生举牌的主要行业来看，集中在银行、房地产以及建筑装饰领域。从举牌的资金来源来看，以万能险为主要产品的中小险企往往面临更高的负债成本，为了覆盖这些高成本，大量万能险保费会寻找收益相对较高、投资期限合理的资产，在当时资产荒环境下，股票市场天然是一个好的资产池。

当时，疯狂举牌的两大明星险企为安邦保险、生命人寿，而跟随其后的则几乎是一个保险“集团军”——前海人寿、国华人寿、上海人寿、君康人寿（即此前的正德人寿）和百年人寿等。作为国资系的中国人保和中国人寿也加入举牌大军。

险资在A股市场的疯狂举牌有其内在原因，也有市场原因，但其中的风险同样值得关注。险资大量举牌首先与保险业本身的增长不无关系。《证券时报》报道，在2016年之前的几年，保险业的业绩基本保持20%左右的增长速度。保监会当时有过一个统计数据，2015年前10个月，保险公司实现原保险保费收入2.07万亿元，同比增长19.68%。截至10月底，保险业总资产规模11.83万亿元，资金运用余额10.61万亿元。其中，用于股票和证券投资基金的投资1.49万亿元，占比14.02%；其他投资2.99万亿元，占比28.17%。

按照规则，险资可以投资权益类资产的比重是不超过上季末总资产的30%。

参与举牌的不少保险公司，也都是规模发展非常迅速的保险公司。它们因为资产规模的快速扩张，对各类资产配置的需求量自然也大。而这些快速发展的保险公司还有一大特点就是，高现金价值产品、保险理财型产品销量大，这也意味着它们负债端的不少资金成本高，周期短。负债端的高成本必然要求资产端的高收益，所以二级市场和非标产品的投资成为其不错选择。

就当时的市场来说，随着无风险收益的不断下滑，险资必然寻找更有吸引力的资产。这也是为什么非标产品投资规模在那两年大幅上升的重要原因——非标产品收益稳定，收益率高。

再来看A股市场，在经历了异常波动后，2016年前后的估值进入相对合理区间，特别是对一些现金流好、收益稳定的公司来说。被举牌的上市公司，大部分是金融、一线城市地产、快消品行业个股。这些个股本身就有很

好的现金流，价格也相对中小盘、创业板的个股更加合理。对于险资来说，投资这些股票，一方面它们可以有不错的股息收益率，另一方面也能享受市场估值提升带来的账面价值提升。

只不过，当时有不少险资通过连续举牌后，变成了被举牌公司的第一大股东，这就多少让人有些看不懂了。

其实市场上对于险资举牌是存在着争论的，但始终没有定性的判断。直到2016年12月3日，在中国证券投资基金业协会第二届会员代表大会上，向来行事低调的证监会主席刘士余对险资举牌一番措辞严厉的表态，成为最引人关注的话题。

虽然此后人们对刘士余的说法仍有争议，但不可否认的是，他当时的表态，已成为中国证券史上难以越过的一个事件。

《人民日报》报道了时任证监会主席的刘士余当时的说法："最近一段时间，资本市场发生了一系列不太正常的现象，你有钱，举牌、要约收购上市公司是可以的，作为对一些治理结构不完善的公司的挑战，这有积极作用。但是，你用来路不当的钱从事杠杆收购，行为上从门口的陌生人变成野蛮人，最后变成行业的强盗，这是不可以的。这是在挑战国家金融法律法规的底线，也是挑战职业操守的底线，这是人性和商业道德的倒退和沦丧，根本不是金融创新。"

刘士余还表示："希望资产管理人，不当奢淫无度的土豪、不做兴风作浪的妖精、不做坑民害民的害人精。"即使是在两三年后，"害人精"还被一些保险资金用来自嘲。

其实，在刘士余表态的同一天，保监会副主席陈文辉公开表示："保险公司本身是管理风险的，风险管理应是其核心竞争力，但事实上有些公司在这方面的实际能力与要求还有很大差距。"

陈文辉举二战时期马其诺防线的例子来类比险资绕过资本监管问题，未能达到防御作用。他担心，保险公司在实际操作中可能会绕过资本监管。因为如果监管部门要求一家保险公司增资，但用于增加偿付能力的资本却不是股东的真金白银，而是从利用保险公司自身的资金，通过复杂的金融产品和资产管理计划等途径进行包装完成自我注资、虚假增资，那么偿付能力监管、资本约束可能就会成为保险行业的马其诺防线，被绕过去。

虽然被痛批"野蛮人"，但保险资金也有自己的一番说辞。

比如在"野蛮人"论断发表的 2016 年 12 月 3 日深夜，前海人寿火速回复了前一天深交所提出的对于其增持格力电器相关事项的问询。前海人寿表示，截至 2016 年 12 月 2 日下午收盘时，前海人寿及其一致行动人在格力电器拥有权益的股份未达到或超过格力电器已发行股份的 5%。

《北京晨报》报道，对于资金来源，前海人寿表示，买入格力电器的资金来自保险责任准备金和自有资金。至于持股计划和后续动态，近期增持与前期投资格力电器股份的目的没有发生实质性变化，目前公司并没有参与格力电器日常经营管理的计划。

更为全面地来观察，"野蛮人"论失之偏颇。实事求是地说，险资投资一般是长期资金，追求的是安全、稳定的收益，只要被举牌上市公司经营不出问题，或许根本也没想退出，因为这是它们作为一个专业的投资机构做出的专业投资决策。

第 28 章 | 二八分化

一带一路：绘就发展新蓝图

中国资本市场进入2017年后，以一个更加开放、更加自信的姿态呈现在世界面前。

第一届“一带一路”国际合作高峰论坛于2017年5月14日至15日在北京举行，而在此之前，资本市场已经对这一概念进行了“预热”——市场上与“一带一路”相关概念的个股，进入2017年后已经成为焦点。

在当时投资界人士看来，“一带一路”不仅将为相关企业提供强大发展动力，更将成为资本市场的长期主题。

实际上，作为中国经济最活跃的“细胞”，上市公司响应“一带一路”倡议的意愿强烈，部分龙头企业加快了沿线的布局。其中，中国电建已签署52个“一带一路”项目，中国铁建、中国中铁、中国建筑和中国交建四家企业签署项目均超过10个，共涉及金额4 300亿元。

据《证券时报》报道，一项不完全统计数据，深市有280多家公司通过产品出口、工程建设、设立制造基地或研发中心、收购资产等多种方式参与“一带一路”建设，其中主板有49家上市公司在63个国家和地区开展业务。

比较典型的一个例子是上市公司招商蛇口，该公司通过“前港、中区、后城”的生态发展路径，将“蛇口样本”在吉布提等“一带一路”沿线国家落地。

“一带一路”带来的投资机会，也为许多中国上市公司提供了强劲的发展动力。新华网报道，以中国建筑为例，其2016年营业收入高达9 598亿元，较上年增长 9%；净利润接近 300 亿元，增幅达到约 15%。同期，其海外业务营业收入首次突破百亿美元。

可以这么说，资本市场在进入 2017 年后对“一带一路”概念的热捧，绝非空穴来风，而是有着比较坚实的基本面支撑。

人民网记录了时任海富通内需热点基金经理黄峰的观点具有相当的代表性：“一带一路”不仅仅是重要的投资主题，也与价值投资理念相契合。建筑行业已经成为中国在全球范围内颇具竞争力的行业，而“一带一路”的推进，为建筑行业打开了新市场，对建筑板块中部分估值较低、稳定增长的上市公司而言是重大利好。

从产业的角度观察，“一带一路”启动初期，基建及运输两大板块最直接受益。但随着沿线国家消费力的增强，消费升级类产品在中国对沿线国家出口中的占比将会上升。从投资角度看，相关投资机会将分散在各个关键行业中，除了国际承包工程外，食品饮料、纺织服装、通信、汽车、家用设备等多个消费升级产业都存在“走出去”的投资机会。

在“一带一路”国际合作高峰论坛成功举行后，当时的证监会副主席姜洋对资本市场与“一带一路”的联结做过全面的归纳：自 2013 年习近平主席提出这一重大倡议以后，证监会以及资本市场各个方面都自觉服务于“一带一路”建设的大局，做了一些具体事情。

一是加快了同有关国家和地区资本市场的互联互通。在沪港通的基础上，顺利开通了深港通。积极支持交易所走出去，竞购了巴基斯坦交易所部分股权，中国三家交易所与德交所集团在法兰克福合资成立了中欧国际交

易所。

二是扩大了机构双向开放。推进“一带一路”建设4年，中国有2家证券公司在沿线国家设立了子公司，沿线国家有32家机构在中国取得了QFII资格，有32家机构取得了RQFII资格。

三是加大了对上市公司境内外融资的支持力度。至2017年5月，境内企业直接境外上市247家，筹资总额达3 180亿美元。启动了熊猫公司债试点，有15家境外企业累计发行48单，融资859亿元。特别是沪深两市已有963家上市公司参与“一带一路”的重点项目建设，在开拓国际市场的同时实现了自身的更好发展。

四是加强了跨境监管合作。证监会已与60个国家或地区的证券期货监管机构签署了65份双边备忘录，并加入了国际证监会组织（IOSCO）执法合作的多边备忘录（MMOU）。

无可否认的是，中国资本市场的2017年是一个国际步伐加速的一年，与“一带一路”的联结正是这种国际步伐的表现形式之一。

A股纳入MSCI：四度闯关终成功

2017年6月21日，备受期待的A股闯关摩根士丹利资本国际指数（Morgan Stanley Capital international Index，以下简称MSCI）的结果揭晓，A股被正式纳入该指数！

当日，明晟公司宣布将A股纳入MSCI新兴市场指数，纳入中国A股的222只大盘股。基于当时5%的纳入因子，这些A股约占MSCI新兴市场指数0.73%的权重。

当时MSCI计划分两步实施这个初始纳入计划，以缓冲沪股通和深股通当前尚存的每日额度限制。第一步预定在 2018 年 5 月半年度指数评审时实施，第二步在 2018 年 8 月季度指数评审时实施。倘若在此预定的纳入日期之前沪股通和深股通的每日额度被取消或者大幅度提高，MSCI不排除将两步纳入计划修改为一次性实施的方案。

MSCI董事总经理和全球研究主管Remy Briand当时表示，国际投资者广泛认可了中国A股市场准入状况在过去几年里的显著改善。如今MSCI迈出纳入中国A股第一步的时机已然成熟；中国内地与香港互联互通机制的发展完善为中国A股市场的对外开放带来了积极的革命性变化。

A股与MSCI之间的情缘，最早是在 2005 年 5 月。摩根士丹利资本国际公司（MSCI）宣布推出MSCI中国A股指数，该指数是MSCI为中国A股市场创建的第一个独立国家指数。该指数旨在为当前投资A股市场的广大投资者提供一个股票表现之基准。MSCI中国A股指数设计考虑到了A股市场与众不同的特点，力图反映国内A股投资者的投资过程和制约因素。

而A股与MSCI的实质性交集，则可以追溯到 2013 年。鉴于世界资金对分享中国经济增长红利的需求攀升，MSCI将目光投向A股，开始考虑将其纳入新兴市场指数，2013 年 6 月 12 日，宣布就A股纳入指数启动投资者咨询。

在 2017 年之前，A股三次闯关MSCI，虽然都以失败告终，但本着推进中国资本市场国际化及长足发展的初衷，监管层改革始终在进行，比如QFII制度改革、停复牌监管新规。

到了 2016 年，A股市场继续改革，解决了实际权益拥有权问题。证监会推出上市公司停复牌强监管的新规，推出旨在解决额度分配和资本流动限制量大问题的QFII制度改革。不过，在 2016 年 6 月 14 日，MSCI宣布将延迟中国A股纳入MSCI新兴市场指数，但继续保留在 2017 年的审核名单上。

当时，MSCI给出的问题也有三个：QFII资本赎回限制，比如QFII投资者

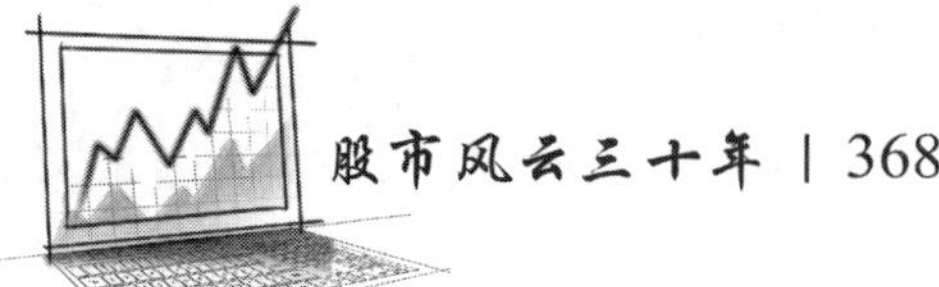

每月资本赎回额度不能超过上一年度净资产值的20%，此项限制将造成潜在流动性障碍；新停牌政策能否有效执行；金融产品预先审批制度。

人们也发现历史上这3次公布A股是否纳入MSCI时间点（2014年6月11日、2015年6月10日、2016年6月15日）前后的市场变化，上证指数在公布日前的15个交易日期间往往上涨相对明显，在公布当日A股却较为淡定，而在公布后市场出现回调。

无论如何，在经历了多次闯关后，2017年的成功表明了中国资本市场获得了更多国际资金的认可。

其实在2017年A股纳入MSCI之时，市场主流观点认为，纳入后并不会立即吸引大量资金流入，但有利于A股市场的长期发展。

比如，瑞银报告指出，MSCI决定纳入A股将有利于其长期发展，因为这将促进中国境内市场与全球资本市场进一步融合。

高盛则认为，MSCI向中国A股敞开大门，未来五年将给股指带来2 100亿美元的资金流。

后来的实际情况也表明，2017年MSCI向A股敞开大门，更本质的意义在于表征了中国资本市场的国际步伐！

二八分化：漂亮50高歌猛进

2017年A股的投资焦点绝对是“漂亮50”行情，没有之一。

为什么这么说呢？其中一个很关键的对比点就是2015年5 178点时个股的阶段高点。

贵州茅台、美的集团、万华化学、海康威视等龙头企业股价，在2017年都创出自2015年5178点以后的新高，由此2017年也被中国资本市场定义为

“漂亮50行情”的一年，二八分化非常明显。

何谓“漂亮50”？

“漂亮 50”（Nifty Fifty）是美国股票历史上特定阶段出现的一个非正式术语，起源于20世纪70年代美国《福布斯》杂志的一个脚注，用来指代20世纪60和70年代在纽约证券交易所交易的50只备受追捧的大盘股。

美国“漂亮 50”最主要的特征是盈利增长稳定，同时也具有较高的市盈率。这些股票被视作可以买入并持有的优质成长股，同时也成为20世纪70年代早期牛市行情的重要推动力量。由于人们认为这些公司的运作非常稳健，即使在经历较长时期后同样如此，因此这些股票被称为“一次性抉择”股，也就是说，一旦决定买入股票，便再不用为投资理财而操心了。

在2017年A股市场上的中小盘股节节败退、屡创新低之际，部分大盘股市值却已经创下历史新高。以茅台为例，当时的股价站稳了400元，市值剑挑西方酒业龙头帝亚吉欧（NYSE：DEO），威风八面！

如果仅仅是茅台一只股票，那还无法谈得上是市场的整体抉择。实际上，并不仅仅是茅台，还有美的集团、格力电器、上汽集团、广汽集团、恒瑞医药、云南白药等一大批白马股集体爆发，这种行情像是20世纪70年代美国“漂亮50行情”的翻版！

整体来看，不管是一线的“漂亮 50”还是二线的“漂亮 50”，都以其长期以来稳定的业绩回报、漂亮的股价增长，积累了旺盛的人气，理所当然地成为A股里的“超级偶像天团”。

值得思考的一个问题是：“漂亮 50”行情为什么在2017年出现，二八分化为何如此明显？其实答案大致集中在三个方面：

一是中国经济处于转型期，消费升级为知名品牌带来稳定增长的业绩。纵观“漂亮 50”企业，白酒、家电、汽车、医药、家居、食品等都属于大消

费概念，而这些企业是各行业的知名品牌，极高的市场认可度保障了企业的业绩能持续稳定增长，股价因而受益创新高。

二是监管趋严，题材炒作的投资风格向更稳健的价值投资转变。在经济上，管理层强调创新，提出供给侧改革，万众创业，本质是要打造优秀企业。在投融资上，管理层强调资金要流向实体经济，尤其是要让效率更高的企业获得更多资金发展，决心打造中国优质品牌。最终反映在A股市场上，题材股持续弱势，各行业优质龙头企业创新高也就顺理成章。

三是保险、私募基金崛起，机构投资者更注重业绩与股价相匹配。2016年保险资金纷纷举牌谋求控股权，向世人展示的不仅仅是其野蛮地抢夺控股权，背后的逻辑是保险资金对安全、优质资产的追求。私募基金在2016年也大幅扩张，其底仓不谋而合地选择绩优质股，本质也是看重企业业绩，而“漂亮50”企业业绩增长确定性强，股价、估值都比题材股有优势，最后资金抱团的结果就是“漂亮50”行情的发生。

总而言之，“漂亮50”是一个在经济转型、行业产业集中度提高过程中，优质龙头企业（高ROE）价值重估的逻辑故事。

金融严监管：重点整治现金贷

“现金贷”从迅猛兴起，到违规发展乱象频仍，再到监管层重点整治，虽然是中国金融史上一个不算大的事件，但它留给人们的思考却很多。

2017年末，“2017首届中国互联网金融论坛”召开，在这个论坛上，央行有关负责人在发言中再度强调，包括“现金贷”在内的所有金融业务，都要纳入监管。

实际上，从“互联网+”创业浪潮以来的几年，依托于P2P等新兴的互联网金融平台，“现金贷”这一渐趋活跃的小额信贷所产生的问题，受到了舆论的高度重视，如何对它进行有效的监管，已成为规范金融秩序的重点课题！

先来说说所谓的“现金贷”——用金融术语来说就是现金信用，它区别于在我国已出现多年的消费者零售信用。

零售信用的交易限定在指定商品上，比如住房贷款、汽车消费贷款，金融机构通常不向借贷者直接发放现金，而是按约将贷款资金划到商品出售部门，而现金信用则是金融机构直接将现金发放给消费者。由此可见，“现金贷”是一种更灵活的资金融通方式，它尤其满足了小额借贷者的资金需求。

“现金贷”在初期兴起时，看上去更像是金融创新，又结合 2014 年以来的“互联网+”浪潮，它的业务形态更多地表现为网络业务。

这种小额的现金贷，如果严格按照央行的基准利率操作，成本不低，利润却十分微薄，因此历来为一些大银行所不屑。但是，在互联网金融发展起来以后，它很快被P2P等互金机构看中，成为民间小额借贷的一个部分。尽管国家规定了民间借贷利率不能超过 36%的利率，但在实际的操作中，由于现金贷处在“你情我愿”的基础上，借贷机构大幅度提高利率，很容易逃过监管。

《北京晨报》报道了 2017 年末的一个不完全统计数据显示，当时市面上 78 家比较知名的“现金贷”平台，平均利率高达 158%，最高的则达到了 598%，被业内称为“砍头息”，足见其凶险程度！

不过，正如马克思在《资本论》中所说：“如果有 10%的利润，资本就会保证到处被使用；有 20%的利润，资本就能活跃起来；有 50%的利润，资本就会铤而走险；为了 100%的利润，资本就敢践踏一切人间法律；有 300%以上的利润，资本就敢犯任何罪行，甚至去冒绞首的危险。”

“现金贷”，正是在这样的一种利润刺激下，蓬勃发展。

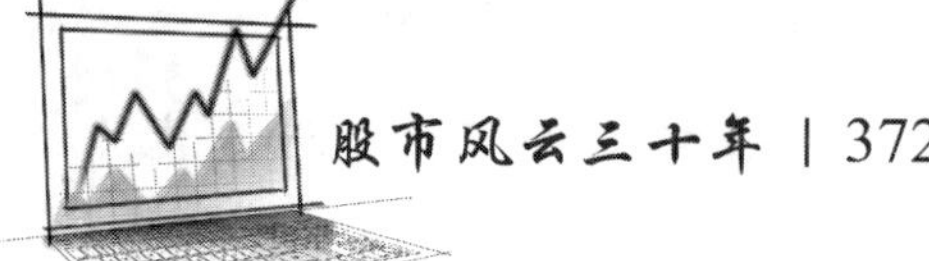

疯狂的高利率吸引了越来越多的机构进入。一方面，它们打着市场创新的旗号，越过金融监管红线，随意开设这一业务，甚至一些在经营范围中并没有金融业务的企业、机构也加入了这种以高息揽储获取暴利的混战。另一方面，高得可怕的借贷利息必然导致很多借贷人无法按约及时还贷，有的借出方就用暴力催债手段来向借贷者施压，导致裸贷、自杀等极端事件时有发生，在社会上产生了恶劣影响。

“现金贷”乱象频发背后的实质是它游离于目前的金融监管体制之外。它倒逼金融监管机构大步跟上，以强化监管来堵住漏洞。在2017年前后的“现金贷”市场上，大量没有资质的机构混迹其间。

此后的一系列整治，就是围绕这些病根展开：监管层逐渐确定了严格的准入标准，通过牌照管理将不符合资质的机构清理出这一市场。对于借贷利率高出规定标准的机构，不向其发放牌照，已经发出的也坚决收回。对于出现暴力催债等不法行为的机构，不仅不发出牌照，而且运用司法力量给予严厉打击，以保障借贷者合法权益，维护正常的市场秩序。

站在历史的角度来看，“现金贷”虽然弥补了我国一个阶段在信贷业务上对个人信贷的短板，有一定积极作用，但从总体上来看，它是建立于陈旧的现金交易基础上的一种信贷模式。

消费类金融一直是我国金融政策支持的一个方向，并且是我国振兴内需的一个重要手段，但“现金贷”并不能在这方面起到多少积极作用。

“现金贷”从兴起到蓬勃发展，再到严监管下的整治，留给人们的思考是：金融机构应该更积极地开展零售信用业务，即针对指定商品向消费者提供信贷支持，借贷资金往来限于借出机构和商户之间，这样也可有效地减少现金过多流通所产生的副作用。

第 29 章 | 大国博弈

独角兽：资本追捧新宠儿

2017年12月，胡润研究院发布《2017胡润大中华区独角兽指数》，胡润研究院通过搜集近800家高成长型非上市企业数据，结合资本市场独角兽的定义筛选出有外部融资且估值超十亿美金的新兴行业优秀企业，筛选出120家独角兽企业，其中北京的独角兽企业数量占45%。

根据胡润研究院数据，上述120家独角兽公司有22家是属于互联网服务行业，22家公司是电子商务公司，17家是互联网金融公司，10家是文化娱乐公司，还有部分近来较受关注的大数据与云计算、人工智能、机器人等企业。

按照市值榜单，蚂蚁金服以4 000亿人民币的估值位列第一，滴滴出行、小米、新美大分别以3 000亿元、2 000亿元、2 000亿元的估值位列第2名和并列第3名；今日头条、宁德时代、陆金所三家公司均以1 000亿的估值并列第5名；大疆以800亿估值位列第6名；口碑、菜鸟网络、京东金融、饿了么均以超过500亿元的估值同时位列第9名。

在上述120家企业的基础上，A股市场上衍生出大量的“独角兽概念股”。其中，“蚂蚁金服概念股”就有20家，“小米概念股”有21家，参股“宁德时代概念股”有12家，“菜鸟网络概念股”有7家。

胡润研究院更多的是“独角兽”概念揭幕，真正将中国资本市场“独角兽”这一概念推向高潮的，是在2018年3月23日，科技部火炬中心、中关村管委会、长城战略咨询、中关村银行在北京联合主办的“2017中国独角兽企业发展报告”发布会。

在这个发布会上，正式发布了《2017年中国独角兽企业发展报告》和《2017年中关村独角兽企业发展报告》。报告显示，截至2017年12月31日，中国独角兽企业共164家，总估值6 284亿美元，平均估值38.3亿美元。

其中，新晋独角兽企业62家，“毕业”（上市及并购、创立超过十年）独角兽企业20家，更是出现了10家估值在100亿美元以上的超级独角兽企业，较2016年增加了3家。164家独角兽企业主要分布于19个城市，84%独角兽企业聚集于“北上杭深”，高新区依托丰富的创新创业资源，聚集了76.2%的独角兽企业。

没过多久，证监会也表示，已专门成立关于四新类企业创新型经济业态的专家委员会。同时，证监会称，目前国内独角兽企业中，资产10亿美元的约100家，资产20亿美元的不超过50家，接下来准备分批推进A股上市。

随后，证监会又明确提出对生物科技、云计算、人工智能、高端制造四大新兴行业“独角兽”IPO“即报即审”，深交所、上交所也要对“独角兽”企业上市开设绿色通道，这既表明了政府对新经济的支持力度加大，也预示着未来将有更多独角兽企业上市。

那么，证监会缘何为“独角兽”开辟IPO绿色通道，背后的意义何在?

原因其实并不复杂。

首先，经济原因。由于我国经济从高速度向高质量转变，速度放缓外加美元加息造成资金外流。而外资在国内投资最担心的是退出机制不健全，能够上市退出的企业毕竟是凤毛麟角。所以，此举也是吸引外资以稳定本国经

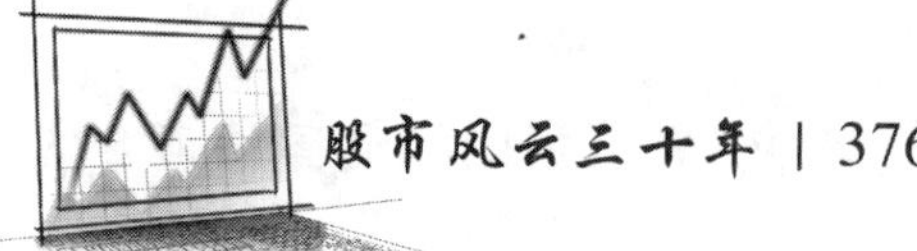

济和币值的一个举措。

其次，打造资本市场强国。进一步做大资本市场规模，扩大直接融资比重。我国股票市场市值居世界第二，但证券化率（股票市场市值/GDP）则远低于欧美发达资本市场国家，债券市场规模相对庞大经济总量也明显偏小，直接融资比重甚至只及部分欧美国家的零头。我国需要在制度上解决各类企业在资本市场直接融资的各项障碍，推动企业IPO、发行债券、再融资等常态化，做到“应融尽融”，不遗余力地扩大资本市场规模，畅通资本市场融资渠道，大幅提升资本市场直接融资在社会融资中的比重。

第三，示范效应。2014年是双创启动的年份，2014年之后成立的独角兽企业共有61家，占比达到37.2%，2014年创立的独角兽最多，共有31家。这表明独角兽企业的产生与双创步伐相一致，产业政策和发展预期相匹配。监管机构此时安排合理的退出渠道，实际上也是在鼓励现有的中小高新企业在资本的驱动下做大、做强，为中国的资本市场培育出一批又一批优秀的投资标的。

沪伦通：进入“试水期”

所谓“沪伦通”，是指上海证交所和伦敦股票交易市场的互联互通。

中信改革发展研究基金会研究员赵亚赟对此有过判断：“沪伦通”不仅是上海通到伦敦，而是中国与世界的金融通道。

实际上，说起世界最大的金融中心，很多人会认为是纽约曼哈顿，但其实曼哈顿只能算第二，第一还是伦敦金融城！而伦敦金融城大家并不陌生，就是那个网上传说“风能进雨能进，国王不能进”的地方。

当然，国王并非真的不能进，事实上大家很欢迎国王来看看，对于任何一家银行，能得到王室的光顾，都是很大的荣耀。不过，伦敦金融城确实比白金汉宫和唐宁街 10 号都更有权势，但这种权势不局限在这狭小的 2.6 平方千米内，也不局限与联合王国，甚至不局限于英联邦。

“沪伦通”的意义，就是让中国资本市场初步连接了伦敦金融城，之后将进行更广泛的合作，真正动员起国际资本来支持中国全球经贸的发展，就等于破了美国用“互相依赖”中心节点武器化、来围堵中国棋局的中腹，全盘皆活了。

2018 年是“沪伦通”的重要时间节点，但筹备其实早已在紧锣密鼓地进行中：

2015 年 12 月 29 日，上海市常务副市长屠光绍在上海市政府新闻发布会上介绍上海自贸区金融改革情况时说，上海市近期正会同证监会在研究推出“沪伦通”，支持上海证券交易所加快推出战略新兴板。

2016 年 9 月 10 日，上海证券交易所第七次会员大会在上海东郊宾馆举行，距离 1999 年的第六次会员大会召开已时隔 17 年了。证监会主席刘士余发表讲话提到，上海也在加快“沪伦通”的研究，“沪伦通”是中国资本市场加速国际化，并乐于参与到国际金融市场运作中去的标志。

2016年11月，英国财政大臣菲利浦·哈蒙德宣布，中国境外首个股市联通计划，即沪伦通（伦敦—上海股市联通计划）将进入下一阶段。该计划是英中两国金融服务合作长期战略规划的组成部分，在当天举办的第八次中英经济财经对话活动中，菲利浦·哈蒙德阐述了今后“沪伦通”的工作发展方向，两国交易所将共同开展研究工作并着手准备具体的实施安排。中英经济财经对话上，双方达成一致，共同推出一项全新的中英两国在金融服务领域合作的长期战略规划，“沪伦通”是该规划的一部分。

2018 年 8 月 31 日，证监会发布关于《上海证券交易所和伦敦证券交易所市场互联互通存托凭证业务监管规定（试行）》向社会公开征求意见的通知。根据安排，“沪伦通”有望在2018年年底前正式开通。

2018年10月12日，证监会正式发布《关于上海证券交易所与伦敦证券交易所互联互通存托凭证业务监管规定（试行）》且上交所和中国结算根据该规定制定了配套业务规则并自10月12日起施行。沪伦通拟于2018年年内正式启动交易，届时将出现上海和伦敦两地市场企业互挂首单。

这一切，都为2019年6月17日的“沪伦通”正式通航做好了充分的准备。

大国博弈：中美贸易摩擦

如果谈到2018年的资本市场特征，那么绕不开的一个大背景就是贯穿2018一整年的中美贸易摩擦。

就具有代表性的时间节点来看，事件开始于2018年3月22日。美国总统特朗普决定对中国进口来的产品加征惩罚性关税。中美双方可谓有来有往，见招拆招。中方收到加征关税信息时第一时间就给予了回击，拟对30亿美元进口自美国的商品加征关税。

继2018年5月29日美方不顾此前谈判达成的共识，宣布对500亿美元来自中国的进口商品加征关税之后，美方又进一步威胁对2 000亿美元来自中国的进口商品加征10%的关税，对此变本加厉的行为，中国商务部第一时间回应将“做出强有力反制”，中美贸易摩擦形势再度恶化。

其实，在中美贸易摩擦不久，国内券商的分析师大部分都有了长远的认识：中美贸易摩擦将是“持久战”，短期出现缓和迹象不应过度乐观，这一事件的持续发酵仍将继续对中国乃至全球资本市场带来阶段性冲击。

以 2018 年 5～6 月的情况为例，在中美贸易摩擦导致避险情绪升温的情况下，境外机构在连续增持A股之后首次出现明显流出，单日流出资金的金额比较大。

在“美强欧弱”格局以及避险情绪刺激下，美元指数也出现大幅走强，并导致人民币汇率贬值。但从新兴市场货币的表现对比来看，人民币汇率仍表现出较强“韧性”，这与中国跨境资本流动形势的改善趋势密切相关，从 2018 年 5 月的数据来看，结售汇顺差规模明显扩大，而结汇率也在持续提升之中。

金融市场的短期波动在中美贸易摩擦的各个进程中当然都表现得比较敏感，但各种波动背后仍然有规律可循——中美贸易摩擦并未改变中国资本市场中长期向好的趋势。

实际上，站在宏观战略的层面来看，十九大之后，我国政府对新产业、新动能的培育明显加速，各部门新政的出台频率与工作执行效率显著提升，新动能的培育绝不是仅停留在口号层面。

而在中美贸易摩擦出现后，政策层面对新经济的支持动作频频：证监会对新经济领域企业的IPO开启快速通道，CDR试点加快推出引领“独角兽”企业回归，科技部启动首批国家新一代人工智能开放创新平台，供给侧改革重点从旧动能的产能去化转向新动能的加速培育。

这些都可以明显看出，政府在政策与资本端对新兴产业的技术创新予以了大力支持。而美国在 2018 年初这一时间点开始对我国高新技术领域发起的政策遏制，事实上也侧面体现了当前我国高科技领域高速发展的势头。

事实表明，在美国政策压制的背景之下，我国政府对经济转型的推进、对高端制造业的扶持并未停止，反而产业政策对新兴经济的支持力度还多次提速加码。

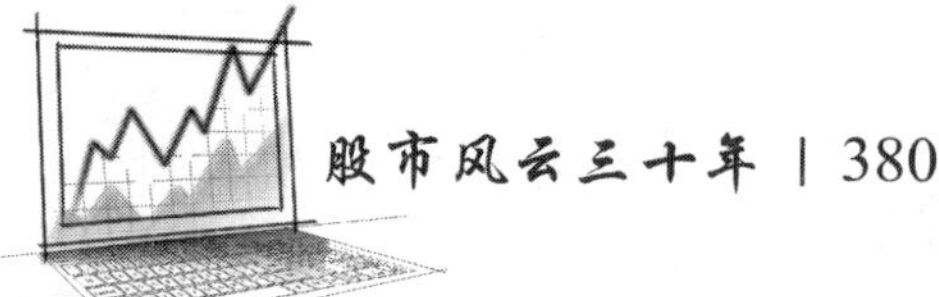

回顾起来，2018年的中国经济正处于从高增长向高质量的转变阶段，短期的困难与扰动难以避免；但从中长期看，中国经济转型升级势头良好，对高新技术产业的大力扶持将为未来经济发展培育新动能。

对当时的A股市场来说，中美贸易关系是场持久战，短期避险情绪有所加剧，市场波动加大在所难免，但是新兴经济政策落地的预期将持续发酵。

当时诸多的市场参与者都从各个角度表达了自己的看法，认为对于中期市场走势不必过于担心，应该相信，贸易摩擦终将会回归到协商的框架之中，其不会影响资本市场长期稳定的趋势；而中国的转型升级之路重在自身改革的推动，市场应该有信心随着经济的发展终解决这些问题。

后来的事实也表明，这些当时的预判是相当正确的。

纾困民企：地方政府、券商、保险资管纷纷出资

2018年，对中国的民营企业来说，是跌宕起伏的一年。

2018年10月，A股市场以一场几近狂泻式的表现，把数千家上市公司潜伏多时的股权质押风险毫无保留地暴露于公众视线中。这一危机背后，折射出各大民企在经营中遭遇到的各种难题。

在这一影响蔓延下，2018年10月18日上证指数跌破2 500点整数关口。

国务院副总理刘鹤以及“一行两会”领导隔天便集中发声大力发展多层次资本市场，并公布了多项力度较大的举措，力求重新提振市场各方信心。随着各项政策的推进和各方的共同努力，多路资金开始驰援上市公司，化解股权质押问题。

在2018年10月31日举行的中共中央政治局会议上，习近平总书记特别指出，要坚持“两个毫不动摇”，促进多种所有制经济共同发展，研究解决

民营企业、中小企业发展中遇到的困难。11 月 1 日，习近平总书记主持召开民营企业座谈会，强调要毫不动摇鼓励支持引导非公有制经济发展，支持民营企业发展壮大并走向更加广阔的舞台。

《中国证券报》刊登了新时代研究报告的数据统计，截至 2018 年 10 月 16 日，沪深两市共有 2 423 家上市公司大股东存在股权质押未解押，占全部A股 68.2%。值得注意的是，这当中中小板的比例占到最高，共有 739 只股票被质押，合计质押 1 674.93 亿股，占中小板总股本的 20.09%；其次是创业板共有 611 家上市公司，总质押股数 706.13 亿股。由此可见，最缺资金的中小创股东，普遍都将手中的股权做了质押融资，其中不乏典型案例。

2018 年 7 月 20 日，山东省莒县人民法院公布了山东晨曦集团有限公司（下称“山东晨曦”）破产的民事裁定书，让这家曾拥有“大豆之王”“山东首富”“中国民营企业 500 强”等多个头衔的民营企业，随着这一纸文书而灰飞烟灭；10 天后，上海一家处于人工智能风口的明星机器人创业公司——上海棠宝机器人有限公司由于资金链断裂而被迫倒闭，其创始人王明高出逃美国。

备受资金链紧张拖累的山东晨曦和上海棠宝，仅仅是广大民营企业在这波危机中的缩影。

2018 年对于不少民企来说，日子都过得异常艰难：融资渠道困难，成本不断上涨，加上中美贸易战的影响，企业的生存环境遭遇到史无前例的挑战。同时，P2P网贷行业又接连爆雷，传导到创投领域，多家实业公司受到影响。

在这样严峻的形势下，国家开始出手救市。10 月中旬，深圳市政府率先出面“排雷”，出台了促进上市公司健康稳定发展的若干措施，并安排数百亿元的专项资金，以债权、股权两种方式，构建风险共济机制，改善深圳A

股上市公司流动性，降低上市公司股票质押风险。

随后，广州、北京、上海等各地国资密集跟上，央行、银保监会、证监会也出台相关政策为民企纾困。

《证券时报》早前统计，至2018年12月，包括地方政府、券商、保险资管和纾困专项债在内，四路资金合计4 850.5亿元，用于支持民营上市公司纾困与进一步发展。其中，券商与地方政府主导的纾困基金占据比重最大，深圳、北京、上海等14个地方政府及国资成立的“纾困”专项基金，规模已达到1 800亿元。

同时，财政部、税务总局、司法部也纷纷出手，降费减税，为民企营造良好的发展环境。

其实，在危机出现的时候，非市场化的救援之手是可以理解的，但业界也有声音指出：短期可以靠政策，但长期终究还是要靠市场！

在2018年10月20日，国务院金融稳定发展委员会召开防范化解金融风险第十次专题会议。有分析指出，虽然本次会议中，金融委并没有明确提及股权质押，但其提出“特别要聚焦解决中小微企业和民营企业融资难题”“研究支持民企股权融资，鼓励符合条件的私募基金管理人发起设立民企发展支持基金”等措施，都是化解上市公司股权质押问题的重要表述和举措。

新华社报道的数据显示，整个经济体系中，我国民营经济贡献了50%以上的税收、60%以上的国内生产总值、70%以上的技术创新成果、80%以上的城镇劳动就业、90%以上的企业数量。在世界500强企业中，我国民营企业由2010年的1家增加到2018年的28家。

然而，如今民营经济遭遇到难题，似乎也非“一日之寒”。

在2018年11月17日，中国金融四十人论坛（CF40）学术委员会主席、北大国发院副院长黄益平在“2018 全球金融科技（北京）峰会”发表演讲。黄益平提出，要真正解决民营企业的问题，首先需要放弃一些行政性思维，行政性的手段在短期是可用的，但不是解决根本性问题的办法。根本性的思路应该是市场化的策略，尤其是利率市场化和市场化的风险定价。

回顾这段为民企解困的历程，我们也发现：无论是民营企业的活力激发，还是民营企业的基业长青，都不应该长期依赖于政策扶持措施。只有在短期环境恶化，市场机制失灵的情况下，民营企业才需要借助政策扶持来助力发展，渡过难关；在其他时期，民营企业应该自觉融入市场，依靠市场机制的自发作用，在公平竞争条件下，通过优胜劣汰来实现存续发展。

2019

第 30 章 | 科创开板

科创板启航：注册制试点

科创板，英文是Sci-Tech innovation board（STAR Market），是由国家主席习近平于2018年11月5日在首届中国国际进口博览会开幕式上宣布设立，科创板是独立于现有主板市场的新设板块，并在该板块内进行注册制试点。

设立科创板并试点注册制是提升服务科技创新企业能力、增强市场包容性、强化市场功能的一项资本市场重大改革举措。通过发行、交易、退市、投资者适当性、证券公司资本约束等新制度以及引入中长期资金等配套措施，增量试点、循序渐进，新增资金与试点进展同步匹配，力争在科创板实现投融资平衡、一二级市场平衡、公司的新老股东利益平衡，并促进现有市场形成良好预期。

回顾一下科创板设立的历程：

2018年11月5日，上海证券交易所表示将认真落实习近平总书记指示，在证监会的指导下，积极研究制订科创板和注册制试点方案，向市场征求意见并履行报批程序后实施。

2019年1月23日，中共中央总书记、国家主席、中央军委主席、中央全面深化改革委员会主任习近平主持召开中央全面深化改革委员会第六次会议并发表重要讲话，会议审议通过了《在上海证券交易所设立科创板并试点注册制总体实施方案》《关于在上海证券交易所设立科创板并试点注册制的实施意见》。

2019 年 1 月 30 日，证监会发布《关于在上海证券交易所设立科创板并试点注册制的实施意见》。

2019 年 2 月 13 日，证监会党委委员、副主席李超主持召开座谈会，听取部分行业专家、证券公司、基金管理公司、创投机构和科创企业代表对设立科创板并试点注册制相关制度规则的意见建议。

2019 年 2 月 20 日至 21 日，证监会主席易会满围绕设立科创板并试点注册制有关问题，带队赴上海听取市场机构对相关制度规则的意见建议，并调研督导上海证券交易所相关改革的准备工作。

2019 年 3 月 1 日，证监会发布《科创板首次公开发行股票注册管理办法（试行）》和《科创板上市公司持续监管办法（试行）》。

2019 年 3 月 4 日晚，《上海证券交易所科创板股票发行上市审核问答》正式发布，科创板配套规则进一步明晰。

2019 年 3 月 15 日，上交所正式发布《保荐人通过上海证券交易所科创板股票发行上市审核系统办理业务指南》与《科创板创新试点红筹企业财务报告信息披露指引》。18 日，科创板发审系统上线。

2019 年 4 月，第一届科创板股票上市委员会成立大会在上交所交易大厅举行。按照设立科创板并试点注册制总体工作部署以及《科创板首次公开发行股票注册管理办法（试行）》《上海证券交易所科创板股票上市委员会管理办法》，经相关程序，上交所设立了科创板股票上市委员会。

2019 年 6 月 13 日，在第十一届陆家嘴论坛开幕式上，证监会和上海市人民政府联合举办了上海证券交易所科创板开板仪式，科创板正式开板。

2019 年 6 月 15 日，券商完成科创板技术通关测试。

2019年6月21日，最高人民法院发布《最高人民法院关于为设立科创板并试点注册制改革提供司法保障的若干意见》，从依法保障以市场机制为主导的股票发行制度改革顺利推进、依法提高资本市场的违法违规成本、建立健全与注册制改革相适应的证券民事诉讼制度等方面提出了17条举措。

7月22日，科创板首批公司上市；8月8日，第二批科创板公司挂牌上市。

2019年8月，为落实科创板上市公司（简称科创公司）并购重组注册制试点改革要求，建立高效的并购重组制度，规范科创公司并购重组行为，证监会发布《科创板上市公司重大资产重组特别规定》。

A股“入富”：对外开放按下快进键

在美国时间2018年9月27日凌晨，全球第二大指数公司富时罗素就正式宣布将中国A股纳入其指数体系，分类为次级新兴市场。

A股“入富”，意味着中国资本市场的对外开放按下了快进键！

之所以说“入富”是中国资本市场2019年的大事，是因为“入富”的实际操作要进入到2019年。

富时罗素在宣布将中国A股纳入其指数体系时就表示，第一阶段中国A股在富时罗素新兴市场指数占比为5.5%，占富时罗素全球市场指数比重为0.57%。

《证券时报》报道，A股纳入富时罗素分三个步骤，2019年6月纳入20%，当年9月纳入40%，2020年3月纳入40%，涵盖大、中、小股票。

业内的预计是，第一阶段纳入将带来100亿美元的净被动资金流入量。

据经济观察网显示的数据，截至2017年年底，富时罗素旗下指数作为基准的全球资产总值达16.2万亿美元，全球有超过1.7万亿美元资产根据富时罗素全球股票指数（FTSE GEIS）配置，其中有 1.4 万亿美元资产通过指数挂钩投资产品被动投资。

招商基金的分析认为，随着A股在停牌制度、扩大互联互通额度以及金融开放等领域的不断拓展，A股“入富”闯关成功，一方面是受A股成功“入摩”的影响，另一方面也是因为监管部门的不断审慎开放。

具体的来看，A股纳入富时罗素国际指数，可以带来几个维度的利好：

一是市场情绪维度。可以提振市场情绪，提升A股市场的风险偏好，有望进一步提升市场信心，夯实基础。

二是投资生态维度。A股纳入富时罗素国际指数是A股国际化进程中的重要一步，中长期来看A股的国际化进程仍在持续，随着A股的估值渐趋合理，外资配置比例的提升将是大势所趋，其对A股市场影响和定价权也将进一步显现。

富时全球股票指数系列（FTSE GEIS）是富时罗素指数公司的旗舰指数体系，细分为发达、先进新兴、次级新兴部分，包含 46 个国家的 7 400 多只股票，占全球可投资市场总市值的98%，为投资者带来广泛的股票覆盖率。

按照规划，中国A股的 25%可投资比重将被纳入指数，分三步完成纳入过程，第一阶段纳入流程完成后，A股在富时罗素新兴市场指数中的权重占比为5.5%。

值得一提的是，A股的大、中、小股票均被纳入观察名单，同时，中国政府债券将被加入观察名单！

作为全球第二大指数，目前约 15 万亿美元资产以富时罗素指数为基准。业内对于“入富”后的短期资金流入，测算是较为一致的，即：被动资金流入规模约为120亿美元至150亿美元，折合人民币800亿元至1 000亿元。

而从长期来看，资金流入更为可观。因为，全球大概有 25 万亿美元的被

动资金追踪富时罗素和MSCI两大指数公司。中国市场规模在未来能够占25万亿美元的10%以上，也就是大约2.5万亿美元的被动资金将有望在未来五到十年内流入A股市场。

A股纳入实施计划的范围为富时中国A股互联互通全盘指数中（FTSE China A Stock Connect All Cap Index）符合资格的大、中、小盘股票，在初步筛选后，大约有1 200只成分股。

据深交所首席风控官张兆义介绍，富时中国A股互联互通全盘指数中合格的大小中盘股票中761只来自深交所。

中国证券网报道，富时罗素首席执行官麦思平也表示，富时罗素的最终目标是全面纳入中国A股，未来中国股票（包括A股以及非A股中国股票）有望在富时新兴市场指数中占到50%以上的权重，在富时环球指数中占到6.5%的权重。中国市场有望在全球的投资组合中占到10%以上，这也是对全球投资界的巨大改变。

从1 249只标的股来看，主要集中在金融、医药、食品饮料等行业。业内认为，银行股是重要配置对象，主动配置2018年呈上升趋势。MSCI成分股中银行股流通市值占比总市值达27.9%，在所有行业中占比最高。外资对银行股的主动配置在2018年呈现了上升趋势。从个股配置对象上看，除去老三家城商行的战略投资者，近年QFII积极参与了银行股的打新以及2018年在部分银行个股呈现了配置力度加大的趋势。

总体而言，A股纳入富时罗素国际指数是A股国际化进程中的重要一步，进一步推动国内资本市场与国际资本市场接轨，吸引更多的海外投资者尤其是海外机构投资者进入A股，有利于改善国内股票市场投资者结构和投资生态。

公募大年：炒股不如买基金

2019年既是公募基金发行大年，也是公募基金的业绩大年！

《深圳商报》统计的数据显示，2019 年基金总体平均收益为 22.67%；其中股票型、混合型、指数型基金均大幅跑赢行业平均，收益分别为 39.69%、32.26%与33.47%。这一表现远远好于2018年。

若剔除异常数据以及新成立的基金，主动权益类公募基金 2019 年平均收益为 35.41%，其中有 5 只主动权益基金收益翻倍，排名前三的是广发双擎升级混合、广发创新升级混合与广发多元新兴股票，回报率为 121.69%、110.37%与 106.58%。年度前三名汇聚在一家公司，且汇聚在一个基金经理身上，这是绝无仅有的！

以上三只基金的基金经理为刘格菘，即一人包揽主动权益类基金前三名，这一情况较为罕见。

新华网统计，2019年新基金的发行到当年11月就已经破万亿——至2019年 11 月 20 日，当年以来共有 842 只新基金成立，合计发行份额 10 275.73 亿份，分别较2018年同期增加20.63%、35.32%。

可以对比的是，2018 年同时期，共有 698 只新基金成立，合计发行份额 7 593.63亿份。

百亿级别的爆款基金频繁出现，也是2019年基金大年的特征之一。按照发行份额计算，2019 年发行份额超百亿的新基金数量达15只。其中，5月27日成立的民生加银中债1～3年农发债，首募规模高达224.00亿份，创出当年新发基金最大募集规模。

而 2019 年 11 月 19 日成立的博时稳欣 39 个月定开债，首募规模高达 180.00 亿份。2019 年 9 月 20 日成立的博时央企创新驱动ETF，首募规模达

167.35亿份。

2019年11月5日成立的汇添富稳健增长混合，其首募规模为130.87亿份，是当年募集规模最大的混合型基金。同日成立的银华稳晟39个月定开，其首募规模也达103.50亿份。

在股票型基金发行风风火火的同时，也出现了另外一个变化——货币基金“刹车”。

2019年无疑是货币基金黯淡失色的一年：货币基金规模首次出现负增长，首次落后于全市场基金的整体规模增速，货币基金相对于全市场基金的占比也首次出现下滑，其七日年化收益率也开始以2打头。

究其原因，主要在于两大方面：一方面，利率并轨趋势加强，货币市场利率和存款利率的差距会更加缩小，货币基金收益率相较于银行理财和其他存款类创新产品越来越无优势，对个人投资者的吸引力会进一步减弱；另一方面，从2019年其他市场“资金分流”效应看，股票型基金和混合型基金也对货币基金产生较大影响。

自2018年起，监管方面取消了第三方评级机构对货币基金规模排名的披露工作，基金行业将市场排名从公募基金管理资产的全口径排名改为非货币基金规模的排名。监管渐趋严格，货币基金的高增长也已经一去不复返。

可以说，在2019年的变化出现后，公募行业已有共识，随着金融供给侧结构性改革进一步深化，公募基金作为长期投资、价值投资的工具属性必须持续强化，公募基金需回归投资本源，凭借优异的主动投资管理能力，争当财富管理机构的领头羊和排头兵。

正所谓“风水轮流转”，在货币基金式微的同时，ETF却当仁不让地崛起了。

根据证券时报旗下新媒体“券商中国”统计，这也是2019年基金大年的一个显著变化——仅仅 1 年左右的时间，ETF赛道的竞争就已趋于白热化，随之而来的费率战也不断升级。到 2019 年末，按不同份额基金分开统计后，共有 69 只ETF的管理费和托管费率合计仅 0.2%，其中 46 只基金均为 2019 年成立。

"首发+低费率"成为公募基金意图取得规模领先的组合拳。

较高的发行及维护成本，预示着ETF只是基金巨头的战场，2019 年末的市场不乏百亿级规模ETF产品，如华夏上证 50（510050）ETF、南方中证 500ETF、华泰柏瑞沪深 300ETF以及国企改革ETF等，巨头在ETF战场全面开火不可避免。

在主流宽基ETF、行业ETF领域，龙头公司早已占据绝对领先，新进者要想赢得一席之地愈加困难，在此背景下，一些基金公司也意欲在ETF特色产品上进行突围，抢占相关领域的新赛道。

细分领域ETF推陈出新，半导体、人工智能、商品期货、大湾区等市场快速被占领。Smart Beta、商品ETF、海外ETF等新兴领域也引来许多基金公司试水，一场没有硝烟的ETF创新之战，在2019年已然打响！

千元茅台：白酒龙头的资本传奇

2019 年 6 月 27 日，一直稳守A股第一高价股的贵州茅台再次创出历史新高，盘中股价突破 1 000 元大关！

至此，该股今年以来累计涨幅已近 70%，市值高达 1.25 万亿。

实际上，在此 27 年前的A股市场上就出现过"千元股"——飞乐股份和真空电子先后成为"千元股"，其后长达 27 年间，就再也没有出现过，一直等到贵州茅台的崛起，第三只"千元股"才姗姗来迟。

这不能不说是一个历史性的时刻！透过贵州茅台股价上破千元，我们看到了广大投资者对于它的偏爱，同时，也可以看到中国社会经济、资本市场的一些变化。

变化之一：消费升级正在进行。

改革开放以后，我国将工作重心转移到经济建设上，我国经济取得了高速的发展。与此同时，我国居民的消费水平也跟着得到了快速的提高，缺吃少穿的时代一去不复返，小康社会逐渐来临。

持续多年的高速增长使我国经济的体量迅速变成世界第二，在此基础上，继续保持原有的高速显然已无可能，因此，适时调整经济发展方式就成了必然。经济发展新阶段的特征是，以消费为主要动力拉动经济增长、由高质量发展替代高速增长。根据统计资料显示，2019 年一季度，我国最终消费支出对经济增长的贡献率达到 65.1%。在消费总额不断增长的同时，消费结构也在明显变化。表现之一就是消费升级成了普遍现象。

贵州茅台是高档消费品，个别品种甚至可以说是奢侈品。这些年来，随着其产销量不断扩大，售价也在不断上调，而其市场供求关系不仅没有趋向缓和，反而变得越来越紧张。究其原因，是市场需求增长实在太快了。以前公款消费是主力，但“八项规定”实施以后，这类需求已快速萎缩，现在的需求主力已切换为民间需求。只不过，这种需求有两种类型：一种是为了消费；另一种是为了收藏或投资。需要指出的是，用于投资的最终都会进入消费，而一直用于收藏的占比也非常小。

贵州茅台的热销不仅反映出高端饮品具有广阔的市场空间，还从一个侧面显示出消费升级现在已经成为一种普遍现象。我们只要环顾一下自己的周围，就不难发现：住好房、开好车的人越来越多；出国留学、出境游越来越普遍；日常吃的、穿的、用的大家越来越讲究；文化娱乐、体育健身等方面的支出快速增加；等等。这些都是消费升级最为直观的体现。

变化之二：价值投资逐渐成为资本市场主流。

以往，人们一说到我国A股市场，都有一个共同的感觉，那就是投机性太强。应该说，这是客观事实，而且这一特征一直到现在也没有出现根本性的改变。

不过，这并非A股市场的全貌。实际上，无论是早期阶段还是当前阶段，A股市场一直都有一批坚守价值投资理念的投资者存在。就连那些习惯于投机的人，也会阶段性地追逐那些具有投资价值的个股。

也正是由于A股市场一直存在着价值投资这股力量，所以才出现了以万科、云南白药、格力电器、贵州茅台等为代表的长期牛股，其累计高达几十、几百倍甚至上千倍的投资收益，让那些坚持价值投资的长线投资者收益甚丰。

价值投资是成熟市场倍受推崇的投资理念，也是我国证券市场长期以来一直奋力追求的目标。但由于市场运行不规范、优秀上市公司占比少、一夜暴富思想流行于市、散户投资者是市场主流等种种原因，到目前为止，价值投资理念在A股市场仍未能获得应有的地位。大家口头上对其谈论得非常多、但真正能够落实到行动上的却极少。

正是因为坚持价值投资理念的人不多，所以才更加显得这一理念的珍贵。贵州茅台股价创出千元新高，既是对价值投资者进行的奖赏，也显示出即便在高度投机的A股市场，价值投资也一直时隐时现地存在着。

第 31 章 | 三十而已

疫情突来：A股逆势领跑

2020年，是中国股市的而立之年。然而，这个而立之年，却并不轻松。

2020年初，一场突如其来的新冠肺炎疫情打乱了人们生活的节奏。中国经济能不能稳住？A股能不能稳住？成为人们关注的焦点。

实际上，从各国股市的表现来看，2020年上半年受新冠肺炎疫情影响，全球股市一度遭遇重创，美股甚至连连熔断，连“股神”巴菲特都惊叹，在他的投资生涯中，这种情况也是前所未遇的。除股市外，在2020年的所有资产价格变动中，石油价格波动幅度最大，4月甚至一度出现负值！

在这样的全球形势之下，中国A股的表现却是“风景这边独好”——由于抗疫的优秀表现，中国经济快速企稳，股票市场在2020年初剧烈震荡后，走出了一轮上涨行情。

数据显示，截至2020年6月30日，中国创业板指数年内累计涨幅为35.6%，在全球重要指数中排列第一，中小板指以20.85%的涨幅居于第二，深证成指以14.97%的涨幅位居第三，纳斯达克指数上半年上涨10.05%居于第四。

同样是截至2020年6月30日，欧美市场方面除纳斯达克指数外，标准普尔500指数累计下跌4.04%，道琼斯指数累计下跌逾9%；英国、法国、德国等国基准股指跌幅在7.08%至18.2%之间。在亚太市场，日经225指数和韩国综指年内涨幅仍是负值。

中国股票市场的表现，与中国抗疫的得力是密不可分的。这也说明，中国股票市场与实体经济的相关系数已经相当高。

实事求是地说，A股是率先从疫情中恢复过来的，而且这种恢复是建立在基本面复苏向好的基础之上。虽然从2020年上半年主要股票市场来看，全球股票市场都经历着探底回升的走势，但大家的上行“根基”却很不一样。

譬如，在全球流动性宽松预期下，美股市场的反弹回升速度很快，从调整的低点回升至2020年8月末，已经有40%以上的空间。但是，与中国股市相比，美股市场的快速回升，却是建立在超宽松流动性的背景之下，本质上还是缺乏了基本面的支撑，全面复工复产遥遥无期！

与美股市场相比，中国股市以及中国经济的稳步回升，却是建立在基本面回暖的基础之上，而货币宽松力度颇为谨慎，能够为后续应对突发问题保存实力，整体上传递出稳打稳扎、逐渐实现恢复性发展的表现。

疫情给资本市场和资本市场的参与者以怎样的启迪？可以看到，虽然全球防控效果有所不同，且复工复产的效率存在较大的差别，但经历了此次的全球黑天鹅事件之后，市场却更清晰地发现，无论是中国上市公司还是美股上市公司，行业巨头企业，或市场比较认可的优质稀缺企业，在这一轮危机中展现出较强的风险抵御能力。

对部分行业龙头企业来说，虽然企业利润受到或多或少的影响，但市场并未采取显著抛售的策略，市场对这类企业的估值定价还是处于较高的水平。

换言之，在全球宽松流动性的预期之下，市场对全球最核心、最优质企业的青睐程度愈发升温，即使不同行业会存在不一样的冲击影响，但市场更

关注企业的护城河、业绩修复能力以及现金分红能力等因素，只要企业核心竞争力不发生改变，那么短期业绩下行也并未改变市场对企业估值定价的高度认可。

2020年上半年中国股市领跑全球主要股票市场，这也是中国股市投资信心逐渐回升的体现。

不过，投资者也很快发现：在股市领涨的背后，并非意味着所有股票都可以跟随上涨，有不少上市公司股票甚至陷入了阴跌不止的状态，这说明了齐涨齐跌的时代已经告一段落，市场价格话语权逐渐转向了资金实力更强的机构投资者，这些年机构抱团取暖的上市公司反而呈现出强者恒强的表现，这也是A股市场机构化时代升温的体现。

新《证券法》实施：六大方面升级

在2019年12月28日上午，第十三届全国人大常委会第十五次会议全体会议审议通过了新修订的《证券法》。修订后的证券法在2020年3月1日正式施行。这标志着，新《证券法》将在中国股市创立的第三十个年头开始，为市场保驾护航。

不得不说，新《证券法》的出台相当审慎：它的修订历时四年，先后起草了四份草案并经过四次审议，最终获得通过。新的证券法的内容调整指向，正是使投资者合法权益得到更大程度保障、市场资源配置能力更加优化、企业融资路径更为顺畅。

比如，在完善证券交易制度方面，新《证券法》在以下六方面进一步“升级”：一是优化有关上市条件和退市情形的规定；二是完善有关内幕交易、操纵市场、利用未公开信息的法律禁止性规定；三是强化证券交易实名制要求，禁止任何单位和个人出借证券账户或者借用他人证券账户从事证券交易；四是完善上市公司股东减持制度；五是规定证券交易停复牌制度和程序化交易制度；六是完善证券交易所防控市场风险、维护交易秩序的手段措施。

新《证券法》修订后最大的亮点在于证券的发行由“核准制”改变为全面推行“注册制”。可以说，这一改动是《证券法》自 1998 年颁行以来最大的变革。

纵观我国的股票发行制度：在新《证券法》颁行之前，国务院 1993 年实施的《股票发行与交易管理暂行条例》规定的股票发行制度是“审批制”；1998 年《证券法》实施后，股票发行制度改为“核准制”与“审批制”并存；2005 年《证券法》修改后，股票发行彻底告别“审批制”，股票发行由证券监督管理机构或国务院授权机构“核准”。至本次《证券法》修改之前，“核准制”作为我国基本的股票发行制度已经存在了21年。

新《证券法》颁行后，股票发行“核准制”成为历史。事实上，国家全面推行“注册制”的决心大大超出市场预期。从具体条款来看，可以发现这次《证券法》的修订主要是围绕“注册制”的实施进行的配套修改，核心思路是“降低发行门槛，强化信息披露，重视投资者保护，提高违法成本”。

具体来看，新《证券法》删除了之前的法定上市条件，取消发审委制度。同时，不再强调盈利能力，降低了上市门槛。

多年以来，我国股票首发上市条件之严苛，在世界范围内可谓首屈一指。之所以产生这一现象，其中一个关键因素在于我国《证券法》长期以来对于持续盈利能力的看重。为了配套“注册制”的实施，新法对于这一拒众多中小企业于千里之外的条件进行了修改。

新《证券法》几乎是全方位立体化的对中国资本市场进行了改革，譬

如在落实“放管服”要求方面，取消了不少相关行政许可。其改革包括取消证券公司董事、监事、高级管理人员任职资格核准；调整会计师事务所等证券服务机构从事证券业务的监管方式，将资格审批改为备案；将协议收购下的要约收购义务豁免由经证监会免除，调整为按照证监会的规定免除发出要约等。

另外，新《证券法》也积极扩大了证券法的适用范围。将存托凭证明确规定为法定证券；将资产支持证券和资产管理产品写入证券法，授权国务院按照证券法的原则规定资产支持证券、资产管理产品发行、交易的管理办法。同时，考虑到证券领域跨境监管的现实需要，明确在我国境外的证券发行和交易活动，扰乱我国境内市场秩序，损害境内投资者合法权益的，依照证券法追究法律责任等。

创业板改革：试水注册制IPO

新《证券法》为注册制的实施铺平了道路——2020 年 6 月 15 日，深交所创业板试点注册制工作启动，这距离 2009 年创业板开板已经过去了整整十一年。

实际上，在 2020 年 6 月 12 日，证监会就发布创业板改革并试点注册制相关制度规则，与此同时，深交所也发布了 8 项主要业务规则及 18 项配套细则、指引和通知，涉及首发审核类（9 项）、再融资、并购重组审核类（3 项）、持续监管类（5 项）、发行承销类（4 项）和交易类（5 项），从上市条件、上市审核、发行承销到交易规则和退市规则均囊括其中。

创业板注册制亮点主要包括：设置行业负面清单；修改完善审核时限要求；允许亏损企业上市；明确日涨跌幅限制调整为 20%，同步放宽相关基金涨跌幅至20%；完善红筹企业上市及退市条件等。

根据《关于创业板试点注册制相关审核工作衔接安排的通知》，2020 年 6 月 15 日至 2020 年 6 月 29 日，深交所接收证监会创业板首次公开发行股票、再融资、并购重组在审企业提交的相关申请。2020 年 6 月 30 日起，深交所开始接收新申报企业提交的相关申请。

深交所新闻发言人在当时表示，明确发行人招股说明书中引用的财务报表在其最近一期截止日后 6 个月内有效，特别情况下，在审核阶段，发行人可以申请适当延长，延长至多不超过 3 个月。此外，考虑 2020 年疫情防控特殊情况，在受理阶段，于 2020 年 7 月 31 日前，发行人招股说明书引用的财务报表有效期可延长 1 个月。

具体来看，创业板推出了“2+2+1”套上市条件，分别是一般盈利企业有 2 套上市条件，红筹和特殊股权结构企业有 2 套上市条件，未盈利企业有 1 套上市条件。

对一般企业来说，有 2 套条件，企业可以二选一：一是最近两年净利润均为正，且累计净利润不低于 5 000 万元；二是预计市值不低于 10 亿元，最近一年净利润为正且营业收入不低于 1 亿元。

对于红筹和特殊股权结构企业，创业板也给出了二选一的上市标准：一是预计市值不低于 100 亿元，且最近一年净利润为正；二是预计市值不低于 50亿元，最近一年净利润为正且营业收入不低于 5 亿元。

此次改革，创业板将对未盈利企业也打开大门，给出了明确的上市标准：“预计市值不低于 50 亿元，且最近一年营业收入不低于 3 亿元”。事实上，创业板明确支持和鼓励符合创业板定位的创新创业企业上市，并支持传统产业与新技术、新产业、新业态、新模式深度融合，原则上不支持房地产等传统行业企业在创业板上市。

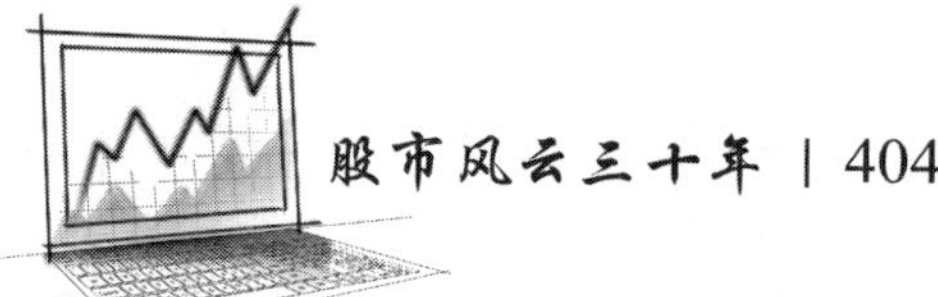

对于红筹企业申请在创业板发行上市，深交所也做出了针对性的制度安排：

一是明确对赌协议中优先权利相关安排。明确红筹企业上市之前向投资人发行带有约定赎回权等优先权利的优先股，若发行人和投资人承诺在申报和发行过程中不行使优先权利的，可以在上市前转换为普通股，对转换后的股份不按突击入股处理。

二是调整股本总额计算口径。考虑到红筹企业的组织形式、股票面值及股本要求与境内企业存在较大差异，且相关安排属于公司治理范畴，因此对红筹企业特定上市条件予以调整适用。红筹企业在适用创业板上市条件中“股本总额”相关规定时，不按照总金额计算，调整为发行后的股份总数或者存托凭证总份数。

三是明确“营业收入快速增长”判断标准。从营业收入、复合增长率、同行业比较等维度，明确发行上市相关条件中“营业收入快速增长”的具体判断标准，并规定处于研发阶段的红筹企业和对落实国家创新驱动发展战略有重要意义的红筹企业，不适用“营业收入快速增长”规定。

四是明确信息披露的适应性调整。红筹企业在适用创业板相关信息披露要求和持续监管规定时，如可能导致不符合公司注册地有关规定或市场普遍认同标准的，可申请调整适用，同时应说明原因和替代方案，并出具法律意见。

深交所公布的第一届创业板上市委和行业咨询专家库专家的候选人名单显示：第一届创业板上市委候选人共计 77 人，其中上市公司 6 人、会计师事务所 22 人、资产评估机构 2 人、律师事务所 16 人、大型公募基金 4 人、中型公募基金 2 人、保险资管机构 2 人、银行理财子公司 2 人、科研院校 3 人、派出机构 9 人、行业协会 3 人、证券交易所 5 人、其他机构 1 人。而第一届创业板行业咨询专家库专家的候选人则为45人。

互联互通：新三板精选层开始交易

继沪深交易所之后成立的第三家全国性证券交易场所——新三板市场内的精选层在2020年7月27日上午鸣锣开市。

新三板精选层，简单来说就是从8 000多家新三板公司中选出优质公司，将其放在精选层里上市交易。精选层优选出的首批企业有32家。2020年7月27日上午开盘时，32家公司股票全线上扬，不过开市后波动较大。

新三板精选层开市交易的同时，迎来了包括贝特瑞、艾融软件在内的首批32家公司集体在精选层挂牌。32家公司超过八成为民营中小企业，共合计发行8.37亿股，合计募集资金金额超过90亿元，平均每家公司募资近3亿元。

根据规定，在新三板精选层挂牌满一年的企业，可申请转板到沪深交易所的科创板或创业板上市，这也标志着我国多层次资本市场上升通道打开，交易所之间实现互联互通！

新三板精选层还有多大的扩张空间？

从数据来看，截至2020年7月17日，累计有70家挂牌公司提交了公开发行并在精选层挂牌的申请文件，还有110余家挂牌公司已进入公开发行辅导程序。投资者方面，截至2020年7月20日，新三板基础层、创新层、精选层的投资者数量分别为56.72万户、72.21万户、152.66万户。

这些数据显示，新三板精选层可扩张空间还很大，这也意味着相关投资机会的出现。

回顾起来看，自2019新三板市场改革全面启动以来，从优化发行融资制度，改进定向发行放开35人限制，到完善分层设立精选层并制定系列配套措

施，从降低投资者门槛到引进公募基金入场，再从实施差异化交易制度安排到建立转板上市制度，各项改革措施纷至沓来，市场参与者皆呼超出预期。

实际上，新三板精选层的推出是市场发展自身的需要。新三板市场设立初期单一的融资方式已不适应投融资双方对接的需求，一批市场认可度高、财务状况良好的挂牌公司，迫切希望提高融资效率、降低融资成本。纵观境内外资本市场实践，只有实施公开发行制度才可以满足该部分优质企业的需求。

而设立精选层并实施公开发行，既能满足上述需求，亦能补齐多层次资本市场服务中小企业和民营经济的“短板”，更有利于打通中小企业成长壮大的上升通道，促进多层次资本市场互联互通。

与创新层做市交易不同，新三板精选层引入了连续竞价交易，而为了稳定价格，全国股转公司设置了配套措施：连续竞价股票价格涨跌幅为30%，精选层企业首个交易日没有涨跌幅限制，但在公开发行后第二个交易日，涨跌幅将有30%的限制；连续竞价阶段的买入申报价格不得高于买入基准价格（即时揭示的最低卖出申报价格）的105%，卖出申报价格不得低于卖出基准价格（即时揭示的最高买入申报价格）的95%；对于基准价格低于2元的，买入申报价格不高于买入基准价格0.1元、卖出申报价格不低于卖出基准价格0.1元即可。

当然，公司在新三板精选层挂牌后并不意味着一定能转板到A股市场，全国股转公司还设立了相应的降层安排。精选层的降层情形总体上与准入条件对应设置，包括财务状况恶化、公众化水平或股权分散度不足以支撑公司股票继续在精选层继续挂牌交易、因企业未能规范运作导致受到违法违规处理等。在具体的条件设定上，降层情形低于进入条件，且与强制摘牌条件对应衔接，分为“定期退出+即时退出”两类。

2020 年，是中国股市的而立之年。这一年，有一部电视剧叫《三十而已》，意思是说三十岁的人们，虽然负重前行，但依然年轻，充满无限可能。同样，对于中国股市而言，前三十年的故事十分精彩，我们见证了中国股市从无到有，从一个弱小的市场跻身全球第二大资本市场的历程，但这仅仅是个开始。下一个三十年，我们或许将会见证，中国股市从第二大资本市场到问鼎全球的过程。中华民族伟大复兴的进程是不可阻挡的，而资本市场在这一伟大进程中也必将会发挥越来越重要的作用。

参考文献

第1章

[1] 禹国刚. 深市物语[M]. 深圳：海天出版社，2000：6–93.

[2] 郑颂. 资本人物访谈录[M]. 海口：海南出版社，2006：44–72.

[3] 李幛堃. 邓小平首次赠送外国人新中国股票[EB/OL].（2001–02–08）[2020–06–28]. https://finance.qq.com/a/20101014/002476.htm.

[4] 阚治东. 荣辱二十年：我的股市人生[M]. 北京：中信出版社，2010：21–28.

[5] 刘鸿儒. 突破：中国资本市场发展之路（上）[M]. 北京：中国金融出版社，2008：62–105.

第2章

[1] 禹国刚. 深市物语[M]. 深圳：海天出版社，2000：197–247.

[2] 郑颂. 资本人物访谈录[M]. 海口：海南出版社，2006：44–57.

[3] 阚治东. 荣辱二十年：我的股市人生[M]. 北京：中信出版社，2010：57–92.

[4] 殷克胜. 当前股市波动的分析与对策[J].股市动态分析，1991（1）.

[5] 褚玉龙. 关于新股配售和设立平准基金的两点设想[J].股市动态分析，1991.

[6] 郑伟鹤. 证券管理的政府目标[J].股市动态分析，1991（2）.

[7] 王师勤. 克服贪婪恐惧心理、树立长线投资观念[J]. 股市动态分析，1991（9）.

[8] 黎东明. 令人叹为观止的大转折[J].股市动态分析，1991（10）.

[9] 刘鸿儒. 突破：中国资本市场发展之路（上）[M]. 北京：中国金融出版社，2008：106–124.

第3章

[1] 禹国刚. 深市物语[M]. 深圳：海天出版社，2000：396–420.

[2] 郑颂. 资本人物访谈录[M]. 海口：海南出版社，2006：4–17.

[3] 中共广州市委党史研究室.亲历改革开放：广州改革开放 30 年口述史[M]. 广州：广州出版社，2008.

[4] 刘鸿儒. 突破：中国资本市场发展之路（上）[M]. 北京：中国金融出版社，2008：182–220.

第4章

[1] 郑颂. 资本人物访谈录[M]. 海口：海南出版社，2006：130–153.

[2] 南厦. 惊心动魄话延中[J]. 股市动态分析，1993（10）.

[3] 曾氏. 延中风波的另一面：论公股的控股地位[J]. 股市动态分析，1993（10）.

[4] 应健中. 成也延中、败也延中：宝安公司收购延中的思考[J]. 股市动态分析，1993.

[5] 杨赤忠. 收购问题探讨[J].股市动态分析，1993（10）.

[6] 高原."苏三山"逐浪纪实[J].股市动态分析，1993（11）.

第5章

[1] 郑颂. 资本人物访谈录[M]. 海口：海南出版社，2006：4–29.

[2] 孙满. 中国股市之怪现状[J]. 股市动态分析，1994（1）.

[3] 野岛. 愚人节：收万科[J]. 股市动态分析，1994（4）.

[4] 中国证监会与国务院有关部门就稳定和发展股市做出决策 [N]. 中国证券报，1994–07–30（1）.

第6章

[1] 郑颂. 资本人物访谈录[M]. 海口：海南出版社，2006：58–73.

[2] 肖元. 且看如何处理“327事件”[J]. 股市动态分析，1995（3）.

[3] 长虹转配红股上市是怎么回事[N]. 中国证券报，1995–08–23（1）.

[4] 管金生回忆“3·27”国债事件[EB/OL].（2017–01–19）[2020–06–28]. http://futures.jrj.com.cn/2017/01/19075521984624.shtml.

第7章

[1] 禹国刚. 深市物语[M]. 深圳：海天出版社，2000：486–498.

[2] 郑颂. 资本人物访谈录[M]. 海口：海南出版社，2006：18–29，44–57，166–181.

[3] 高原. 公平竞争、再振雄风[J]. 股市动态分析，1994（11）.

[4] 佳圳. 深圳，只有一个深交所！：强烈呼吁深圳市政府领导和证券主管部门正视深圳证券市场的问题[J]. 股市动态分析，1996（6）.

[5] 阚治东. 荣辱二十年：我的股市人生[M]. 北京：中信出版社，2010：136–200.

[6] 特约评论员. 正确认识当前股票市场[N].人民日报，1996–12–16（1）.

第8章

[1] 郑颂. 资本人物访谈录[M]. 海口：海南出版社，2006：30-43.

[2] 巩胜利. 长虹留给企业界的历史意义[J]. 经理人，2001（1）.

[3] 罗影. 德隆，依旧成谜的中国股市第一庄[J]. 看世界，2009（1）.

[4] 刘兴祥. 老基金退出历史舞台[N]. 证券时报，2001-04-17（8）.

[5] 亚洲金融危机十年祭[EB/OL]. [2020-06-28]. http://finance.sina.com.cn/blank/yzjrwj.shtml.

第9章

[1] 98 年香港血战索罗斯全记录[EB/OL].（2018-10-02）[2020-06-28]. https://www.sohu.com/a/257408505_100228367.

[2] 何秉孟，刘溶沧. 亚洲金融危机：分析与对策[M]. 北京：社会文献出版社，2007：263-290.

[3] 君安之父张国庆兵败MBO[N]. 21世纪经济报道，2005-02-25（6）.

第10章

[1] 鲁兆. A浪底即将到来[J]. 股市动态分析，1999（5）.

[2] 特约评论员. 坚定信心规范发展[N]. 人民日报，1999-06-15（1）.

[3] 郑颂. 资本人物访谈录[M]. 海口：海南出版社，2006：30-43.

[4] 中国资本市场 20 年十大股案之琼民源[EB/OL]. [2020-06-28]. http://stock.hexun.com/2010/20year_qmy_ga/index.html.

第11章

[1] 平湖，李箐. 基金黑幕：关于基金行为的研究报告解析[J]. 财经，2000（10）.

[2] 十大基金公司. 严正声明[N]. 中国证券报，2000-10-16（2）.

[3] 有则改之无则加勉：评《基金黑幕》与《严正声明》[N]. 证券时报，2000-10-23（3）.

第12章

[1] 马腾. 股市的花样年华还有多远？[J]. 证券市场周刊，2001（1）.

[2] 韩志国. 韩志国访谈：如果吴老赢得论战将是股市一场灾难[N]. 21世纪经济报道，2001-02-12（2）.

[3] 张文魁. 黑庄横行损害投资者信心谁还会在股市上投资[N]. 中国经济时报，2001-02-20.

[4] 芮群伟. 股市大辩论的实质是什么？[N]. 国际金融报，2001-02-14（4）.

[5] 吴敬琏. 我对证券市场的看法[N]. 中国经济时报，2001-03-08（3）.

[6] 郑颂. 资本人物访谈录[M]. 海口：海南出版社，2006：4-17.

第13章

[1] 于宁，凌华薇. 生死鞍山证券[J].财经，2002（9）.

[2] 阚治东. 荣辱二十年：我的股市人生[M]. 北京：中信出版社，2010：225-264.

[3] 郑颂. 资本人物访谈录[M]. 海口：海南出版社，2006：166-181.

[4] 何小鹤，侯宁. 阚治东悲情新政[N]. 经济观察报，2002-12-30（3）.

第14章

[1] 股海钩沉之“中科神话破灭”[EB/OL]. [2020-06-28]. http://finance.sina.com.cn/focus/20y_zhongke/.

[2] 安明静. 尚福林直面投资者疑虑：市场终于听到他的声音[N]. 国际金融报，2003-01-13（2）.

[3] 股民老张[EB/OL]. [2020-06-28]. https://baike.baidu.com/item/股民老张/2418152?fr=aladdin

第15章

[1] 阚治东. 荣辱二十年：我的股市人生[M]. 北京：中信出版社，2010：265-322.

[2] 李箐，余永桢. 谁填南方证券的窟窿[J]. 财经，2003（11）.

[3] 凌华薇，于宁. 大鹏证券董事长徐卫国兵败何方[J]. 财经，2005（2）.

[4] 郎咸平，张信东，周宏波. 德隆系：中国独特的“类家族企业”中国模式[J].新财富，2001（4）.

[5] 唐立久. 走进唐万新[J]. 新西部，2006（1）.

第16章

[1] 证监会主席尚福林：股改开弓没有回头箭[EB/OL].（2010-09-28）[2020-06-28].https://finance.qq.com/a/20101009/002049.htm.

[2] 股改浪潮系列试点之三一重工[EB/OL]. [2020-06-28]. http://finance.sina.com.cn/nz/syzg/index.shtml.

[3] 赵晓强. 2005年中国人民币汇率形成机制改革世人瞩目[N]. 经济日报，2005-12-28（1）.

第17章

[1] 刘继鹏. 股改应以股价论成败，新老划断要慎重[J]. 经济导刊，2006（8）.

[2] 嘉言，薛泽海. 2005年股改风云人物：野蛮改革论：李青原[J]. 新经济导刊，2005（12）.

[3] IPO第一大单花落中工国际[EB/OL]. [2020-06-28]. http://finance.people.com.cn/GB/8215/64432/64440/index.html.

[4] 高善文，莫倩. 中国资本市场如何应对资产重估[J]. 新财富，2006（8）.

第18章

[1] 刘继鹏. 反思股市暴跌 政策制定应从爱护股市出发[N]. 中国经济时报，2007-05-31.

[2] 但斌. 时间的玫瑰[M]. 北京：中信出版集团，2018：58-150.

[3] 邬敏，张媛媛. 招商证券：明年上证综指或至10000点[N]. 证券时报，2007-12-06（2）.

第19章

[1] 赵丹阳.《致投资者的一封信》原文[EB/OL].（2008-01-04）[2020-06-28]. http://finance.sina.com.cn/money/fund/20080104/10164366890.shtml.

[2] 刘晓曼. 浅谈美国“次按危机”始末[J]. 时代金融，2008（1）.

[3] 邓瑾. 4万亿刺激经济计划出台[N].南方周末，2008-11-13（1）.

第20章

[1] 艾林. 十大产业振兴规划大盘点[N].证券时报，2009-02-26（2）.

[2] 新华视点：十大规划 十大亮点[EB/OL].（2009-02-26）[2020-06-28]. http://finance.sina.com.cn/review/20090226/19365906681.shtml.

[3] 陈昆才. 天量信贷榜单发布：全年新增贷款9.59万亿 [N]. 21世纪经济报道，2010-01-16（2）.

[4] 朱秀伟. A股守望者开山作：立立电子梦断IPO之路[N]. 每日经济新闻，2013-06-28（2）.

[5] 金融界. 聚焦创业板开板仪式[EB/OL]. [2020-06-28]. http://stock.jrj.com.cn/focus/cybkb/index.shtml.

[6] 刘鸿儒. 突破：中国资本市场发展之路（上）[M]. 北京：中国金融出版社，2008：765-806.

第21章

[1] 股指期货启动仪式[EB/OL]. [2020-06-28]. http://finance.sina.com.cn/focus/gzqhqd/.

[2] 中华人民共和国国务院新闻办公室.《国务院关于加快培育和发展战略性新兴产业的决定》解读[EB/OL].（2010-10-27）[2020-06-28]. http://www.scio.gov.cn/xwfbh/xwbfbh/wqfbh/2010/1028/xgzc/Document/791417/791417.htm.

[3] 任鑫恚. 创富不创新？“中国纳斯达克”遭遇身份尴尬[N]. 每日经济新闻，2010-09-13（2）.

第22章

[1] 赵笛，张昊. 胜景山河涉嫌“酿造”弥天大谎[N]. 每日经济新闻，2010-09-13（2）.

[2] 汪建中荐股案今日开审 黑嘴9年炒成千万富翁[EB/OL].（2010-

10-28）[2020-06-28]. http://finance.sina.com.cn/stock/stockaritcle/20101028/11388860883.shtml.

[3] 吴琳琳. 证监会主席郭树清：平均 4 天推一项新政[N]. 北京青年报，2012-10-30（3）.

[4] 蒋飞. 郭树清新政：退市制度创业板先行[N]. 第一财经日报，2011-11-19（4）.

第23章

[1] 中华人民共和国人力资源和社会保障部. 国务院印发《基本养老保险基金投资管理办法》[EB/OL].（2015-08-23）[2020-06-28]. http://www.mohrss.gov.cn/SYrlzyhshbzb/dongtaixinwen/buneiyaowen/201508/t20150823_218734.htm.

[2] 李洁. 中国国务院批准"新三板"扩大试点[EB/OL].（2012-08-03）[2020-06-28]. http://www.chinanews.com/stock/2012/08-03/4082218.shtml.

第24章

[1] 管清友. 六月钱荒央行做得对 [J]. 小康·财智，2013（1）.

[2] 李洁如，胡德佳. 回放：2013年两度"钱荒"[J]. 金融博览，2014（2）.

[3]"光大乌龙指"内幕交易案全回顾：历时 4 年终尘埃落定！[EB/OL].（2017-10-31）[2020-06-28]. https://www.sohu.com/a/201371931_313170.

第25章

[1] 国务院正式发布"新国九条"[EB/OL]. [2020-06-28]. http://finance.eastmoney.com/news/1344，20140509383201287.html.

[2] 沪港通专题[EB/OL]. [2020-06-28]. http://finance.sina.com.cn/focus/

jujiaohuganggushihutong/.

[3] 董少鹏."杠杆牛"不可怕[J]. 英才，2015（6）.

[4] 阿里巴巴集团赴美IPO[EB/OL]. [2020-06-28]. http://money.163.com/special/alibabaipo/.

第26章

[1] 许一力. 场外配资崩盘的真相[EB/OL].（2015-06-30）[2020-06-28]. http://finance.sina.com.cn/zl/stock/20150630/074922550258.shtml.

[2]刘慎良. 股市最神秘人物徐翔覆灭记[N]. 北京青年报，2015-11-03（4）.

[3] 朱开云. 私募大佬徐翔股市生涯：3万起家到管理百亿资产[N]. 第一财经日报，2015-11-08（3）.

[4] 张榆，岳跃. 徐翔：神话的结束[J]. 财新周刊，2015（43）.

第27章

[1] 证监会深夜叫停熔断[N]. 证券时报，2016-01-08（1）.

[2] 2016 年年终盘点：熔断成股民今年最难忘的事[N]. 大众证券报，2016-12-25（1）.

[3] 董亮. 怒批野蛮人背后 资本强攻实业 [N]. 北京商报，2016-12-05（1）.

[4] 刘照普. 2016年险资举牌十大案例[J]. 中国经济周刊，2017（1）.

第28章

[1] 吴少龙. 深市三板块差别化发展格局继续强化[N].证券时报，2017-05-02（1）.

[2] 王雪青，祁豆豆. 央企一带一路成绩单亮点纷呈：海外业务劲增[N].上

海证券报，2017-05-04（3）.

[3] 潘清，王原.“一带一路”成资本市场长期主题[EB/OL].（2017-05-13）[2020-06-28]. https://www.imsilkroad.com/news/p/32871.html.

[4] 朱丽娜. 聚焦A股纳入MSCI[EB/OL]. [2020-06-28]. http://money.163.com/special/S1497333176405/.

第29章

[1] 胡润. 胡润研究院发布《2017 胡润大中华区独角兽指数》[EB/OL].（2017-12-21）[2020-06-28]. https://www.hurun.net/CN/Article/Details?num=5602F6026D18.

[2] 聚焦沪伦通[EB/OL]. [2020-06-28]. https://topic.eastmoney.com/jhlt/.

[3] 包兴安. 各路纾困资金加速进场 逾 5000 亿元纾困专项基金驰援民企[N]. 证券日报，2018-11-26（2）.

[4] 李曼宁. 呵护来之不易的纾困行情[N].证券时报，2018-11-26（1）.

[5] 黄益平：解决民企融资难问题需放弃部分行政性思维[EB/OL].（2018-11-17）[2020-06-28]. https://finance.sina.com.cn/money/bank/bank_hydt/2018-11-17/doc-ihnyuqhh3313067.shtml.

第30章

[1] 科创板今日正式开板[EB/OL].（2019-06-13）[2020-06-28]. https://tech.ifeng.com/c/7nT76p4DYDN.

[2] 科创板开板：登高山见者远程必大[N]. 中国证券报，2019-06-14（1）.

[3] 朱宝琛，姜楠. 富时罗素：“入富”反映中国股市取得长足发展[N]. 证券日报，2018-09-28（1）.

[4] 詹钰叶. 2019 基金平均收益 22.67%：指数型基金跑赢行业平均[N]. 深圳商报，2020-01-02（3）.

第31章

[1] 李泽民，杨天意. 解读新《证券法》四大核心要点[EB/OL]. [2020-01-03]. https://zhuanlan.zhihu.com/p/100894982?ivk_sa=1024320u.

[2] 深交所. 关于创业板试点注册制相关审核工作衔接安排的通知[EB/OL]. [2020-06-12]. https://view.inews.qq.com/a/FEQ2020061201676900.

[3] 回顾新三板 2019：新改革、新定位、新机遇[EB/OL]. [2020-01-02]. https://baijiahao.baidu.com/s?id=1654430298229695043&wfr=spider&for=pc.